ESTUDOS
SOBRE
REGISTO PREDIAL

O REGISTO PREDIAL E A SEGURANÇA JURÍDICA
NOS NEGÓCIOS IMOBILIÁRIOS (5.ª edição)

REPERCUSSÃO NO REGISTO DAS ACÇÕES DOS
PRINCÍPIOS DE DIREITO REGISTRAL (5.ª edição)

A PRIMEIRA INSCRIÇÃO NO REGISTO PREDIAL
PORTUGUÊS (4.ª edição)

O POLÉMICO CONCEITO DE TERCEIRO
NO REGISTO PREDIAL (4.ª edição)

AINDA O POLÉMICO CONCEITO DE TERCEIRO
NO REGISTO PREDIAL (3.ª edição)

REGRESSO DO REGISTO PREDIAL AO ANACRÓNICO
CONCEITO RESTRITO DE TERCEIROS (2.ª edição)

DE NOVO O CONCEITO DE TERCEIRO
PARA EFEITOS DE REGISTO PREDIAL

A QUESTÃO DA PREVALÊNCIA DO REGISTO
DE ARRESTO SOBRE ANTERIOR REGISTO
PROVISÓRIO DE AQUISIÇÃO COM BASE EM
CONTRATO-PROMESSA DE COMPRA E VENDA

HIPOTECA MOBILIÁRIA E PENHOR
SEM ENTREGA DAS COISAS (2.ª edição)

Nota: Os trabalhos constantes deste livro conservam a sua versão original,
embora por vezes, em notas de rodapé, ou no final, se faça a ligação das
disposições de leis alteradas àquelas que vieram substituí-las ou com-
pletá-las

ISABEL PEREIRA MENDES
Conservadora do Registo Predial Aposentada

ESTUDOS SOBRE REGISTO PREDIAL

O REGISTO PREDIAL E A SEGURANÇA JURÍDICA
   NOS NEGÓCIOS IMOBILIÁRIOS (5.ª edição)
REPERCUSSÃO NO REGISTO DAS ACÇÕES DOS
   PRINCÍPIOS DE DIREITO REGISTRAL (5.ª edição)
A PRIMEIRA INSCRIÇÃO NO REGISTO PREDIAL
   PORTUGUÊS (4.ª edição)
O POLÉMICO CONCEITO DE TERCEIRO
   NO REGISTO PREDIAL (4.ª edição)
AINDA O POLÉMICO CONCEITO DE TERCEIRO
   NO REGISTO PREDIAL (3.ª edição)
REGRESSO DO REGISTO PREDIAL AO ANACRÓNICO
   CONCEITO RESTRITO DE TERCEIROS (2.ª edição)
DE NOVO O CONCEITO DE TERCEIRO
   PARA EFEITOS DE REGISTO PREDIAL
A QUESTÃO DA PREVALÊNCIA DO REGISTO
   DE ARRESTO SOBRE ANTERIOR REGISTO
   PROVISÓRIO DE AQUISIÇÃO COM BASE
   EM CONTRATO-PROMESSA DE COMPRA E VENDA
HIPOTECA MOBILIÁRIA E PENHOR
   SEM ENTREGA DAS COISAS (2.ª edição)

ALMEDINA

TÍTULO:	ESTUDOS SOBRE REGISTO PREDIAL
AUTOR:	ISABEL PEREIRA MENDES
EDITOR:	LIVRARIA ALMEDINA – COIMBRA www.almedina.net
LIVRARIAS:	LIVRARIA ALMEDINA ARCO DE ALMEDINA, 15 TELEF. 239851900 FAX 239851901 3004-509 COIMBRA – PORTUGAL livraria@almedina.net
	LIVRARIA ALMEDINA ARRÁBIDA SHOPPING, LOJA 158 PRACETA HENRIQUE MOREIRA AFURADA 4400-475 V. N. GAIA – PORTUGAL arrabida@almedina.net
	LIVRARIA ALMEDINA – PORTO R. DE CEUTA, 79 TELEF. 222059773 FAX 222039497 4050-191 PORTO – PORTUGAL porto@almedina.net
	EDIÇÕES GLOBO, LDA. R. S. FILIPE NERY, 37-A (AO RATO) TELEF. 213857619 FAX 213844661 1250-225 LISBOA – PORTUGAL globo@almedina.net
	LIVRARIA ALMEDINA ATRIUM SALDANHA LOJAS 71 A 74 PRAÇA DUQUE DE SALDANHA, 1 TELEF. 213712690 atrium@almedina.net
	LIVRARIA ALMEDINA – BRAGA CAMPUS DE GUALTAR UNIVERSIDADE DO MINHO 4700-320 BRAGA TELEF. 253678822 braga@almedina.net
EXECUÇÃO GRÁFICA:	G.C. – GRÁFICA DE COIMBRA, LDA. PALHEIRA – ASSAFARGE 3001-453 COIMBRA E-mail: producao@graficadecoimbra.pt
	MAIO, 2003
DEPÓSITO LEGAL:	196228/03

Toda a reprodução desta obra, por fotocópia ou outro qualquer processo, sem prévia autorização escrita do Editor, é ilícita e passível de procedimento judicial contra o infractor.

O REGISTO PREDIAL
E A SEGURANÇA JURÍDICA
NOS NEGÓCIOS IMOBILIÁRIOS

A PUBLICIDADE REGISTRAL IMOBILIÁRIA
COMO FACTOR DE SEGURANÇA JURÍDICA

A PROTECÇÃO REGISTRAL IMOBILIÁRIA
E A SEGURANÇA JURÍDICA
NO DIREITO PATRIMONIAL PRIVADO

A PUBLICIDADE REGISTRAL IMOBILIÁRIA COMO FACTOR DE SEGURANÇA JURÍDICA (*)

I
ANTECEDENTES HISTÓRICOS DO REGISTO PREDIAL

1. **Publicidade negocial, publicidade edital e publicidade registral**

2. **Características fundamentais da publicidade registral. Confronto com os outros tipos de publicidade**

3. **Sistemas de registo e suas origens**
   3.1. *Sistema francês (ou sistema de transcrição)*
   3.2. *Sistema germânico (ou sistema da entabulação)*
   3.3. *Sistema australiano (ou sistema "Torrens")*

4. **Adaptações do sistema germânico em alguns países**
   4.1. *Em Espanha*
   4.2. *Em Portugal*

II

1. **Segurança Jurídica**
   1.1. *Segurança jurídica e justiça*
   1.2. *Acepções em que pode empregar-se a expressão "Segurança Jurídica"*
   – Diferentes formas de segurança jurídica

---

* Estudo apresentado no IX Congresso Internacional de Direito Registral e premiado com uma Bolsa de Assistência.

– *Segurança jurídica registral*

1.3 A *"Segurança Jurídica Registral" no seu duplo aspecto: estático e dinâmico*

2. **Pressupostos essenciais para o fortalecimento da Segurança Jurídica Registral**

    – *Orientação a prosseguir no futuro*

3. **Conclusão**

I
ANTECEDENTES HISTÓRICOS
DO REGISTO PREDIAL

1. Publicidade negocial, publicidade edital e publicidade registral

Num relance sobre a história dos povos, há quem encontre na Antiguidade alguns antecedentes do registo da propriedade imobiliária. Todavia, autores muito representativos entendem que o formalismo ou ritual que nessa época acompanhava os actos de transmissão ou oneração da propriedade sobre bens de carácter imobiliário nada tem a ver com a autêntica publicidade registral, ou, quando muito, dela constitui apenas um frágil e remoto antecedente ([1]).

Numa expressão doutrinal, há quem sinteticamente divida os meios de publicidade em três categorias que correspondem também a três etapas, não coincidentes, porém, com a clássica divisão da História: *a)* publicidade negocial; *b)* publicidade edital; e *c)* publicidade registral ([2]).

Todavia, não se trata de períodos estanques, com princípio e fim, porque ainda hoje coexistem essas três formas de publicidade ([3]) e, por outro lado, em todos esses períodos se vislumbraram prenúncios de publicidade registral, através da intenção de provocar o conhecimento dos actos por terceiros, muito embora sem utilizar uma técnica eficiente.

([1]) COVIELLO, "Della Trascrizione", p. 15/7, cit., por Carlos Ferreira de Almeida, in "Publicidade e Teoria dos Registos", p. 120; ROCA SASTRE, "Instituciones de Derecho Hipotecario", Tomo 1, p. 26; ANTÓNIO PAU PEDRÓN, "Elementos de Derecho Hipotecario" – Biblioteca do Ilustre Colégio Nacional de Registradores de la Propiedad de España, p. 16; etc.

([2]) ANTÓNIO PAU PEDRÓN, *ob. cit.,* pp. 16 e 17.

([3]) Em Portugal, até à publicação do Dec.-Lei n.º 67/90, de 1 de Março, as escrituras de justificação notarial de direitos eram publicadas por editais afixados nas conservatórias do Registo Predial e nas sedes das Juntas de Freguesia.

Assim, teria sido a evolução sociológica a determinante do desenvolvimento da publicidade [4]. Em comunidades como as existentes nos tempos mais recuados, com fraca densidade populacional, relacionamento estreito dos respectivos membros e exiguidade de bens susceptíveis de apropriação privada, para dar conhecimento a terceiros dos actos realizados seria mais que suficiente um tipo de publicidade rudimentar, que consistia nas formalidades ou ritos que acompanhavam os negócios jurídicos sobre bens de carácter imobiliário.

Este tipo de publicidade é designado por publicidade negocial.

Na Idade Média foi-se generalizando outro esquema de publicidade, através de proclamações dirigidas à população ou editais afixados em locais públicos. Nesta categoria se inserem as "robraciones", a que Roca Sastre se refere ao relatar os precedentes históricos do Registo da Propriedade em Espanha [5]. Também a "appropriance", instituição feudal francesa ainda vigente aquando da Revolução de 1789, incluía as proclamações no elenco das suas forrmalidades.

É este tipo de publicidade que se tem designado por publicidade edital. Contudo, nem todos os autores autonomizam a publicidade edital, havendo quem a considere como simples meio de publicidade negocial [6], sem embargo de, em certos casos, constituir também um prenúncio da publicidade registral, nos termos já mencionados.

No início da Idade Moderna, o desenvolvimento, nos estados alemães, das instituições já existentes na Idade Média deu origem ao surgimento do terceiro tipo de publicidade: a publicidade registral. Não sendo unânimes os autores a este respeito, há, porém, forte tendência no sentido de considerar as instituições germânicas da Antiguidade e da Idade Média como o verdadeiro gérmen da actual publicidade registral imobiliária [7]. Mas há também quem considere como suas antecessoras as instituições feudais francesas (a "saisine", o "nantissement" e mesmo a "appropriance") [8].

---

[4] António Pau Pedrón, *ob. cit.,* p. 16.

[5] *Ob. cit.,* p. 26.

[6] Roca Sastre, *ob. cit.,* p. 26.

[7] Casso Romero, "Derecho hipotecario", pp. 33 e segs., e Pascual Marin Perez, "Introducción al derecho registral", pp. 64 e segs. – cit. por Carlos Ferreira de Almeida, *in ob. cit.,* p. 126; e António Pau Pedrón, *ob. cit.,* p. 17.

[8] Coviello, *ob. cit.,* p. 15/7, cit. por Carlos Ferreira de Almeida, *ob. cit.,* p. 120, e por Ricardo Henry Marques Dip, in "A Constituinte e o Registo de Imóveis", pp. 9 e segs.

O registo predial e a segurança jurídica   11

Não podemos deixar de reconhecer que a evolução de algumas destas instituições feudais modelou, em certa medida, os sistemas de eficácia declarativa e influenciou, nomeadamente, as formalidades de transcrição do contrato, existentes no sistema francês, na sua pureza original. Mas são as instituições alemãs que nos revelam a génese e a história dos mais modernos e actuantes sistemas de registo e dos princípios que os regem, e ainda do rumo que hão-de tomar no futuro, com vista a uma perfeita integração num esquema unitário.

2. Características fundamentais da publicidade registral Confronto com os outros tipos de publicidade

2.1. No direito romano as coisas sempre mantiveram fortes vínculos de natureza pessoal. Eram consideradas como atributo da personalidade e, por isso, não nos surpreende que a transmissão das mais importantes ("res mancipi", que se contrapunham às "res nec mancipi") se revestisse de certas formalidades ou ritos destinados a apagar os vestígios da personalidade anterior a que estavam ligadas [1]. É esse o significado de certas instituições como a "mancipatio" que, conjuntamente com a "in iure cessio", os autores costumam assinalar como antecedentes remotos da publicidade registral [2].

No entanto, os ritos complexos, na presença de um funcionário ou de testemunhas, em que consistiam essas instituições [3], não representavam outra coisa que não fosse uma espécie de exorcismo religioso, de feição tradicional, necessário para a prova do acto entre as próprias partes e só secundariamente desempenhando uma função publicitária, já que não era raro acontecer que o negócio se mantivesse secreto entre o transmitente e o adquirente.

---

[1] ALFONSO DE COSSIO Y CORRAL, in "Lecciones de Derecho Hipotecario", p. 8, com referência à "mancipatio", ilustra magnificamente este pensamento do seguinte modo:

"Como arrancar una cosa del centro que le da sentido para someterla a una potestad distinta? Si la cosa es sólo, juridicamente, un reflejo de su dueno, tal efecto será unicamente posible mediante una fórmula mágica o un mito religioso, que borre la sombra del propietario primitivo, y someta el objeto a la voluntad del adquirente, coloreándole de su personalidad. Tal parece, segun Hagerstrom, haber sido la función de la mancipatio en Roma".

[2] PUGLIATTI, "La Trascrizione", pp. 99 e segs., cit. por CARLOS F. DE ALMEIDA, *ob. cit.,* p. 124.

[3] CARLOS FERREIRA DE ALMEIDA, *ob. cit.,* p. 121.

Na Idade Média as coisas imóveis deixaram de constituir meros atributos da personalidade, passando a privilegiar-se a sua função de meios ao serviço dos fins comunitários [4].

É essa, segundo cremos, a chave explicativa de certas instituições, cujas características radicam na importância da comunidade e no direito de esta atribuir as coisas a alguns dos seus membros individualmente considerados. E é também a razão explicativa da evolução, por inevitável influência germânica, das próprias instituições feudais francesas, desde a "investidura" e a "saisine" até ao "nantissement" e à "appropriance", em que se verificam indícios de uma verdadeira intenção de proteger direitos de terceiros.

Foi, porém, na Época Moderna que as coisas passaram a ter, predominantemente, uma função económica, e é esta evolução no conceito dos fins a cujo serviço se encontram as coisas que deu origem ao nascimento dos modernos sistemas de registo predial, nomeadamente daqueles que, "grosso modo", poderemos designar por "sistema germânico", apesar de este, nos vários países em que se aplica, apresentar conjugações com outros sistemas e particularidades divergentes entre si [5].

2.2. Como característica comum a todos os tipos de publicidade – negocial, edital e registral – temos a efectiva divulgação dos actos que constituem o seu objecto.

Na Antiguidade e na Idade Média o formalismo essencial aos actos de constituição, transmissão ou oneração dos direitos reais sobre coisas imóveis constituía um meio indirecto para a sua divulgação. Mas, com algumas instituições, houve mesmo a expressa pretensão de dar conhecimento a terceiros dos actos realizados [6].

Por outro lado, não podemos ignorar, nessas épocas, a existência de verdadeiros registos públicos, assinalados por alguns autores como afins da publicidade registral, de que constituíriam inequívocos antecedentes [7].

---

[4] A. COSSÍO Y CORRAL, *ob. cit.,* p. 10.

[5] Como se sabe, este sistema vigora, designadamente, na Alemanha, Áustria, Suiça, Espanha e Portugal.

[6] V.g., mais adiante, o regime do "nantissement" e da "appropriance".

[7] Há, porém, quem se negue a reconhecer em certos registos existentes na Antiguidade (v.g. os anágrafes) o carácter de autênticos meios publicitários (COVIELLO, *ob. cit.,* pp. 27 e 28, cit. por CARLOS FERREIRA DE ALMEIDA, *ob. cit.,* p. 124).

O registo predial e a segurança jurídica 13

Recordemos a este respeito: ([8]).

1) Os "Anágrafes" do antigo direito grego que consistiam em registos públicos dos contratos respeitantes às transformações dos direitos de propriedade imobiliária, "os quais nalgumas cidades (Rodes) terão sido condição necessária para a aquisição do direito".

2) Os registos feitos nos livros fundiários do antigo direito egípcio, donde constava a situação jurídica da propriedade e cuja consulta se tornava necessária para a realização de actos jurídicos de transmissão.

3) O registo das "investiduras", a partir do século XIII, e o registo da acta comprovativa do "nantissement" nas chancelarias das cortes feudais.

4) O próprio registo efectuado em Espanha, a partir do fim da Idade Média e descrito por Roca Sastre ([9]) nos termos seguintes: "La pragmática de Juan II en 1423 que imponía la registración de las mercedes de juros concedidos por la Corona, así como la registración judicial de donaciones establecida por el fuero aragonés de las Cortes de Zaragoza en 1398 y la constitución catalana *per tolre fraus* de las Cortes de Barcelona de 1503, y muchas otras disposiciones y usos, no son otra cosa que manifestaciones parciales de la institución del Registro de la propiedad".

Usando ainda de um maior rigor na busca de instituições consideradas por certos autores como meios rudimentares e indirectos de publicidade, poderemos ainda indicar:

Os "Kudurru", do antigo direito babilónico, que consistiam em pedras que marcavam a propriedade imobiliária e em que se transcrevia o conteúdo do documento de aquisição, originariamente escrito em tábuas de argila ([10]); e

Os "Oroi", do antigo direito grego, que eram tabuletas de pedra colocadas nos prédios sobre que recaíam hipotecas e donde constava a descrição predial e, bem assim, os nomes do credor e do devedor e a quantia em dívida ([11]).

Como se depreende do exposto, a publicidade pode ser espontânea ou provocada, mas, num e noutro caso, nunca deixa de ter a característica

---

([8]) Sobre toda esta matéria, v. CARLOS FERREIRA DE ALMEIDA, *ob. cit.*, pp. 122 e segs.

([9]) *Ob. cit.*, p. 26.

([10]) PUGLIATI, *ob. cit.*, pp. 48 a 50, cit. por CARLOS F. ALMEIDA, *ob. cit.*, pp. 122 e 123.

([11]) E. GIANTURCO, "Studii e richerche sulla trascrizione e sul diritto ipotecario", in "Opere Giuridiche", vol. I, p. 126; COVIELLO, *ob. cit.*, pp. 29/30; PUGLIATI, *ob. cit.*, pp. 83/4, cit. por Carlos Ferreira de Almeida, *ob. cit.*, p. 123.

fundamental que há pouco assinalámos: ela consiste sempre num meio donde resulta a efectiva divulgação dos actos.

2.3. Todavia, a divulgação feita através da publicidade pode obedecer a certos propósitos e ter um fim específico.

O desenvolvimento do conceito de Estado, a partir do século XVI, deu origem ao Estado moderno, com todos os ideais de segurança, justiça e bem-estar que lhe estão na base ([12]). Por isso, os ordenamentos jurídicos actuais subordinam-se a um princípio ou valor de segurança jurídica que, abrangendo os vários ramos do Direito, se ramifica pelos sectores que tratam de assuntos específicos ([13]), tal como o Direito Imobiliário e o Direito Registral ([14]). O valor de segurança jurídica aplicado a estes sectores produziu a segurança (ou certeza) do comércio jurídico imobiliário.

A evolução já mencionada, no sentido de atribuir às coisas uma função social e económica, transformou a publicidade imobiliária ainda rudimentar dos tempos mais recuados numa publicidade mais elaborada, que tem em vista a dinâmica dos direitos reais, ou seja, a segurança do comércio jurídico.

É ao Registo Predial ([15]), instituição de direito privado organizada administrativamente ([16]), que hoje compete a publicidade registral, tendo por objectivo garantir a segurança jurídica no campo do direito privado e, mais especificamente, no sector do Direito Imobiliário ([17]).

Dado o atraso e o condicionalismo vigente noutros tempos este objectivo não se evidenciava na publicidade então existente, mas hoje

---

([12]) DIOGO FREITAS DO AMARAL, in Enciclopédia Pólis, vol. 2.°, Estado, p. 1128.

([13]) JOSÉ VICTOR SING, "Incidencia del Derecho Registral en la Seguridad Jurídica", in *Revista del Notariado,* Julio-Agosto 1974 – Argentina, ano LXXVII, pp. 1284 e segs.

([14]) A distinção entre direito imobiliário e direito registral foi magistralmente efectuada por ROCA SASTRE, nos seguintes termos:

– "Podemos definir el Derecho inmobiliário como aquel que regula la constitución, transmisión, modificación y extinción de los derechos reales sobre bienes inmuebles, en relación con el Registro de la propriedad, así como las garantias estrictamente registrales".

– "En rigor, el Derecho hipotecario (Registral) no es más que el Derecho inmobiliario funcionando através del Registro de la propiedad inmueble" (*Ob. cit.*, pp. 10 e 11).

([15]) Em Portugal é denominado REGISTO PREDIAL, o que noutros países se denomina "Registo da Propriedade".

([16]) ANTÓNIO PAU PEDRÓN, *ob. cit.*, p. 15.

([17]) Não se exclui que as repartições encarregadas do Registo Predial possam, eventualmente, abranger o registo de alguns bens móveis, sujeitos a hipoteca mobiliária, mas este trabalho só tem em vista o campo do registo de bens imobiliários.

O registo predial e a segurança jurídica 15

em dia ele é expressamente mencionado nas compilações de normas (Regulamentos ou Códigos) que regulam o Registo Predial [18].

2.4. Não está, porém, em causa a segurança de cada acto individualmente considerado, mas uma segurança global que visa o tráfego jurídico imobiliário no seu conjunto. Ora, isso exige uma organização complexa, norteada por certos princípios, com uma técnica específica e uma metodologia por via de regra assente numa conexão, num entrelaçar de factos jurídicos à volta de um objecto; e tendo como pressupostos a sua determinação concreta, a observância de regras de competência e a existência de sanções para a falta de registo [19].

Na verdade, os mais actuantes sistemas de registo jurídico de bens imobiliários são enformados pelo princípio da especialidade [20] que impõe a rigorosa determinação do prédio sobre que recai o registo. Obedecem também a normas rígidas de competência territorial, devendo os assentos registrais referentes ao mesmo objecto (prédio) constar de uma única repartição, e impõem certas penalidades para a falta de assento registral, as quais podem consistir na nulidade ou ininvocabilidade absoluta do facto, na sua ineficácia ou em sanções penais.

Por outro lado, não podemos deixar de prosseguir o rumo ao futuro. A interdependência que já se verifica entre os diversos países, no âmbito das relações jurídico-patrimoniais, e a amplitude que hoje assume o tráfico jurídico imobiliário exigirão o recurso a novas técnicas, de que a informática é um ponto de partida, no sentido de garantir a segurança das transacções efectuadas em qualquer ponto da comunidade internacional.

---

[18] V.g. o Código do Registo Predial português que estipula, no seu artigo 1.º, o seguinte:

– "O registo predial destina-se essencialmente a dar publicidade à situação jurídica dos prédios, tendo em vista a segurança do comércio jurídico".

[19] Carlos Ferreira de Almeida, *ob. cit.,* pp. 97 e segs.

[20] Pode haver um conceito lato de especialidade que abranja os próprios sistemas de registo por transcrição, pois que também nestes há um ponto de referência, uma pessoa à volta da qual é urdida a teia da actividade do registador (cfr. CARLOS FERREIRA DE ALMEIDA, *ob. cit.,* p. 100). Mas, como é sabido, normalmente a doutrina mais representativa entende que os sistemas de transcrição do contrato não se regem pelo princípio da especialidade, pois, em matéria de Registo Predial, esta somente existe quando se torna o prédio por unidade de referência (v., por exemplo, ROCA SASTRE, *ob. cit.,* p. 21).

2.5. Assim, em resumo, pode concluir-se que as características fundamentais da publicidade registral, que a individualizam e distanciam de outras formas de publicidade que a antecederam, constam da seguinte definição esquemática:

A publicidade registral imobiliária é aquela que tem em vista a segurança do tráfico jurídico sobre bens imóveis, constituindo o fim específico do Registo Predial, o qual, para a sua plena eficácia, supõe uma organização complexa, baseada na conexão de cada objecto com os factos determinantes da sua situação jurídica, e uma evolução técnica que permita um conhecimento dos actos cada vez mais célere no Tempo e mais alargado no Espaço.

3. Sistemas de registo e suas origens

Como é sabido, os mais importantes sistemas de registo são tradicionalmente classificados em três tipos fundamentais [1]:

a) Sistema francês (ou sistema de transcrição);
b) Sistema germânico (ou sistema da entabulação);
c) Sistema australiano (ou sistema "Torrens").

Em alguns casos, a pureza destes sistemas foi adulterada pela conjugação com normas ou princípios que regem os outros. Assim, mesmo em França, o sistema de transcrição não é hoje o que era inicialmente. Por outro lado, o sistema germânico, em vários países onde foi adoptado, tais como a Áustria, a Suíça, a Espanha e Portugal, não apresenta todas as suas características fundamentais, tendo sido nalguns conjugado com princípios vigentes no sistema francês.

Sem esquecer o sistema australiano, vamos debruçar-nos especialmente sobre o sistema francês e o sistema germânico, procurando descobrir as razões por que países vizinhos seguiram linhas tão divergentes em matéria de direito registral. Dir-se-á que os fulcros à volta dos quais gravitam os dois sistemas são de natureza diversa e resultam da evolução de instituições específicas de ambos os povos.

---

[1] Sobre a matéria, v. ROCA SASTRE, *ob. cit.,* pp. 14 e segs.; ALFONSO DE COSSIO Y CORRAL, *ob. cit.,* pp. 11 e segs.; CARLOS FERREIRA DE ALMEIDA, *ob. cit.,* pp. 131 e segs.

3.1. *Sistema francês* (aplicado, designadamente na França, Bélgica, Itália e Luxemburgo).

Não se pode negar, em França, a grande influência do direito romano que se impunha por uma grande perfeição técnica, mas apresentava evidentes deficiências em algumas matérias, tal como o direito das coisas, que ainda hoje, em alguns países, a doutrina considera anacrónico e carecido de renovação [2].

Segundo alguns entendidos [3], os efeitos perniciosos dessa influência, no que respeita ao secretismo de que se revestia a transmissão da propriedade e a constituição de hipoteca, com prejuízo para os interesses dos credores e a protecção da segurança jurídica, foram objecto de verdadeira análise crítica a partir do século XVIII.

Todavia, bastante mais cedo suscitaram algumas inovações que, por influência germânica, culminaram nas instituições feudais do "nantissement" (no norte da França e na Bélgica) e da "appropriance" que se aplicou na Bretanha.

Sob a vigência do regime do "nantissement", o contrato constitutivo ou translativo de direitos reais produzia, por si só, efeitos entre as próprias partes. Mas, para a sua eficácia "erga omnes", tornava-se necessária a sua apresentação a um juiz competente que efectuava a "desinvestidura" do alienante e a "investidura" do adquirente [4], sendo a acta descritiva destas formalidades registada nas chancelarias das cortes feudais.

O "nantissement" assemelhava-se a um sistema de eficácia declarativa, podendo as pessoas interessadas no conhecimento dos actos (e só essas) obter informações sobre os mesmos.

A "appropriance" tinha formalidades e produzia efeitos diferentes. O contrato era registado numa chancelaria com competência territorial e depois procedia-se à entrega real da coisa perante um notário que lavrava uma acta relativa a essas ocorrências. Seguidamente, procedia-se à pro-

---

[2] A. MENEZES CORDEIRO, "Evolução Juscientífica e Direitos Reais", in *Revista da Ordem dos Advogados,* ano 45, Abril 1985, pp. 76 e segs.

[3] A. Cossio y Corral, *ob. cit.,* pp. 11 e segs.

[4] Sobre a matéria, v. CARLOS F. ALMEIDA, *ob. cit.,* pp. 127 e segs.

Anteriormente ao "nantissement" existiram as instituições da "saisine" e da "investidura", sendo então efectuadas pelo senhor feudal a "desinvestidura" (devest, dèshéritance ou dessaisine), pela qual o transmitente se desapossava da coisa, e a investidura (vest, adhéritance ou saisine), que investia o adquirente na respectiva posse.

clamação dos actos realizados, em três domingos consecutivos e nos lugares habituais.

Oito dias depois do terceiro edital, o juiz competente, após o juramento público do oficial que havia providenciado no sentido do cumprimento dessas formalidades, declarava o adquirente como titular legítimo.

A "appropriance" revela uma maior influência das instituições germânicas, pela sua eficácia constitutiva, pois era necessária para a produção de efeitos entre as próprias partes ([5]).

Como já foi referido, aquando da Revolução Francesa ainda vigoravam em França o "nantissement" e a "appropriance", tendo sido extintos por decreto de Setembro de 1790 e pela Lei de 11 de Brumário do ano VII, que criaram um meio publicitário comum de mera eficácia declarativa dos actos transcritos.

Depois de algumas vicissitudes, só por lei de 23/3/1855 veio a ser estabelecida em França a publicidade imobiliária, baseada no antigo sistema do "nantissement" que foi o seu mais directo antecessor.

O sistema francês, se bem que actualmente apresente alguma evolução no sentido de se aproximar, em alguns aspectos, do sistema germânico, costuma ser caracterizado pelo seguinte:

1) O registo é efectuado em repartições públicas, cada qual com a sua competência territorial ([6]).

2) O método seguido é o da transcrição do documento que é copiado num livro. Todavia, em França, após a reforma de 1955/56 foi abandonada a "transcrição integral do documento no registo que, aliás, já não se fazia nos mesmos termos desde 1921" ([7]).

3) Não se toma o prédio como unidade registral. O registo não é feito por prédios, mas por pessoas, que são o fulcro da actividade do registador. *Não se observa, portanto, o princípio da especialidade* ([8]).

4) Não estão sujeitos a registo todos os actos referentes a direitos reais, mas apenas aqueles casuisticamente assinalados na lei. Em França, a princípio só estavam sujeitos a registo os actos "inter vivos", mas este regime foi modificado posteriormente (v.g. o Decreto-Lei de 30/ 10/1935,

---

([5]) CARLOS FERREIRA DE ALMEIDA, *ob. cit.,* p. 128, citando PUGLIATTI, *ob. cit.,* p. 150/3; COVIELLO, *ob. cit.,* p. 43/5; e Ferrara J., "L'ipoteca", p. 63.

([6]) CARLOS FERREIRA DE ALMEIDA, *ob. cit.,* p. 132.

([7]) CARLOS FERREIRA DE ALMEIDA, *ob. cit.,* pp. 131/2. Sobre as alterações determinadas pela introdução e aperfeiçoamento do cadastro geométrico, v. também LÉON PAGE, "La Reforme de la Publicité Foncière", cit. por C. F. Almeida.

([8]) ROCA SASTRE, *ob. cit.,* pp. 20 e 21.

que alargou o âmbito da transcrição, sujeitando a registo as "transmissões mortis causa" e os "actos e julgamentos declarativos") ([9]).

5) O funcionário encarregado do registo não faz a prévia qualificação do acto, limitando-se a examinar os requisitos que lhe são extrínsecos "e a forma externa". *Não há, pois, princípio da legalidade neste sistema* ([10]).

6) As transferências de bens realizam-se por mero efeito do contrato. O registo apenas serve para os actos registados se tornarem oponíveis a terceiros, pois o que não está inscrito não pode ser oposto. O registo é, portanto, mera condição de oponibilidade.

7) Não constituindo o prédio a base do registo, não há a possibilidade de se realizar o relato do seu historial, pelo que *também não existe neste sistema o princípio do trato sucessivo* ([11]).

8) E falta igualmente o pressuposto para fundamentar uma presunção "juris tantum" de exactidão e integridade. *Não há princípio da legitimação.*

9) Não existindo legitimação de direitos, falta consequentemente a fé pública e não é operante o requisito da boa fé. O registo, em nenhuma circunstância, pode vir a sanar a nulidade do título que lhe serve de base. *Não há igualmente princípio da fé pública registral.*

10) De todos os princípios que enformam outros sistemas de registo só o da prioridade é rigorosamente seguido no sistema francês, mas essa característica não lhe aumenta grandemente a sua eficácia.

11) De todo o exposto, apesar de não ser esta a devida ocasião para se proceder a um exame crítico, e com ressalva de toda a falta de informação sobre as mais recentes actualizações ocorridas, resulta que, neste sistema, a publicidade imobiliária não oferece plena segurança aos credores hipotecários e aos adquirentes, sendo essa segurança apenas conseguida através do instituto da prescrição.

([9]) ARTUR LOPES CARDOSO, "Registo Predial", p. 28; e A. COSSIO Y CORRAL, *ob. cit.,* p. 15.

([10]) V. CARLOS FERREIRA DE ALMEIDA. *ob. cit.,* p. 132; e Roca Sastre, *ob. cit.,* p 21. Segundo o primeiro dos autores citados, pela reforma ocorrida em França em 1955/56 houve um reforço da missão de controlo do funcionário.

([11]) Sobre toda esta matéria, ROCA SASTRE, *ob. cit.,* pp. 19 e segs. e A. COSSIO Y CORRAL, pp. 15 e segs. Contudo, segundo informações não documentadas, a evolução ocorrida em França também abrange o princípio do trato sucessivo.

3.2. Sistema Germânico

Em matéria de direito das coisas, o direito germânico sempre se distanciou do direito romano. Começou por desconhecer a propriedade privada imobiliária, pois os imóveis eram considerados como pertença da comunidade; e quando foi permitida a apropriação individual criaram-se formalidades destinadas a garantir, perante a comunidade, a prova dos actos pelos quais se operava a transferência dos bens.

Assim, no antigo direito germânico o contrato consensual foi sempre insuficiente para a transmissão da propriedade, "tornando-se necessário um contrato real (sala ou traditio) feito publicamente, pelo qual se fazia a entrega de coisas que simbolizassem o imóvel, e ainda um acto executivo de apropriação material (gewere)" ([12]).

Na Idade Média operou-se a fusão num só acto da "traditio" e da "gewere", deixando esta de constituir um acto material; e o consentimento da comunidade que havia primeiramente sido prestado pela assembleia dos homens livres e depois por vinte e quatro testemunhas, foi substituído pela autorização do competente juiz, como representante dessa mesma comunidade ([13]).

A partir do século XIII os actos passaram a ser registados, mas esses registos tinham então uma mera função probatória do consentimento necessário para a validade do acto. É a partir do século XV, com início na Boémia e na Morávia, que o registo (entabulação), em vez de constituir apenas prova do consentimento, passou a ser também considerado como elemento integrante do próprio acto (sistema "Landtafeln") posteriormente estendido à Áustria, tendo-se-lhe chamado então sistema austríaco).

A partir do século XVII foi organizado o cadastro da propriedade na Prússia (primeiro em Colónia e Berlim e posteriormente alargado a todo o território). Tornou-se necessária a matrícula dos prédios no livro fundiário, foi estabelecida a obrigatoriedade do registo de todos os actos respeitantes a bens imóveis, sob pena de não produzirem efeitos, e instituído o exame prévio da legalidade, para averiguar da viabilidade do registo (sistema prussiano) ([14]).

([12]) CARLOS FERREIRA DE ALMEIDA, *ob. cit.*, p. 126.
As opiniões divergem quanto à natureza propriamente publicitária da "traditio" e da "gewere" primitivas. Contra, v. F. FERRARA J., *ob. cit.*, p. 57; E. GIANTURCO, in "Opere Giuridiche", vol. I, p. 128; e N. COVIELLO, *ob. cit.*, pp. 35/6.
([13]) CARLOS FERREIRA DE ALMEIDA, *ob. cit.*, pp. 128 e 129.
([14]) Sobre toda esta matéria, cfr. CARLOS FERREIRA ALMEIDA, *ob. cit.*, pp. 128 e segs., citando N. COVIELLO, *ob. cit.*, p. 60/2.

É fácil concluir que foi da evolução das instituições publicitárias germânicas, a partir da Antiguidade e da Idade Média, que resultou o moderno sistema alemão, contido primeiramente no Código Civil de 1896 e no Regulamento do Registo de 24 de Março de 1897.

Esse sistema que, segundo A. Cossio y Corral [15], constitui o desenvolvimento teórico mais perfeito das instituições imobiliárias, caracteriza-se pelo seguinte: [16]

1) As repartições registrais têm competência territorial específica, tal como nos outros sistemas.

2) A base de todo o sistema consiste na descrição do prédio, pelo que esta deve mencionar as suas características fundamentais, necessárias para uma perfeita identificação, e constar de uma folha do livro registral (princípio da especialidade) [17].

3) Todos os actos pelos quais se constituam, transmitam, modifiquem ou extingam direitos reais (taxativamente fixados na lei, segundo o princípio do "numerus clausus") são sujeitos a registo, por meio de inscrição realizada de forma esquemática, e não por transcrição, como no sistema francês.

4) A inscrição é normalmente feita a instância das partes (princípio da instância), não sendo, porém, necessária requisição formal.

5) É atribuído um número registral a cada acto, segundo a ordem do seu ingresso no registo, seguindo-se o princípio "prior tempore potior iure" (princípio da prioridade) e sendo a ordem de prioridade um valor patrimonial perfeitamente negociável.

6) Como o sistema de registo tem por base o prédio, deve conter o seu historial, pelo que só poderá efectuar-se uma nova inscrição desde que haja a intervenção do anterior titular inscrito (princípio da continuidade ou do trato sucessivo).

7) Antes de inscrever os actos no registo o registador deve fazer a sua prévia qualificação, com possibilidade de recurso por parte dos interessados (princípio da legalidade).

---

[15] *Ob. cit.*, p. 18.

[16] Sobre toda esta matéria, cfr. ROCA SASTRE, *ob. cit.*, pp. 14 e segs.; A. COSSIO, *ob. cit.*, pp. 18 e segs.

[17] Actualmente, em alguns países que seguem as linhas mestras do sistema alemão, tal como Portugal, a descrição consta de fichas de registo, as quais poderão, eventualmente, ser substituídas pela impressão, por meios informáticos, dos actos de registo assinados pelo Conservador (Portaria n.° 1089/90, de 30 de Outubro).

8) A inscrição no registo dos negócios jurídicos pelos quais se constituam, transmitam, modifiquem ou extingam direitos reais não tem por base o *negócio causal,* gerador de obrigações entre as partes (ex: compra e venda), mas sim o *acordo real* que na lei alemã se diferencia daquele, o qual é destinado a efectuar a alteração da titularidade do direito (princípio do consentimento material, inspirado na antiga "traditio') [18].

Assim, o registador, no cumprimento do princípio da legalidade, limita-se a qualificar o acordo real abstracto e não o negócio causal.

9) A inscrição no registo é indispensável para que se opere a constituição, transmissão ou modificação previamente acordada (princípio da inscrição), pois é por ela que se "exterioriza *erga omnes* a mudança jurídica operada, provocando o ingresso de uma nova titularidade no mundo registral" [19].

10) Uma vez feita a inscrição no registo, estabelece-se a presunção de que este é exacto e integro, ficando o titular registral legitimado para exercer o respectivo direito (princípio da legitimação) [20], mas esta presunção é "juris tantum", susceptível de ser destruída por prova em contrário. Pode, porém, converter-se em "juris et de jure" (princípio da fé pública) relativamente a terceiros adquirentes de boa fé que tenham confiado no registo, o qual, por ficção, é sempre verdadeiro e integro [21].

3.3. *Sistema Australiano (ou Torrens)*

O sistema australiano (ou Torrens) foi iniciado na Austrália por Robert Richard Torrens, em 1858, e depois aplicado também em territórios do império inglês e colónias francesas e espanholas.

---

[18] Nas constituições, transmissões e modificações não derivadas de negócio jurídico, também no sistema germânico não é necessário o acordo real e nem mesmo a inscrição, que é meramente declarativa, salvo em matéria de embargos e hipotecas obrigatórias.

Contudo, nas constituições de hipoteca por negócio jurídico, muito embora vigore o princípio do consentimento formal, ou seja, não se torne necessário o acordo real, mas apenas uma declaração de vontade unilateral do hipotecante, exige-se a inscrição com valor constitutivo (v. ROCA SASTRE, *ob. cit.,* p. 16).

[19] ROCA SASTRE, *ob. cit.,* p. 15.

[20] O princípio da legitimação, com precedente na gewere germânica, faz da protecção tabular algo semelhante à protecção possessória (ROCA SASTRE, *ob. cit.,* p. 17).

[21] A. COSSIO Y CORRAL, *ob. cit.* p. 19.

Pretendeu-se introduzi-lo em Espanha em 1892, mas sem êxito [22]. Pelo menos houve igualmente duas tentativas geradas no sentido de o introduzir em Portugal, uma em 1889 e outra em 1895 [23].

Em 1890 foi introduzido no Brasil, tendo-se concentrado especialmente nos Estados do Rio Grande do Sul, Goiás e Minas Gerais. Mais tarde, o Código Civil brasileiro instituiu outro sistema que passou a coexistir com o sistema Torrens [24].

Na sua pureza conceitual, este sistema apresenta as seguintes características [25]:

1) O registo efectua-se numa repartição central comum, orientada por um Registador geral que é assistido por pessoas competentes em vários domínios.

2) A matrícula do prédio constitui o requisito fundamental do registo. Ela é resultante de um "escrupuloso procedimento em que se comprova a realidade física e a titularidade jurídica do prédio" [26].

3) Depois da matrícula nenhum acto susceptível de registo e respeitante ao prédio terá validade sem ser inscrito.

4) Os princípios da especialidade e da legalidade são levados até às suas últimas consequências, pois, a fim de realizar a matrícula, o registador utiliza todos os meios necessários para uma correcta identificação dos prédios (informações, títulos da propriedade, plantas, editais, anúncios, etc.). Por outro lado, a sua intervenção na qualificação da legalidade do acto sujeito a registo é muito intensa, podendo actuar oficiosamente para evitar o erro nessa matéria.

5) O registo é lavrado em duplicado e um dos exemplares, donde consta uma planta em miniatura, é entregue ao interessado. Este título real é inatacável e constitui presunção de que são correctos os elementos de identificação do prédio e verdadeira e íntegra a sua situação jurídica.

6) A existência deste título acelera o comércio jurídico imobiliário e facilita a obtenção de crédito, não sendo o contrato, mas sim a inscrição sobre o título que produz o nascimento do direito real [27].

---

[22] ROCA SASTRE, *ob. cit.*, p. 22.

[23] ARTUR LOPES CARDOSO, "Registo Predial", p. 32.

[24] DÉCIO ANTÓNIO ERPEN, "Registo Torrens", in "Ajuris", Revista da Associação dos Juízes do Rio Grande do Sul, vol. 16, pp. 107 e segs.

[25] V. COSSIO Y CORRAL, *ob. cit.*, pp. 20 e 21; ROCA SASTRE, *ob. cit.*, pp. 22 e 23; Carlos Ferreira de Almeida, *ob. cit.*, pp. 133 e 134.

[26] A. COSSIO Y CORRAL, *ob. cit.*, p. 20.

[27] A. COSSIO Y CORRAL, *ob. cit.*, pp. 20 e 21.

7) Em última análise, o Estado é o único responsável pelos registos efectuados na Repartição Central e, em caso de dano para o verdadeiro proprietário (ex: título emitido em nome de pessoa carecida do direito), este terá de ser indemnizado. Para cobrir o risco e fazer frente às acções intentadas contra o Estado, existe um fundo de seguro.

Apesar de este sistema de registo ser pouco comum, pensamos ser útil a sua caracterização, porque há países onde actualmente se verifica uma certa propensão no sentido de utilizar alguns elementos da sua proveniência na criação de certos documentos.

É o caso da lei portuguesa, em que se estabeleceu a emissão de um "título de registo" para cada prédio ou fracção autónoma, o qual é destinado à anotação da descrição e dos registos em vigor [28]. Este título desempenha uma função de mera publicidade, pois a presunção de exactidão e integridade que é atribuída ao registo não é extensível ao título que o comprova.

Mas há na lei portuguesa outro documento que tem ainda maiores afinidades com o título real utilizado no sistema Torrens. Trata-se do "certificado predial" que é emitido com referência a cada direito de habitação periódica [29], titulando o correspondente direito e legitimando a sua oneração ou alienação.

3.4. Como já foi demonstrado, sem embargo de, em certos casos, poderem ter ocorrido infiltrações, num sistema de registo, de normas e princípios oriundos doutros, os dois sistemas que mais nos interessam para este estudo, o francês e o alemão, têm raízes profundas nas instituições que vigoraram anteriormente na França e nos estados alemães.

Quanto à sua eficácia na realização dos objectivos fundamentais do registo de bens imobiliários, é assunto para ser tratado mais adiante, na dependência da análise do conceito de segurança jurídica e dos efectivos meios para a sua consecução.

---

[28] Art. 107.º do Código do Registo Predial português.
[29] Corresponde à "multipropiedad", "habitación en tiempo compartido" ou "time--sharing", noutros países, sem embargo da sua especificidade, por assumir a natureza de direito real.

4. Adaptações do sistema germânico em alguns países

4.1. *Em Espanha*

ROCA SASTRE, em Espanha, aponta como precedentes históricos da instituição registral, os antigos "Ofícios o Contadurias de Hipotecas", estabelecidos em 1768, cujas origens se encontram na "pragmática" de Don Carlos e Dona Joana, do ano de 1539, ditada em consequência de petição feita nas Cortes de Toledo (¹).

Até à promulgação da Ley Hipotecária de 1861, que foi a mais perfeita da sua época e influenciou outras, nomeadamente a portuguesa (²), foram publicadas inúmeras disposições sobre essa matéria.

A referida Ley Hipotecaria de 1861 foi precedida de uma fase de intensa preparação legislativa e inspirou-se no sistema registral alemão, designadamente no prussiano, então vigente (³). Essa lei sofreu várias modificações de que se destacam as reformas ocorridas em 1869 e 1909, tendo havido posteriormente várias reformas fragmentárias, até à Lei Hipotecária de 30 de Dezembro de 1944.

É de assinalar o facto de o Código Civil espanhol, publicado posteriormente à Lei Hipotecária de 1861, a ter respeitado nos seus aspectos fundamentais, sem ter sequer absorvido a parte substantiva que a integrava, se bem que tenha feito algumas inovações, das quais a mais importante foi a atribuição de valor constitutivo às inscrições de hipoteca voluntária (⁴).

A Lei de 30 de Dezembro de 1944 introduziu consideráveis reformas no direito hipotecário (⁵) e autorizou o Governo a publicar, no prazo máximo de um ano, uma nova redacção da Ley Hipotecária, que veio, com efeito, a concretizar-se com a Ley Hipotecária de 8 de Fevereiro de 1946.

Sem a pretensão de abarcar todos os aspectos, o que pressupunha o conhecimento dos principais trabalhos publicados sobre o assunto – tarefa deveras difícil ou mesmo impossível para um comentador estrangeiro –

(¹) *Ob. cit.,* p. 26.

(²) V. CARLOS FERREIRA DE ALMEIDA, *ob. cit.,* p. 149, que refere ser a Lei Hipotecária portuguesa de 1863 baseada no conhecimento da legislação estrangeira e da melhor doutrina da época.

(³) ROCA SASTRE, *ob. cit.,* p. 30.

(⁴) ROCA SASTRE, *ob. cit.,* p. 37.

(⁵) V. Exposição de Motivos da Ley Hipotecaria de 8 de Fevereiro de 1946, no BOE n.° 58, de 27 de Fevereiro de 1946.

vamos, porém, indicar os mais importantes princípios do sistema registral espanhol que se nos afiguram genuinamente importados do sistema germânico e chamar a atenção para algumas diferenças entre os dois sistemas que ressaltam à vista.

Assim, a legislação hipotecária espanhola, contida na Ley Hipotecaria de 8 de Fevereiro de 1946, perfilha os seguintes princípios do sistema germânico:

a) Instância (v. art. 6.°);

b) Prioridade (v. arts. 17.°, 24.°, 25.°, 32.°, 248.° e 249.°;

c) Especialidade (v. arts. 8.°, 9.° e 243.°);

d) Legalidade (v. arts. 18.°, 19.°, 65.°, 99.° e 100.°);

e) Trato sucessivo (v. art. 20.°);

f) Legitimação (v. art. 38.°);

g) Fé pública registral (v. arts. 34.° e segs.).

A caracterização destes princípios já foi efectuada com referência ao sistema germânico. As divergências porventura existentes, quanto à forma de os pôr em prática ([6]), não justificam uma análise muito detalhada, pelo

---

([6]) A forma de pôr em prática os princípios registrais diverge nos vários países em que se aplica o sistema germânico.

Exemplificando:

Na aplicação do princípio da instância pode ser exigida uma requisição escrita ou meramente verbal, sendo diferentes as regras que definem a legitimidade do apresentante.

Quanto ao princípio da prioridade, geralmente exige-se a existência de um livro Diário, onde sejam anotados, por ordem, os documentos entregues para registo (cfr. arts. 248.° e 249.° da Ley Hipotecaria espanhola de 8/2/1946 e arts. 22.°, al. a) e 60.° do Código do Registo Predial português). Mas nada obsta a que se siga outro processo, como uma ordem de despacho dos títulos, segundo a rigorosa cronologia das apresentações (v. ROCA SASTRE, sobre a lei alemã, in *ob. cit.,* p. 18), ou mesmo a substituição do registo no livro Diário por gravação informática (v., em Portugal, Portaria n.° 1089/90, de 30 de Outubro).

O princípio da legalidade também não obedece a regras uniformes, nomeadamente porque têm que ser respeitadas todas as divergências de aplicação prática dos sistemas e as normas internas e específicas de direito substantivo.

O próprio princípio do trato sucessivo tem aplicações diferentes nos vários países. Todos estão de acordo quanto à obrigatoriedade da continuidade das inscrições, mas alguns adoptam o "trato abreviado" ou "comprimido", fazendo constar da última inscrição o relato sucinto ou a mera menção dos actos intermédios, desde o titular inscrito até ao actual (v. Dec.-Lei n.° 312/90, de 2 de Outubro, que permitiu o trato abreviado em Portugal, onde já tinha existido, muito embora em outros moldes, anteriormente à publicação do Código de 1959).

Quanto ao registo prévio a favor do transmitente, as legislações normalmente exigem-no, mas os processos nem sempre são uniformes ou muito ortodoxos. Assim,

menos neste trabalho, salvo nalguns aspectos que incluiremos nas diferenças mais evidentes entre os dois sistemas.

Ora vejamos essas diferenças:

1.º – Enquanto no sistema alemão são taxativamente fixados os direitos reais cuja constituição, transmissão, modificação ou extinção estão sujeitas a registo (princípio do "numerus clausus") ([7]), na lei espanhola não existe essa rigidez, vigorando o princípio do "numerus apertus" (art. 2.º, n.º 2 da Ley Hipotecaria), ainda que com as limitações que o princípio da especialidade impõe à criação de direitos reais ([8]).

2.º – Como já foi referido, no sistema alemão, em toda a aquisição por negócio jurídico há uma diferenciação entre o negócio causal (ex: compra e venda), de que apenas derivam efeitos pessoais, e o negócio de disposição (ou acordo real), de que resultam efeitos reais ([9]). É característico desse sistema o princípio do consentimento que exige um acordo de vontades, totalmente abstracto e desvinculado do negócio causal, para que se produza o efeito real ([10]). Mas o acordo real deve ser obrigatoriamente inscrito no registo (princípio da inscrição), para que se produza a constituição, transmissão ou modificação do direito. Sem o registo não se opera a mutação jurídica pretendida, pelo que a inscrição tem um valor constitutivo.

Pelo contrário, no direito espanhol não se faz essa diferenciação entre negócio causal e negócio de disposição. A modificação real baseia-se no título causal, muito embora complementado pelo modo de

---

actualmente, na legislação portuguesa, salvo raras excepções, no caso de aquisição de direitos não se impõe ao conservador do registo predial a exigência do registo prévio a favor do transmitente (art. 34.º, n.º 1, do C. R. Predial). Mas isso acontece porque existe desde 1 de Outubro de 1984, data da entrada em vigor do Código, uma norma (art. 9.º) que impõe às entidades que titulam os actos de transmissão de direitos sobre imóveis a obrigação de os não realizar, salvo também algumas excepções, sem que os bens estejam definitivamente inscritos a favor dos transmitentes.

([7]) ROCA SASTRE, *ob. cit.,* p. 14.

([8]) JOSÉ MANUEL GARCIA Y GARCIA, "Legislación Hipotecaria y del Registro Mercantil", 10.ª edicion, 1989, p. 21.

([9]) A. COSSIO Y CORRAL, pp. 50 e segs.

([10]) No entanto, já em 1945 COSSIO Y CORRAL afirmava: "esta (la pauta marcada por el códice civil alemán) se encontra hoy en descrédito dentro de la doctrina de este país, siendo significativo un reciente trabajo de Heck que propugna la vuelta al sistema causal, acusando la insuficiencia de los intereses de tráfico, claridad y prueba aducidos para justificar la persistencia de una construccion jurídica ajena por completo a la consciencia popular" (*ob. cit.,* p. 51).

adquirir ([11]). Para que se opere tal modificação não é necessário o registo. As transferências da propriedade operam-se em consequência de certos contratos, mediante a tradição. Mas, no dizer de Roca Sastre, "toda la energia propia de los negocios de disposición, mas bien se sitúa en estos "ciertos contratos", de acuerdo con dicha teoria (del titulo y del modo), que deformando las líneas puras del Derecho romano clásico, colocó en el contrato de compraventa (titulus) el animus transferendi et accipiendi dominii que este último conectaba con la tradición, dejando ésta reducida a un simples modus adquirendi o traditio nuda, o sea compuesta únicamente del corpus o toma de posición, si bien con valor constitutivo, a los efectos de completar la transmisión" ([12]).

Como já foi referido, em Espanha, a inscrição no registo não é necessária para que se opere a mutação jurídica, salvo no caso da hipoteca, pois nesse caso tem valor constitutivo (art. 145.° da Ley Hipotecaria).

3.° – Apesar de a lei espanhola, à semelhança do que acontece com a francesa, ter atribuído à inscrição um valor meramente declarativo (excepto no já referido caso da hipoteca), perfilha também o princípio da legitimação. Assim, em Espanha, emerge do registo uma presunção "juris tantum" de exactidão e integridade (art. 38.° da Ley Hipotecaria).

Contudo, como afirma Cossio y Corral ([13]), "la presunción legitimadora seria insuficiente para garantir, por si sóla, el tráfico inmobiliario, si el que contrata de buena fe, apoyándo-se en el Registro, no tuviera la seguridad de que sus declaraciones son incontrovertibles".

4.° – Por isso, a lei espanhola foi bem mais longe, introduzindo igualmente o princípio germânico da fé pública registral, ainda que com algumas adaptações que por certo decorrem das características do meio social em que se aplica e da tradição jurídica dominante.

Como se sabe, a fé pública registral consiste em a presunção "juris tantum" que emerge da inscrição a favor do transmitente se transformar em "juris et de jure", em face de terceiros adquirentes de boa fé que tenham confiado nos dados registrais e feito, por sua vez, o registo a seu favor. Mas, enquanto o direito germânico protege com a fé pública o que adquire o direito real de boa fé e mediante negócio jurídico, quer seja a título oneroso, quer seja a título gratuito ([14]), a lei espanhola só protege o sub-

---

([11]) A. Cossio y Corral, *ob. cit.*, p. 51.
([12]) *Ob. cit.*, p. 55.
([13]) *Ob. cit.*, p. 112.
([14]) A. Cossio y Corral, *ob. cit.*, p. 130.

adquirente de boa fé que tenha adquirido por negócio jurídico a título oneroso (v. art. 34.° da Ley Hipotecaria).

Em Espanha, a fé pública não actuará se a anulação ou rescisão do negócio do transmitente tiver lugar por causas que constem do próprio registo (v. art. 34.°). Igualmente não prevalecerá contra aqueles que tenham adquirido por prescrição aquisitiva já consumada ou que possa consumar--se no ano seguinte à aquisição, desde que, neste último caso, se verifiquem certas condições, expressas nas diversas alíneas do artlgo 36.° ([15]).

([15]) É o seguinte o teor dos artigos 34.°, 36.° e 37.° da Ley Hipotecaria de 1946:

– Art. 34: El tercero que de buena fe adquiera a título oneroso algún derecho de persona que en el Registro aparezca con faculdades para transmitirlo, será mantenido en su adquisición, una vez que haya inscrito su derecho, aunque después se anule o resuelva el del otorgante por virtud de causas que no consten en el mismo Registro.

La buena fe del tercero se presume siempre, mientras no se pruebe que conocía la inexactitud del Registro.

Los adquirentes a titulo gratuito no gozarán de más protección registral que la que tuviese su causante o transferente.

– Art. 36: Frente a titulares inscritos que tengan la condición de terceros con arreglo al artículo 34, sólo prevalecerá la prescripción adquisitiva o consumada, o la que pueda consumar-se dentro del ano siguiente a su adquisición, en los dos supuestos siguientes:

a) Cuando se demuestra que el adquirente conoció o tuvo medios racionales y motivos suficientes para conocer, antes de perfeccionar su adquisición, que la finca o derecho estaba poseída de hecho y a título de dueño por persona distinta de su transmitente.

b) Siempre que, no habiendo conocido ni podido conocer, según las normas anteriores, tal posesión de hecho al tiempo de la adquisición, el adquirente inscrito la consienta, expresa o tacitamente, durante todo el ano siguiente a la adquisición. Cuando la prescripción afecte a una servidumbre negativa o no aparente, y ésta puede adquirirse por prescripción, el plazo del ano se contará desde que el titular pudo conocer su existencia en la forma prevenida en el apartado a), o, en su defecto, desde que se produjo un acto obstativo a la libertad del predio sirviente.

La prescripción comenzada perjudicará igualmente al titular inscrito, si este no la interrumpiere en la forma y plazo antes indicados, y sin perjuicio de que pueda también interrumpirla antes de su consumación total.

En cuanto al que prescribe y al dueño del inmueble o derecho real que se esté prescrebiendo y a sus sucesores que no tengan la consideración de terceros, se calificará el título y se contará el tiempo con arreglo a la legislación civil.

Los derechos adquiridos a título oneroso y de buena fe que no lleven ajena la facultad de inmediato disfrute del derecho sobre el cual se hubieren constituido, no se extinguirán por usucapión de éste. Tampoco se extinguirán los que impliquen aquella facultad cuando el disfrute de los mismos no fuere incompatible con la posesión, causa de la prescripción adquisitiva, o cuando, siéndolo, reúnan sus titulares las circunstancias y procedan en la forma y plazos que determina el párrafo b) de este artículo.

Segundo alguns autores, partidários de uma tese monista do conceito de terceiro, a fé pública registral também não actuará nos casos em que se verifiquem as excepções contidas nos diversos números do artigo 37.° da Ley Hipotecaria, mas, segundo nos apercebemos ([16]), há uma parte da doutrina que os exclui do ambito das excepções ao princípio da fé pública registral contido no artigo 34.°.

Resumindo, em boa verdade, não só o registo de hipoteca tem, em Espanha, um valor constitutivo. Existe também registo constitutivo nos casos em que actua a fé pública registral, porque aí pode dizer-se com rigor que a inscrição produz verdadeiros efeitos substantivos ([17]).

4.2. Em *Portugal*

4.2. *a*) Em Portugal chegou-se ao século XIX "sem que a publicidade predial tenha feito a mais tímida ou longínqua apari-

---

La prescripción extintiva de derechos reales sobre cosa ajena, susceptibles de posesión o de protección posesoria, perjudicará siempre al titular, según el Registro, aunque tenga la condición de tercero.

Art. 37: Las acciones rescisorias, revocatorias y resolutorias no se darán contra tercero que haya inscrito los títulos de sus respectivos derechos conforme a lo prevenido en esta Ley.

Se exceptúan de la regla contenida en el párrafo anterior:

1.° – Las acciones rescisorias y resolutorias que deban su origen a causas que consten explícitamente en el Registro.

2.° – Las de revocación de donaciones, en el caso de no cumplir el donatario condiciones inscritas en el Registro.

3.° – Las de retracto legal, en los casos y términos que las leys establecen.

4.° – Las acciones rescisorias de enajenaciones hechas en fraude de acreedores, las cuales perjudicarán a tercero:

a) Cuando hubiese adquirido por título gratuito.

b) Cuando, habiendo adquirido por título oneroso, hubiese sido cómplice en el fraude. El simple conocimiento de haberse aplazado el pago del precio no implicará, por si sólo, complicidad en el fraude.

En ambos casos, no perjudicará a tercero la acción rescisoria que no hubiere entablado dentro del plazo de cuatro años, contados desde el día de la enajenación fraudulenta.

En el caso de que la acción resolutoria, revocatoria o rescisoria no se pueda dirigir contra tercero, conforme a lo dispuesto en el párrafo primero de este artículo, se podrán ejercitar entre las partes las acciones personales que correspondan.

([16]) JOSÉ MANUEL GARCIA Y GARCIA, *ob. cit.,* p. 45.

([17]) V. OLIVEIRA ASCENSÃO, "Efeitos Substantivos do Registo Predial na Ordem Jurídica Portuguesa", pp. 17 e segs.

ção" [18]. Todavia, em 1801, os cosmógrafos do reino foram incumbidos, por alvará, da organização do cadastro e do livro geral da propriedade, sendo a inscrição obrigatória para os seus possuidores, sob pena de apreensão [19]. No entanto, tal incumbência não foi respeitada.

O primeiro sistema de registo predial português foi criado pelo Decreto de 26 de Outubro de 1836, a que se chamou lei hipotecaria. Esta lei foi mais tarde substituída pela Lei Hipotecária de 1 de Julho de 1863, que demostra influência da Ley Hipotecária Espanhola de 1861 [20].

Mas, ao invés da Lei espanhola, a Lei de 1/7/1863 estabeleceu o regime do registo como condição absoluta de eficácia. Sem a inscrição os factos sujeitos a registo não poderiam ser invocados em juizo entre as próprias partes (art. 36.°).

Muito embora os preceitos da Lei Hipotecária tenham passado para o Código Civil português de 1867, por este diploma a inscrição deixou de ser indispensável para que os factos sujeitos a registo pudessem ser invocados em juizo entre as próprias partes (art. 951.°). Por influência do Código Civil francês, o registo passou assim a constituir mera condição de oponibilidade a terceiros.

Os Regulamentos posteriores, de 14/5/1868 e de 28/4/1870, nada alteraram a este respeito. O mesmo aconteceu com o Regulamento de 20/1/1898 e os Códigos de 1922 e de 31/3/1928. Todavia, o Código de 29/9/1928, que teve curta duração, regressou ao regime de eficácia absoluta da inscrição [21], mas o Código seguinte, aprovado pelo Decreto-Lei n.° 17 070, de 4/7/1929, voltou ao sistema de mera eficácia declarativa. Também o Código aprovado pelo Decreto-Lei n.° 42565, de 8/10/1959, nada alterou nesta matéria, mas abriu excepção para o registo de hipoteca que se tornou necessário para a eficácia entre as próprias partes (art. 6.°, n.° 2).

Pelo Decreto-Lei n.° 36 505, de 11/6/1947 (art. 2.°), criou-se um regime de obrigatoriedade de registo nos concelhos onde existisse cadas-

---

[18] CARLOS FERREIRA DE ALMEIDA, *ob. cit.,* p. 147; e LOPES CARDOSO, *ob. cit.,* pp. 6 e segs.

[19] AZEVEDO SOUTO, "Registo Predial", p. 50/1, citado por C. F. Almeida, *ob. cit.,* p. 147.

[20] Segundo LOPES CARDOSO *(ob. cit.,* p. 5), por sua vez na confecção da Lei Hipotecária espanhola esteve presente um trabalho de Silva Ferrão que mereceu aplausos dos especialistas estrangeiros.

[21] CARLOS FERREIRA DE ALMEIDA, *ob. cit.,* p. 150, citando PEDRO PITTA, in "Anotações e Comentários ao último Código do Registo Predial", p. 365.

tro geométrico da propriedade rústica, tendo este regime sido executado pela Lei n.° 2049, de 6/8/1951.

O sistema de obrigatoriedade de registo foi remodelado pelo Decreto-Lei n.° 40603, de 18/5/1956, com o alargamento das sanções aplicáveis à falta de inscrição, e vigorou no domínio dos Códigos aprovados pelos Decretos-Leis n.ᵒˢ 42565, já referido, e 47611, de 28/3/1967, mas foi extinto pelo Código actual, aprovado pelo Decreto-Lei n.° 224/84, de 6 de Julho ([22]), que o substituíu por um regime de obrigatoriedade indirecta aplicável em todo o território do país (art. 9.° desse Código). Consiste esse regime em que, salvo raras excepções consignadas na lei, "os factos de que resulte transmissão de direitos ou constituição de encargos sobre imóveis não podem ser titulados sem que os bens estejam definitivamente inscritos a favor da pessoa de quem se adquire o direito ou contra a qual se constitui o encargo". Esta obrigatoriedade indirecta tem dado bons resultados, pelo que, conjugada com o estabelecimento do cadastro geométrico em todos os concelhos, irá certamente contribuir para a evolução do sistema de registo no sentido de uma maior adaptação às exigências do comércio jurídico internacional.

4.2. *b)* O sistema jurídico português consigna os seguintes princípios importados do sistema alemão, através da Lei Hipotecária espanhola de 1861:

a) Instância (art. 41.°);
b) Prioridade (art. 6.°);
c) Especialidade (arts. 76.°, 79.°, 80.° e 81.°);
d) Legalidade (art. 68.°);
e) Trato sucessivo (arts. 34.° e 35.°);
f) Legitimação (arts. 7.°, 8.° e 9.°);
g) Fé pública registral, ainda que de forma pouco clara e extremamente polémica (arts. 17.°-2 do Código do Registo Predial, em confronto com o art. 291.° do Código Civil) ([23]).

([22]) Antes do Código aprovado pelo Dec.-Lei n.° 224/84, que entrou em vigor em 1/10/1984, havia sido publicado outro Código, aprovado pelo Dec.-Lei n.° 305/83, de 29 de Junho, que nunca chegou a entrar em vigor, por se ter entendido que algumas das suas disposições não eram exequíveis.

([23]) Todas as disposições referidas na enumeração dos princípios de registo se referem ao Código actual que entrou em vigor em 1/10/1984, tendo sido posteriormente alterado em aspectos pontuais.

As divergências entre o sistema português e o sistema alemãos nos seus aspectos fundamentais, são idênticas às que se verificam no caso da lei espanhola. Mas há um aspecto em que o sistema português, ao contrário do espanhol, não diverge do alemão: trata-se de que, entre nós, os direitos reais também são fixados segundo o princípio do "numerus clausus".

Por outro lado, tal como em Espanha, também em Portugal nas aquisições por negócio jurídico não existe diferenciação entre o negócio causal e o negócio de disposição (ou acordo real), mas o direito português baseia-se no princípio da mera consensualidade: as transferências de titularidade operam-se por simples efeito do contrato (art. 408.° do Código Civil). A inscrição no Registo tem por base um acto complexo em que se verifica uma relação de causalidade entre o título e o modo de adquirir. Por isso, a qualificação feita pelo registador, no cumprimento do princípio da legalidade, não se alheia do negócio causal que deu origem à transferência de bens.

Do mesmo modo que em Espanha, o registo em Portugal tem eficácia meramente declarativa, sendo apenas condição de oponibilidade a terceiros (art. 5.° do C. R. Predial), salvo no caso da hipoteca que não tem eficácia entre as próprias partes sem o respectivo registo (art. 4.°, n.° 2). No entanto, a lei portuguesa perfilha também o princípio da legitimação (cfr. arts. 7.°, 8.° e 9.°).

Quanto ao princípio da fé pública registral, a lei portuguesa apresenta grandes divergências, quer em relação à lei alemã, quer em relação à lei espanhola que, como já foi exposto, tem normas claras atinentes a esta matéria.

Em Portugal, no Código aprovado pelo Dec.-Lei n.° 47 611, o qual entrou em vigor em 1/6/1967, aludiu-se implicitamente à figura da aparência registral como geradora de verdadeiros efeitos substantivos, em face de terceiros adquirentes de boa fé e a título oneroso (art. 85.° desse código).

Já nos códigos anteriores se havia delineado essa figura (art. 83.° do Código de 1959 e 276.° do Código de 1929), mas em termos bem mais vagos, pois não se havia definido o conceito de "terceiro" em termos equivalentes ao "terceiro registral", adoptado noutros países nas mesmas circunstâncias [24], e também não se havia introduzido uma disposição de lei

---

[24] Há quem atribua à expressão "terceiro registral" um outro significado, e o terceiro registral a que nos referimos apelida-o de "terceiro germânico" (V. Dr.ª AIDA KEMELMEJER DE CARLUCCI, "La función del Registrador y la Seguridad Jurídica", in *Separata de la Revista del Notariado,* 1989, p. 18).

com a menção pormenorizada dos casos de nulidade do registo (art. 83.º do Código de 1967), ainda que a mesma se tenha revelado deficiente para delimitar o campo de aplicação do princípio da fé pública registral.

O Código Civil português introduziu igualmente um regime de defesa de subadquirentes de boa fé e a título oneroso, em face da anulação ou nulidade do negócio do transmitente, mas, como adiante demonstraremos, não teve propriamente em vista a protecção da aparência registral no seu papel de geradora de verdadeiros efeitos substantivos.

O artigo 85.º do Código de 1967 passou para o artigo 17.º, n.º 2, do Código de 1984 com esta redacção:

"A declaração de nulidade do registo não prejudica os direitos adquiridos a título oneroso por terceiro de boa fé, se o registo dos correspondentes factos for anterior ao registo da acção de nulidade".

Por sua vez o artigo 291.º do Código Civil dispõe o seguinte:

"1 – A declaração de nulidade ou a anulação do negócio jurídico que respeite a bens imóveis, ou a móveis sujeitos a registo, não prejudica os direitos adquiridos sobre os mesmos bens, a título oneroso, por terceiro de boa fé, se o registo da aquisição for anterior ao registo da acção de nulidade ou anulação ou ao registo do acordo entre as partes acerca da invalidade do negócio".

4.2. *c*) Salvo honrosas excepções (25), a doutrina tem-se debruçado muito pouco sobre a nítida disparidade que existe entre as duas disposições. Os que estudaram o assunto com alguma profundidade chegaram à conclusão que ambos os preceitos regulam matéria de direito substantivo. Por isso, não se pode colocar uma pedra sobre o Código do Registo Predial, relegando o n.º 2 do artigo 17.º para o plano inferior do direito adjectivo e atribuindo ao artigo 291.º do Código Civil a subida mas solitária honra de integrar uma norma de direito substantivo.

De facto, diz-se, por vezes, que o n.º 2 do art. 17.º do C. R. P. não se refere a nulidades substantivas, mas sim a nulidades de registo, enquanto que o artigo 291.º do C. C., esse sim, prevê hipóteses de verdadeiras invalidades de direito substantivo. Mas, não sendo a invalidade registral menos grave do que a dita invalidade substantiva, até porque abrange os registos feitos com base em títulos falsos ou insuficientes para a prova do facto registado, não se compreende que o Código do Registo Predial seja mais

---

(25) V.g. OLIVEIRA ASCENSÃO, "Direitos Reais", 1971, pp. 389 e segs.

generoso do que o Código Civil no tratamento da matéria, conferindo ao registo nulo um valor absoluto de presunção "juris et de jure", em face de terceiros adquirentes de boa fé e a título oneroso [26].

Há, com efeito, razões convincentes para harmonizar, e não ferir de incompatibilidade as duas disposições.

Assim:

1.º – O legislador do Código Civil não atribuiu ao termo "terceiro" contido no artigo 291.º o significado de "terceiro registral", pelo menos no sentido que lhe é atribuído noutras legislações, tal como a espanhola. Que assim é provam-no os estudos que precederam a publicação desse Código [27]. Com efeito, no respectivo anteprojecto [28], em comentário à disposição que depois veio a constituir o artigo 291.º, refere-se que "os terceiros adquirentes que assim vêem protegida a aquisição dos seus direitos reais, deverão, para tanto, ter feito essa *aquisição de boa fé,* mediante *negócio a título oneroso* e tê-lo *registado antes de feito o registo da acção de nulidade ou de anulação*" [29]. Falta-lhes, pois, uma das características do "terceiro registral" que consiste em terem adquirido o seu direito de pessoa que apareça no registo como sendo a respectiva titular.

Não podia (ou não devia) o legislador do Código Civil desconhecer que a noção de "terceiro registral" estava há muito fixada pela doutrina mais representativa em matéria de direito imobiliário [30] e que a noção de fé pública registral está intimamente ligada a tal conceito.

Segundo trabalho apresentado pela Associação Nacional del Notariado Mexicano no VIII Congresso Internacional de Direito Registral, o terceiro registral é "a pessoa que inscreve um direito submetido a registo, de boa fé e a título oneroso, *se esse direito foi adquirido de quem aparecia como seu titular no Registo Público da Propriedade* [31].

---

[26] OLIVEIRA ASCENSÃO, *ob. cit.,* p. 404.

[27] *Boletim do Ministério da Justiça,* n.º 89, pp. 242 e segs.

[28] Cit. *Boletim do M. J.,* n.º 89, p. 248.

[29] Outras partes do mesmo comentário são ainda mais elucidativas quanto ao sentido que foi atribuído à palavra "terceiro". Atende-se nesta: – "No tocante aos bens móveis para os quais não existe registo, parece que deve realmente confiar-se a defesa dos interesses de "terceiros" ao funcionamento da *regra posse vale título*" (Cit. *Bol. M. J.,* n.º 89, p. 246). É óbvio que a palavra "terceiro", neste caso, não tem a conotação de terceiro registral, pois se refere a móveis que não têm registo, os quais foram também considerados na discussão do anteprojecto.

[30] V.g. COSSIO Y CORRAL, *ob. cit.,* p. 126.

[31] Cfr. fls. 2 do citado trabalho.

Também A. Cossio y Corral ([32]), muito embora apoiando-se na lei espanhola, refere que o terceiro registral tem que obedecer aos seguintes requisitos:

1.º – Que el derecho esté inscrito;

2.º – *Adquirir de quien en el registro sea dueño;*

3.º – No haber intervenido en el acto o contrato inscrito;

4.º – Adquirir a título oneroso;

5.º – Que la causa de nulidade o rescisión no conste en el Registro.

Por sua vez, no "Dicionário de Derecho", de Luis Ribó Duran ([33]), está contida a seguinte definição de terceiro registral:

– "Tercero Hipotecario – Es la adaptación del concepto de tercero civil (persona que no ha sido parte en el negocio jurídico de que se trata) al Derecho Registral inmobiliario. De ahi, que sea denominado también *tercero registral.* En definitiva, se trata de la persona que, siendo ajena al acto jurídico-real inscrito en el Registro de la Propiedad, y que refleja inexactamente la realidade extrarregistral, adquiere el derecho inscrito y es mantenido en dicha adquisición por la fe pública registral siempre que concurran las circunstâncias siguientes: *haber adquirido el derecho de persona que aparezca en el registro con facultades para transmitirlo;* que la adquisición se haya hecho a título oneroso; y que el tercero adquirente o tercero hipotecario inscriba el derecho adquirido en el Registro".

Como se depreende do exposto, o terceiro a que se refere o artigo 291.º do C. Civil português não é necessariamente um "terceiro registral" no sentido atrás mencionado, pois, para beneficiar do disposto no artigo, não precisa de ter adquirido o seu direito de pessoa que apareça no Registo como sendo a respectiva titular. Pelo contrário, o subadquirente mencionado no artigo 17.º, n.º 2, do C. R. Predial português é um "terceiro registral" em todo o sentido da expressão, pelo que esse preceito legal consagra efectivamente o princípio da fé pública.

2.º – Acontece porém que, aparentemente, a citada norma do n.º 2 do artigo 17.º é muito limitada, pois os casos de nulidade do registo estão especificados no artigo 16.º do mesmo Código ([34]) e, muito embora este

---

([32]) *Ob. e local citado.*

([33]) Cfr. p. 607.

([34]) O artigo 16.º do actual C. R. Predial português tem o seguinte teor:

– "O registo é nulo:

a) Quando for falso ou tiver sido lavrado com base em títulos falsos;

b) Quando tiver sido lavrado com base em títulos insuficientes para a prova legal do facto registado;

refira a falsidade ou insuficiência do título que lhe serviu de base, não faz menção da nulidade do próprio título.

No domínio do Código de 1959, uma parte da escassa doutrina que em Portugal se tem debruçado sobre estes problemas entendeu que a nulidade de registo devia abranger todas as causas de nulidade, quer proviessem da ilegalidade da actividade registral, quer proviessem da nulidade ou inexistência do próprio facto registado. Isto porque "se a nulidade não fosse a sanção para o registo de actos nulos, havia de se entender que tais registos eram válidos, o que é absurdo e contende até com a possibilidade incontroversa de os rectificar, cancelar ou anular" ([35]).

É claro que o Código de 1959 foi posteriormente substituído pelo de 1967 que, no seu artigo 83.º, correspondente ao artigo 16.º do Código actual, mencionou os casos em que o registo se considera nulo. Põe-se portanto o problema de saber se essa enumeração é taxativa.

É duvidoso que o seja, mas há quem, muito embora pronunciando-se em sentido afirmativo, entenda que há na lei uma lacuna referente ao caso de registo nulo por invalidade do título, a qual deve ser suprida pelo mesmo regime dos restantes casos ([36]).

4.2. *d*) Colocado o problema nestes termos, o campo de aplicação das duas disposições resulta bem diferenciado:

O artigo 17.º, n.º 2, do Código do Registo Predial regula todos os casos em que um subadquirente de boa fé e a título oneroso não pode ser prejudicado pela declaração de nulidade do registo a favor do transmitente, quer essa nulidade tenha por base os motivos consignados no artigo 16.º, quer outros, tal como a nulidade do próprio título que lhe serviu de base ([37]), *isto porque confiou na presunção registral e registou o seu direito antes do registo da respectiva acção impugnatória.*

---

c) Quando enfermar de omissões ou inexactidões de que resulte incerteza acerca dos sujeitos ou do objecto da relação jurídica a que o facto registado se refere;

d) Quando tiver sido assinado por pessoa sem competência funcional salvo o disposto no n.º 2 do artigo 369.º do Código Civil;

e) Quando tiver sido lavrado sem apresentação prévia ou com violação do princípio do trato sucessivo.

([35]) CARLOS FERREIRA DE ALMEIDA, *ob. cit.*, p. 311.

([36]) OLIVEIRA ASCENSÃO, *ob. cit.*, p. 407.

([37]) Os casos de anulabilidade do título não estão literalmente submetidos à regra do artigo 17.º, n.º 2, mas também estão abrangidos pelo espírito desse preceito.

Quanto ao artigo 291.° do Código Civil, regula os casos e as condições em que um subadquirente de boa fé e a título oneroso não pode ser prejudicado pela declaração de nulidade (ou pela anulação) do negócio jurídico de que resulta o direito do transmitente, *simplesmente porque registou o seu próprio direito, muito embora não tenha o amparo da presonção registral emergente do registo anterior a favor daquele.*

É claro que, sendo assim, o campo de aplicação do artigo 291.° está quase esvaziado. Pelo menos num futuro próximo raramente irão aparecer casos de falta de registo prévio a favor dos transmitentes, porque a obrigatoriedade indirecta de que atrás falámos não permite, salvo raras excepções, que se titulem actos de transmissão de direitos sobre imóveis sem que os bens estejam definitivamente inscritos a favor da pessoa que os transmite ([38]).

([38]) O sistema registral português não adopta um único conceito de "terceiros". O n.° 2 do artigo 17.° do C.R.P. refere-se ao conceito de "terceiro registral" supra-caracterizado, revelando uma certa preocupação com a segurança do tráfico imobiliário, de harmonia com o figurino alemão que o sistema copiou em grande parte. Dir-se-á que visa uma segurança dinâmica, ou uma segurança jurídica positiva ou criadora (v. Jesus Lopez Medel, "Sentido Social de las Instituciones Inmobiliario-Registrales de la Propiedad en Austria", in *Revista de Derecho Privado*, Marzo 1963, p. 233).

Por sua vez, o artigo 5.° do mesmo Código, ao estipular que "os factos sujeitos a registo só produzem efeitos contra terceiros depois da data do respectivo registo", tem em vista a mera inoponibilidade dos direitos não inscritos e visa uma segurança estática ou uma segurança negativa ou defensora (v. *ob.* e local cit.).

O referido artigo 5.° do C.R.P. português tem uma redacção pouco feliz, oriunda dos códigos que o precederam (cfr. art. 951.° do C. Civil de 1867 que constitui a fonte das disposições congéneres dos vários códigos posteriores sobre a matéria de registo).

Numa primeira impressão somos levados a supor que o "terceiro" a que essa disposição se refere é uma entidade de fora, que se move num plano diferente do plano registral, mas tal suposição não resiste a um breve raciocínio. Se assim fosse, teríamos que chegar à absurda conclusão que a essa entidade que não tem os seus direitos registados não poderiam ser opostos os factos que também não estivessem registados e, assim, insolitamente, o sistema de registo iria imiscuir-se em situações que nada têm a ver com os fins que se propõe.

O "terceiro" a que se refere o artigo 5.° apresenta, em primeiro lugar, as características do "terceiro civil" que é, como se sabe, quem não seja parte no negócio, nem seu herdeiro ou representante. Mas, além destes requisitos, tal figura pressupõe que exista uma inscrição registral e, enquanto esta se mantiver, o correspectivo direito não poderá ser afectado pela produção dos efeitos de um acto que esteja fora do registo e seja com ele incompatível.

O titular inscrito é terceiro em relação ao titular do direito inoponível, mas este é também, em certo sentido, ainda que não seja rigoroso em termos doutrinais, um terceiro em relação ao titular inscrito. Dir-se-á que são terceiros entre si ou terceiros recíprocos.

O registo predial e a segurança jurídica

4.2. *e*) Contudo, a nós parece-nos evidente que os autores do Código Civil nunca prestaram atenção às disposições do Código do Re-

O artigo 5.º do C.R.P. português corresponde ao artigo 32.º da Ley Hipotecaria espanhola, segundo o qual "los títulos de dominio o de otros derechos reales sobre bienes inmuebles, que no estén debidamente inscritos o anotados en el Registro de la Propiedad, no perjudican a tercero".

Através desta disposição torna-se mais claro o conceito de "terceiro" oriundo dos sistemas de simples inoponibilidade dos direitos não inscritos, tal como o sistema francês. Esse conceito, quando acolhido em sistemas de raiz germânica (v.g. o português e o espanhol), tem neles que coexistir com o conceito de "terceiro registral", intimamente ligado ao princípio da fé pública.

O direito do terceiro constante do registo, a que se refere o artigo 5.º, pode ter por base um título inválido, mas não lhe pode ser oposto um direito incompatível e não registado, ainda que este seja válido. Todavia, a presunção "juris tantum" que emerge do registo pode ser destruída pela declaração de invalidade do acto que lhe serviu de base.

A este respeito a Ley Hipotecaria espanhola é bem clara quando estabelece no art. 33.º que "la inscripción no convalida los actos o contratos que sean nulos con arreglo a las leyes".

É essa presunção "juris tantum" resultante do princípio da legitimação estabelecido no artigo 7.º do C.R.P. português (v. artigo 38.º da Ley Hipotecaria espanhola) que não permite que se impugne em juízo qualquer facto comprovado pelo registo sem pedir o seu cancelamento (artigo 8.º).

Se, porém, o direito inscrito for transmitido a um subadquirente de boa fé e a título oneroso (terceiro registral) que o inscreva a seu favor antes do registo da acção de nulidade, a citada presunção "juris tantum" pode transformar-se em "juris et de jure", nos termos já mencionados na exposição supra.

Não existe na jurisprudência portuguesa unanimidade de pontos de vista a respeito do conceito de "terceiros". Grande parte da mesma jurisprudência há já longas décadas que segue o critério segundo o qual terceiros, para efeitos de registo predial, são apenas as pessoas que *de um autor comum (ou do mesmo transmitente)* tenham adquirido direitos incompatíveis sobre o mesmo prédio (v.g. Ac. do Supremo Tribunal de Justiça de 15/12//1977, in Bol. Min. Just., n.º 272, pp. 160 e segs.).

Tem havido, porém, algumas vozes discordantes, não só na jurisprudência como na doutrina mais representativa nesta matéria, mas ainda não lograram vencer a inércia tradicional (v. Ac. do S.T.J. de 12/7/1963, in *Bol. Min. Just.*, n.º 129, p. 388; Ac. da Relação de Coimbra de 22/7/1986, in *Colectânea de Jurisprudência,* ano XI, 1986, Tomo 4, p. 72; e *Carlos Ferreira de Almeida, ob. cit.,* p. 268).

Esse conceito tradicional de "terceiros" tem originado insólitas decisões dos próprios tribunais superiores, nas quais se tem considerado que a presunção "juris tantum" emanada do registo só poderá ser invocada contra os *titulares de direito incompatível advindo do mesmo transmitente* (Ac. da Relação de Coimbra de 26/6/1990, in *Colectânea de Jurisprudência,* ano XV, Tomo 3, pp. 62 e segs.).

Quer dizer, certa jurisprudência menos avisada, mas nem por isso menos intuitiva, não podendo colmatar as inevitáveis brechas que se lhe abrem na conjugação do artigo 5.º

gisto Predial sobre a matéria. É, pois, bem provável que, com a disposição do artigo 291.°, pensassem abranger todos os casos de nulidade ou anulação do negócio jurídico a favor do transmitente, quer o registo a seu favor estivesse ou não efectuado.

Em 1967, data da entrada em vigor do actual Código Civil[39], em Portugal a instituição do Registo Predial era encarada superficialmente mesmo pelos civilistas mais brilhantes. Não é de estranhar que não se tenha tomado em conta o rigoroso conceito de "terceiro registral" e o de "fé pública registral", já ha muito estabilizados na doutrina de paises mais evoluídos na matéria, tal como a nossa vizinha Espanha.

Que a reforma do Código Civil, de que resultou o Código aprovado pelo Decreto-Lei n.° 47 344, de 25 dc Novembro de 1966, representa um trabalho notável, provindo do labor e da inteligência de alguns dos mais importantes juristas que existiram em Portugal, é um facto indesmentível. Mas isso não obriga os seus leais continuadores a apegar-se ao preconceito de que os génios nunca falham, ou admitir que a realidade social e jurídica de um povo não tem evolução.

Não se pode continuar a argumentar no sentido de que o princípio da fe pública registral, que se ajusta como uma luva ao sistema alemão, excede os limites do sistema português, porque em Portugal o registo não tem natureza constitutiva e o cadastro geométrico da propriedade rústica

---

com o princípio da legitimação, prefere manter intacto o seu conceito (ou preconceito) de terceiro, sacrificando aquele princípio e privando o registo predial da sua função de segurança estática.

De facto, concluir que o direito incompatível com o direito registado pode ser invocado e feito valer em juízo sem a impugnação e o consequente cancelamento do registo, apenas porque não provém ao mesmo transmitente, é navegar ao arrepio das normas que consagram o princípio da legitimação (arts. 7.° e 8.°) e também o princípio do trato sucessivo, pois os titulares de direito judicialmente reconhecido à revelia da inscrição registral hão-de ter de recorrer, por sua vez, aos serviços de Registo, e depararão com os obstáculos opostos pelo exercício da função qualificadora do Conservador (princípio da legalidade).

Ora isto constitui uma prova insofismável da falta de razão que assiste às correntes jurisprudenciais que não têm em conta a ascendência germânica do sistema registral português e o confundem com um mero sistema de transcrição do contrato, em que apenas se dá valor à *prioridade* da inscrição dum acto em face de outro advindo do mesmo transmitente e em que o próprio princípio do trato sucessivo não consta do elenco dos princípios registrais.

[39] É conveniente salientar que tanto o actual Código Civil como o Código do Registo Predial de 1967 entraram em vigor na mesma data, ou seja, em 1/6/1967.

ainda não cobre todo o território. Em outros países isso também acontece e, mesmo assim, o princípio já há largos anos fez neles a sua implantação, muito embora submetido a certas restrições ([40]).

Esquece-se que o sistema registral português sofreu uma evolução considerável desde 1984 até aos dias de hoje. A mencionada obrigatoriedade indirecta já produziu os seus frutos, forçando o público a recorrer aos serviços do Registo Predial e chamando a atenção para o valor de segurança que a inscrição registral confere aos seus direitos.

Por outro lado, a harmonização do registo com a identificação dos prédios feita pelos serviços fiscais (matriz predial), que assumiu uma forma mais rigorosa até à reforma introduzida pelo Decreto-Lei n.° 60/90, mas continua a verificar-se no caso de prédios inscritos na matriz cadastral, diminuiu os riscos de discordância com a realidade material, sobretudo no centro e no sul do país.

Como é óbvio, existe um conflito entre as duas disposições analisadas. Enquanto este problema não for resolvido por via legislativa, competirá à jurisprudência portuguesa a sua conjugação harmónica, de forma a avançar-se no sentido de uma maior aproximação das metas de *segurança jurídica* que constitui um dos valores fundamentais do Direito.

([40]) V. em Espanha os arts. 34.° a 37.° da Ley Hipotecaria.

II

1. Segurança Jurídica

1.1. *Segurança Jurídica e Justiça*

Em capítulo anterior referimos que foi a partir do século XVI, com o surgimento do Estado moderno, que se desenvolveu o conceito de segurança jurídica, cuja análise implica a referência a um outro conceito: o de justiça.

Segundo o Prof. FREITAS DO AMARAL [1], o Estado é uma "comunidade constituída por um povo que, a fim de realizar os seus ideais de *justiça e bem estar,* se assenhoreia de um território e nele institui por autoridade própria o poder de dirigir os destinos nacionais e de impor as normas necessárias à vida colectiva".

O conjunto das normas necessárias à vida colectiva, as quais são "efectiva ou eventualmente garantidas por meio de uma acção coercitiva do Estado" [2], constitui o Direito. Mas, quanto à origem dessas normas, as opiniões dividem-se: enquanto as correntes positivistas entendem que tais normas são sempre colhidas da experiência e, portanto, "a posteriori", as teses jusnaturalistas afirmam que existem normas "a priori", anteriores à experiência, que constituem um outro Direito, o direito natural, o qual, em conjugação com os usos, costumes e concepções dos povos, dá origem ao direito positivo.

Há também quem entenda que o chamado direito natural não é um verdadeiro Direito, mas um conjunto de valores éticos ou ético-religiosos que tem uma parte imutável, de valor absoluto, e uma parte mutável ou

---

[1] *Enciclopédia Polis,* vol. 2.°, Estado, p. 1127.
[2] L. CABRAL DE MONCADA, in *Enciclopédia Luso-Brasileira de Cultura,* vol. 6.°, pp. 1475 e segs.

contingente que pode sofrer as adaptações feitas pela lei positiva aos condicionalismos históricos locais e temporais.

Estas correntes de pensamento repercutem-se no tratamento da segurança jurídica. Os positivistas qualificam-na como o valor principal do Direito, em cujo seio pode até sobreviver em viva antinomia com a justiça. Por sua vez, os jusnaturalistas entendem que o Direito tem como função realizar a justiça, muito embora não menosprezem o valor da segurança jurídica, pois serão as leis positivas que irão conferir certeza aos princípios da lei natural.

Justiça e segurança jurídica são, pois, conceitos diferentes. O primeiro prende-se à concepção de um direito absoluto e imutável, um conjunto de valores éticos ou ético-religiosos que está subjacente ao direito positivo. O segundo está relacionado com o próprio conceito de direito positivo: conjunto de normas colectivas que garantem e regulam a vida social, provindas da experiência, usos, costumes e concepções de um povo. Estas, porém, na prática, são sempre orientadas por determinados valores éticos ou ético-religiosos, de carácter absoluto e imutável, na medida em que os usos, costumes e concepções dos povos os respeitam e se contêm dentro dos seus parametros.

A diferenciação dos dois conceitos, justiça e segurança, tem originado uma certa especulação filosófica sobre a autonomia [3] de ambos ou a primazia de um sobre o outro, e também sobre as suas relações recíprocas, que podem ser de compatibilidade ou incompatibilidade.

Autonomizada, a segurança tem sido por alguns classificada como um fim da ordem jurídica, mas tal teoria tem sido rebatida com o fundamento de que os fins são sempre transcendentes ao Direito, enquanto a segurança lhe é imanente [4].

Mesmo subalternizada, a segurança jurídica constitui sempre um valor, mas há também quem a classifique como um princípio ou meio

---

[3] Radbruch entende que a segurança jurídica (mais propriamente a certeza do Direito) e a justiça são, não só valores autónomos – como revelam os institutos da prescrição, usucapião, caso julgado, etc. – mas antinómicos: eles exercem, juntamente com o bem comum, em posição de viva antinomia, um condomínio sobre o Direito, sendo a proeminência de um ou de outro desses valores determinado, não por qualquer norma superior – que não existe – mas pela decisão responsável da época (V. *Enc. Polis,* vol. 5.º, Segurança Jurídica, p. 649).

[4] V. BIGOTTE CHORÃO, in *Enc. Polis,* vol. cit., p. 643; e Dr.ª AIDA KEMELMEJER DE CARLUCCI, *ob. cit.*, p. 10.

de que o ordenamento jurídico se serve para realizar o valor supremo que consiste na justiça([5]).

Quanto ao suposto antagonismo que existe entre as duas, poderemos considerá-lo como resultante de "meras questões de tensão e prelação entre diferentes formas de justiça([6]). De facto, compete ao Direito garantir uma segurança justa, mas realizar igualmente uma justiça segura. A segurança é, assim, uma forma diferente de justiça, pelo que, no fundo, os conflitos entre as duas se reduzem a conflitos que a justiça mantém consigo mesma.

A especulação filosófica poderia levar-nos muito longe. Importa só considerar que a segurança jurídica domina os ordenamentos jurídico-positivos, onde coexiste com valores diferentes, tal como a justiça. Se, por condicionalismo histórico, esses dois valores assumirem, no ordenamento, uma posição de evidente antinomia, tal situação será, por tendência, transitória e terminará pela resolução dos conflitos gerados no próprio seio da justiça.

1.2. *Acepções em que pode empregar-se a expressão "Segurança Jurídica"*
   – Diferentes formas de Segurança Jurídica
   – Segurança Jurídica Registral

A doutrina tem-se debruçado sobre os vários sentidos da expressão "segurança jurídica", que usualmente se emprega nas seguintes acepções([7]):

"*a*) Ordem imanente à existência e funcionamento do sistema jurídico;

b) Situação de cognoscibilidade, estabilidade e previsibilidade do direito, de modo a que cada um saiba a que pode ater-se na ordem jurídica (certeza do Direito);

c) Salvaguarda dos cidadãos perante o poder do Estado (segurança contra o Estado)".

([5]) CHICO ORTIZ, "Proyecciones de la Seguridad Jurídica", cit. por LUIS MOISSET DE ESPANÉS, "Informatica, Seguridad y Responsabilidad del Registradort, in *Separata de la Revista del Notariado,* 1989, p. 39.

([6]) *Enc. Polis,* vol. cit., p. 649.

([7]) BIGOTTE CHORÃO, in Enc. Polis, vol. 5.° cit., p. 645.

Por sua vez, uma parte da doutrina especializada em matéria de direito registral, tendo sobretudo em vista a acepção prevista na alínea *b*), tem distinguido a segurança jurídica geral da segurança jurídica relativa ou sectorial, e também a segurança jurídica comunitária (estatal ou pública) da segurança jurídica particular (individual, subjectiva, privada ou pessoal) [8].

A segurança jurídica geral resultaria de todos os institutos e meios específicos existentes na ordem jurídica, sem distinguir os ramos do direito, enquanto que a segurança jurídica sectorial seria própria de ramos ou sectores parcelares do direito.

Por sua vez, a segurança jurídica comunitária respeitaria ao conjunto de meios empregues para viabilizar e dar coerência ao sistema jurídico, na consecução da segurança jurídica-privada; e esta, cuja dinâmica se baseia na autonomia da vontade, estaria relacionada com a protecção e defesa dos direitos privados.

Todas estas distinções são importantes para o estudo que empreendemos, o qual tem em vista uma segurança jurídica sectorial, ou seja, a segurança jurídica registral, e este tipo de segurança está, por sua vez, ligado à segunda acepção do conceito a que atrás nos referimos.

Por outro lado, a segurança jurídica registral, sendo uma segurança jurídica privada, é também de índole comunitária ou pública. É útil assinalar este aspecto, porque a conservação, protecção e defesa dos direitos privados de natureza jurídico-patrimonial, sujeitos a registo, exige uma infra-estrutura, que funcione em conjugação com os pedidos dos particulares, a qual, por isso mesmo, tem funcionado com a natureza de verdadeiro serviço público.

É da maior importância evidenciar este ponto que pode levar-nos a outros desenvolvimentos, respeitantes às medidas a adoptar no futuro, para satisfazer os interesses de comunidades cada vez mais alargadas que ultrapassam as fronteiras das nações, tal como, por exemplo, a Comunidade Europeia [9]; e pode também conduzir-nos a alguns raciocínios sobre a conveniência ou inconveniência de ampliar o âmbito da actuação

---

[8] JOSÉ VICTOR SING, *ob. cit.,* pp. 1284 e segs.

[9] Assinale-se que o Tribunal de Justiça das Comunidades Europeias reconheceu o princípio de segurança jurídica, expressamente mencionado em várias das suas decisões, como um princípio de direito comunitário (v. JOSÉ CARLOS MOITINHO DE ALMEIDA, "Direito Comunitário, a Ordem Jurídica Comunitária, as Liberdades Fundamentais na C.E.E.", 1985, p. 38).

oficiosa dos funcionários encarregados do Registo Predial a que adiante faremos referência ([10]).

1.3. *A Segurança Jurídica Registral no seu duplo aspecto: estático e dinâmico*

Como se referiu, a segurança jurídica registral é, dentro do ordenamento jurídico, uma segurança sectorial que visa, "grosso modo", a certeza e a segurança do comércio jurídico, mas que se distingue de outros tipos de segurança, tais como a segurança jurídica notarial e a segurança jurídica judicial.

Ao invés da segurança jurídica registral, a segurança jurídica notarial e a segurança jurídica judicial constituem uma *mera segurança estática* ([11]), pois têm em vista garantir aos respectivos titulares a defesa dos seus direitos, quer através da observância rigorosa dos trâmites legalmente exigidos para a sua constituição, transmissão, modificação, oneração ou extinção, quer através do emprego dos meios coercivos para repor a legalidade e forçar ao reconhecimento dos mesmos direitos legitimamente titulados.

É certo que a segurança jurídica registral também se baseia, em primeira linha, na defesa dos direitos dos titulares inscritos, constituindo o registo uma presunção "juris tantum" a seu favor. É, pois, nesta medida, uma segurança estática que joga a favor do proprietário ou do titular inscrito, que não podem ser privados do que possuem por acto translativo que eles próprios não tenham outorgado, mas que também não podem transmitir mais do que isso. Este tipo de segurança está vinculado à tradição romanista que influenciou grande parte dos modernos ordenamentos jurídicos ([12]).

Mas a segurança jurídica registral é – ou deve ser – muito mais do que uma segurança estática. Na medida em que o registo visa a certeza do tráfico jurídico e este seria extremamente difícil e inseguro se obrigasse

---

([10]) V. JESUS LOPEZ MEDEL, *ob. cit.*, pp. 226 e segs.

([11]) Quanto à segurança jurídica notarial, v. Dr.ª AIDA KEMELMEJER DE CARLUCCI, in *ob. cit.*, p.14.

([12]) V. Dr.ª AIDA KEMELMEJER DE CARLUCCI, *ob. cit.*, p. 13; e JUAN VALLET DE GOYTISOLO, "La Seguridad Jurídica en los Negocios Dispositivos de Bienes Inmuebles", in *Revista Internacional del Notariado,* Ano XXXIII, n.° 79, p. 35.

a uma rigorosa averiguação das titularidades existentes sobre as coisas ([13]), é preciso proteger a aparência que, em matéria de direitos reais, se encontra ligada à publicidade.

Ora, a publicidade pode assumir duas formas importantes: a primeira é a "posse", que actua sobretudo no domínio das coisas móveis, a tal ponto que muitas legislações, nesse campo, seguem o princípio de que "posse vale título", mas que também tem relevância no domínio das coisas imóveis, através do instituto da usucapião ([14]). A segunda forma de publicidade consiste nos registos públicos, ligados à teoria da aparência que se desenvolveu no direito germânico e influenciou os mais modernos sistemas de direito registral.

Assim, o registo jurídico de bens imobiliários, nos moldes em que é organizado na maioria dos países, tal como já atrás referimos, tem por objectivo a protecção da aparência jurídica, ou seja, uma *segurança dinâmica que radica e se apoia na segurança estática,* e consiste em que o subadquirente que, de boa fé, adquira um direito inscrito no registo, e que por sua vez o inscreva a seu favor, deve ficar imunizado contra qualquer forma de impugnação do registo anterior a favor do transmitente.

Este tipo de segurança já existe, em certo grau, nas várias legislações que consagram o princípio da fé pública registral, mas abrange apenas, em quase todas elas, as aquisições a título oneroso, e está sujeita a importantes restrições.

Desenvolver este tipo de segurança, na medida do possível, em cada época e em cada país, muito embora sem deixar de atender a um desejável objectivo de unidade e uniformização, deve ser a meta fundamental dos sistemas de registo.

([13]) LUIS DIEZ-PICAZO Y ANTONIO GULLON, "Sistema de Derecho Civil" vol. III, p. 318.

([14]) É muito importante assinalar o facto de que as legislações dão diferente relevo aos dois institutos: o da usucapião e o do registo. Na legislação portuguesa a usucapião de imóveis prevalece sempre sobre o registo, se este for posterior ao início da posse (art. 1268.º do C. Civil). Por sua vez, o registo de imóveis determina uma redução do prazo da usucapião a favor do registante (arts. 1287.º e segs. do C. Civil). Pode, assim, haver colisão entre a própria segurança jurídica registral estática e a segurança judicial, pois o direito do legítimo titular inscrito pode entrar em conflito com o direito de um possuidor que accione os meios judiciais para obter a declaração da usucapião.

Outras legislações, como, por exemplo, a espanhola, contemplam uma verdadeira "usucapion secundum tabulas", pois consideram o registo justo título de aquisição, o qual faz presumir a posse pública, pacífica, contínua e de boa fé (art. 35.º da Ley Hipotecaria). Pode, é certo, verificar-se uma "usucapion contra tabulas", mas a própria lei prevê as suas limitações (art. 36.º).

2. Pressupostos essenciais para o fortalecimento da Segurança Jurídica Registral

Orientação "prosseguir no futuro

2.1. Como referimos, os sistemas de registo tendem para o fortalecimento da segurança dinâmica que assume, em alguns, uma forma embrionária ou imperfeita. A consecução de uma segurança plena, no seu aspecto dinâmico, exige a verificação de vários pressupostos que se resumem a duas rubricas fundamentais:

    I. Rigor na identificação física dos imóveis;

    II. Rigor na sua identificação jurídica.

I. Em primeiro lugar, torna-se imprescindível a organização dos sistemas registrais a partir de uma base real e a determinação rigorosa dos imóveis sujeitos a registo (princípio da especialidade). Mas a perfeita individualização do objecto dos actos de registo não é possível sem o recurso a meios técnicos, operação planimétricas, agronómicas e de avaliação que só podem ser cabalmente executadas pelos serviços encarregados do cadastro geométrico da propriedade ([1]).

O Cadastro tem por fim um inventário da riqueza territorial que permita ao Fisco a aplicação das normas tributárias. Ele consiste na representação gráfica dos imóveis, individualizando-os e dando-lhes existência física, e informando simultaneamente da valoração económica que lhes é atribuída, até uma eventual actualização. Por outro lado, o Registo Predial é a representação jurídica desses mesmos imóveis e dos direitos com efeitos reais que sobre eles incidem ([2]).

Muito embora o cadastro tenha preferencialmente uma função fiscal, deve funcionar em conjugação com o Registo Predial e vice-versa.

Segundo JESUS LOPEZ MEDEL ([3]), na Áustria "el catastro comunica al Registro todo cambio en la realidad material de las fincas y el registro no se mueve mientras no tenga lugar tal comunicación". Por outro lado, "mientras en le registro no se opere une mutación en los sujetos de de-

---

    ([1]) V. CARLOS FERREIRA DE ALMEIDA, *ob. cit.*, p. 109, citando "Manual de ciencia de la hacienda", tomo I, p. 515, cit. por sua vez RAFAEL CHINCHILLA RUEDA, "El catastro y el registro", in *Revista Critica de Derecho Inmobiliario,* tomo XXXIV, p. 243/268.

    ([2]) A. COSSIO Y CORRAL, *ob. cit.*, p. 36.

    ([3]) *Ob. cit.*, p. 232.

recho, el Catastro no puede admitir en ningun caso el cambio de contribuyente".

Em Portugal, em 29 de Junho de 1983 foi publicado um Código do Registo Predial que previa a participação feita pelas repartições de finanças aos serviços de registo (conservatórias do Registo Predial), das mutações ocorridas na identificação dos imóveis (artigo 33.º desse Código).

Tal diploma legal nunca chegou a entrar em vigor. A oposição cerrada que lhe foi movida, particularmente pela Associação Portuguesa de Conservadores dos Registos, levou a concluir que as citadas normas não eram exequíveis de momento.

É forçoso, porém, reconhecer que os sistemas de registo que pretendam evoluir no sentido de uma segurança jurídica plena, no seu duplo aspecto, estático e dinâmico, não se podem afastar duma linha de conduta que inclua a oficiosidade de comunicações do Fisco aos serviços de registo e vice-versa.

O código português de 29/6/1983 foi revisto e deu origem ao código actual, aprovado pelo Dec.-Lei n.º 224/84, de 6 de Julho, e posteriormente alterado pelos Decs.-Leis n.ºˢ 355/85, de 2 de Setembro, e 60/90, de 14 de Fevereiro. O artigo 28.º desse código exige a harmonização plena entre as descrições prediais e o cadastro geométrico da propriedade. Mas, como em Portugal o cadastro ainda só cobre uma parte do território, os benefícios de tal harmonização são, por agora, insuficientes para o pretendido desiderato de certeza na identificação dos imóveis sujeitos a registo.

II. Por sua vez, o rigor na determinação da situação jurídica dos imóveis exige que, em cada momento, seja possível conhecer exactamente os titulares e o conteúdo do direito de propriedade e ainda dos demais direitos com efeitos reais que sobre eles incidem.

O registo deve reflectir sempre a realidade jurídica e os riscos de erro ou omissão não devem exceder limites mínimos. Mas isso não será possível sem a obrigatoriedade da inscrição dos actos sujeitos a registo.

Tal como foi referido, em Portugal já vigorou em alguns concelhos onde existe o cadastro geométrico um regime de obrigatoriedade de registo que determinava a aplicação de sanções penais aos infractores das normas correspondentes (v. g. art. 15.º do C. R. Predial de 1967), mas tal regime foi revogado pelo Código de 1984, o qual criou uma obrigatoriedade indirecta, aplicável em todo o país.

Com efeito, segundo o artigo 9.º do actual Código do Registo Predial, já mencionado anteriormente, salvo algumas excepções os factos de que resulte transmissão de direitos ou constituição de encargos sobre imóveis não podem ser titulados sem que os bens estejam definitivamente inscritos a favor da pessoa de quem se adquire o direito ou contra a qual se constitui o encargo.

Se bem que este regime de obrigatoriedade indirecta tenha obtido resultados extremamente satisfatórios, e mesmo relevantes para a eliminação do erro no sentido amplo de discordância do registo com a realidade jurídica, não oferece, contudo, garantias de que sejam inscritos todos os actos sujeitos a registo. Há ainda, em Portugal, muitas descrições de prédios desactualizadas, nas fichas ou nos livros que coexistem transitoriamente, e muitas inscrições respeitantes a direitos transmitidos, modificados ou extintos, que induzem em erro acerca da respectiva titularidade.

É forçoso concluir que a identificação jurídica dos imóveis, através do Registo Predial, nunca poderá dar plena garantia de certeza, se a inscrição não constituir um requisito absoluto de eficácia, no sentido de que, sem ela, os factos sujeitos a registo não possam ser invocados entre as próprias partes.

Em Portugal, tal como em outros países, a inscrição de hipoteca já funciona há muito tempo como condição de eficácia, não só em relação a terceiros como ainda em relação às próprias partes (art. 4.º, n.º 2 do C.R.P.). Mas este regime deveria ser estendido a todos os actos de aquisição de direitos ou constituição de encargos por negócio jurídico, como acontece, por exemplo, na Alemanha e na Áustria, que seguem um sistema de registo constitutivo.

Quanto aos actos de aquisição e oneração de imóveis, de natureza não voluntária, a extensão do cadastro geométrico a todo o país e a existência de normas gerais relativas, quer à propriedade rústica cadastrada, quer à propriedade urbana [4], estabelecendo o controlo fiscal de todas as alterações dos prédios e a sua observância pelos serviços de registo, ocasionaria o reforço da obrigatoriedade indirecta e da eliminação da discordância do registo com a realidade jurídica [5].

---

[4] V. g. na Áustria, segundo JESUS LOPEZ MEDEL, *ob. cit.*, p. 232.

[5] Lamentavelmente, as alterações introduzidas no art. 28.º do Código do Registo Predial português pelo Dec.-Lei n.º 60/90 determinaram um retrocesso na evolução do sistema de registo no sentido de uma maior segurança jurídica, pois até à data da publicação desse decreto as descrições dos prédios urbanos também não podiam ser lavradas em desacordo com a identificação feita pelos serviços fiscais (matriz predial urbana).

2.2. Citando ANTÓNIO PAU PEDRÓN, referimos anteriormente que o "Registo da Propriedade" (ou Registo Predial) é uma instituição de direito privado organizada administrativamente. Colocámos então em evidência a complexidade da organização, que é norteada por certos princípios, obedece a uma técnica específica e a uma metodologia assente na conexão de factos jurídicos com um objecto, o que pressupõe a sua rigorosa determinação, a observância de regras de competência e a existência de sanções para a falta de registo.

Tendo, pois, o Registo Predial como escopo principal a segurança e a protecção dos direitos dos particulares, baseando-se em normas de natureza jurídico-privada, obedece porém a fins de ordem pública, tal como foi definido no I Congresso Internacional de Direito Registral. Esses fins consistem no seguinte:

– Consolidar a segurança jurídica
– Facilitar o tráfico, ou seja, o intercâmbio dos bens
– Facilitar o crédito
– Garantir o cumprimento da função social da propriedade

Por outro lado, os Estados têm aproveitado esta instituição para resolverem problemas de outra natureza, nomeadamente problemas fiscais e de ordem estatística. Em certos países, os serviços do registo jurídico de bens imobiliários são também fiscalizadores do cumprimento das obrigações fiscais e controladores de operações de estatística [6].

Esta dupla função do Registo Predial tem dado origem a vivas polémicas sobre o complexo dos poderes e deveres que devem ser atribuídos aos conservadores do Registo Predial (Registradores de la Propiedad noutras legislações). De facto, a matéria do estatuto desses funcionários é tão delicada e difícil que não pode ser discutida de animo leve, num trabalho desta natureza [7].

---

[6] Segundo o n.° 1 do art. 72.° do Código do Registo Predial Português, "nenhum acto sujeito a encargos de natureza fiscal pode ser definitivamente registado sem que se mostrem pagos ou assegurados os direitos do fisco". Há outros países, assim como a Áustria, em que a falta de prova do cumprimento das obrigações fiscais não determina o registo provisório, mas apenas uma comunicação do Registador aos serviços do Fisco (JESUS LOPEZ MEDEL, ob. cit., p. 231).

[7] Incidentalmente, podemos apenas referir que têm sido analisados pela doutrina os inconvenientes da excessiva funcionarização das pessoas encarregadas dos serviços do Registo da Propriedade (ou Registo Predial, na lei portuguesa).

JESUS LOPEZ MEDEL, citando NAVARRO AZPEITIA, diz o seguinte:

– Para bien o para mal todo el predominio del aspecto público en estas funciones o servicios públicos que nacieron como tutela y custodia de derechos privados y que por

Referimos também, em dada altura, que a natureza de serviço público do Registo Predial poderia levar-nos a outros desenvolvimentos respeitantes às medidas a adoptar, no futuro, para satisfazer os interesses de comunidades cada vez mais alargadas.

Com efeito, hoje o tráfico jurídico ultrapassa as fronteiras de cada povo. As transacções que se realizam para a atribuição às pessoas de direitos de propriedade e demais direitos sobre as coisas, e mediante as quais as coisas passam do património de umas para o património das outras [8], têm lugar, por vezes, em pontos do globo muito distantes do local onde elas se situam.

Se bem que seja muito difícil – senão mesmo utópica – a total uniformização dos sistemas de registo, que hão-de sempre reflectir, em maior ou menor grau, a lei substantiva e as características do povo a que respeitam [9], torna-se necessário um certo consenso sobre os seus princípios fundamentais e também sobre as técnicas e os métodos que devem presidir à sua organização. Só desse modo será possível obter à distância os dados essenciais sobre a titularidade das coisas e os direitos que incidem sobre elas; e, bem assim, promover o ingresso dos actos no registo sem deslocações morosas e supérfluas das pessoas interessadas.

Uma vez obtida a possível compatibilização dos sistemas de registo e observados os pressupostos de segurança jurídica a que atrás nos referi-

---

razones de protección estatal (defensa, fisco, estadística, créditos) han sido infiltrados de sustancia pública, conduce a su cada dia más acusada funcionarización total, con todas sus consecuencias. Los que por formación y edad – sigue diciendo Navarro Azpeitia – creemos en la bondad y eficácia de los "profesionales" que "ejercen función publica" contemplamos con un cierto temor la total funcionarización, que no ha aportado ventajas sensibles en otras esferas a las que ya llegó *(ob. cit.,* p. 228).

Quanto a nós, entendemos que a "bondad y eficacia de los profesionales que ejercen función publica" podem neste caso ser salvaguardadas através de um estatuto específico, diferente daquele que é atribuído à generalidade das funções públicas, o que de resto já vem sendo seguido em alguns países, onde os "Registradores de la Propiedad'" são remunerados através de regras próprias que contemplam o peso do seu trabalho e da sua responsabilidade, e participam activamente, através de órgãos colegiais, nas alterações legislativas referentes ao sector dos Registos e na interpretação e aplicação das respectivas leis.

[8] MIGUEL FALBO, "La Seguridad Jurídica en la Constitución de los Derechos Reales", in *Revista del Notariado,* cit., p. 768.

[9] É de referir que o próprio Direito Comunitário se rege pelo princípio da continuidade das estruturas jurídicas, segundo o qual, em caso de mudança legislativa, salvo vontade do legislador em contrário, há que assegurar a continuidade dessas estruturas (JOSÉ CARLOS MOITINHO DE ALMEIDA, *ob. cit.,* p. 49).

mos, não nos custa admitir que se atinja um desejado intercâmbio de informação que permita acelerar as transacções internacionais sobre imóveis.

No entanto, como é óbvio, a correcta informação sobre a identificação física e a situação jurídica dos imóveis exigirá o reforço do valor atribuído às certificações dos actos de registo. Na maioria dos países as certidões dos actos de registo não conferem a mesma segurança que é atribuída ao registo em si mesmo. Por outro lado, são raras as legislações que consagram normas tendentes a proteger o futuro adquirente do imóvel no prazo que medeia entre a data da certidão emitida e a data do registo do seu título de aquisição, entretanto outorgado ([10]).

A desejada segurança dinâmica e a consequente protecção do tráfico negocial, através do Registo Predial, implicarão a defesa dos terceiros adquirentes de boa fé contra os malefícios duma certificação errónea.

Com todas as reservas que é lícito antepor à exposição duma matéria alheia à nossa competência, acreditamos que o avanço das técnicas da informática e das telecomunicações internacionais poderá, no futuro, reduzir o risco de certificações erradas ou desfasadas no tempo.

2.3. Para abreviar e concluir este capítulo, resta-nos sumariar a matéria exposta nas seguintes conclusões:

1) O Registo Predial tem por fim garantir uma segurança jurídica sectorial, situada no campo do direito sobre as coisas, a qual apresenta um duplo aspecto: estático e dinâmico.

([10]) *Na lei argentina*, v. Dr.ª AIDA KEMELMEJER DE CARLUCCI, *ob. cit.*, pp. 19 e 20; e Humberto Garcia, "La Función del Registrador y la Seguridad Jurídica", VIII Congresso Internacional de Direito Registral, pp. 10 e 11.

Segundo este último autor, na legislacão argentina "desde el momento en que se requiere un certificado registral para un negocio inmobiliario queda bloqueado el domínio art. 25 – Ley 17801, y no dará otro sobre el mismo inmueble dentro del plazo de su vigencia mas el plazo que estabelece el art. 5 de la misma ley. – Los efectos del certificado es de anotación preventiva".

"Siguiendo la prioridad del art. 25, realizado el acto notarial y presentado al Registro en el plazo legal de 45 dias, se efectúa su registración provisional, art. 9 asegurando el negocio jurídico.

El problema puede surgir que en dicho plazo se presente otro documento que se oponga al protegido, en dicho caso, se procede en la forma prevista en el art. 18 inc. b y c. Si el que mantiene prioridad no subsana las observaciones dentro del plazo legal, adquiere preeminencia la segunda presentación. – Si el documento, una vez realizada la calificación no recibe observación, o si luego de observado es subsanado el error, el registrador procede a su inscripción o anotación definitiva".

2) No seu aspecto estático, a segurança registral consiste em que o registo definitivo faz presumir que o direito existe e pertence ao titular inscrito nos preciosos termos em que o registo o define. Tal presunção é "juris tantum", podendo ser elidida por prova em contrário, e a sua importância em face da usucapião depende do critério seguido pelas legislações.

3) No seu aspecto dinâmico, a segurança jurídica registral visa a protecção de terceiros adquirentes de boa fé que registem os direitos que adquiriram confiados na presunção registral emanada do registo anterior a favor do transmitente.

4) Deve constituir preocupação dos legisladores promover a segurança registral, no duplo aspecto que ela assume, quer através da correcta definição do conceito de "terceiro" e do reforço da importância atribuída à instituição do registo jurídico de bens imobiliários, em confronto com a usucapião, quer da valorização do princípio da fé pública registral.

5) A valorização do princípio da fé pública registral exigirá que se promova o rigor na identificação física e jurídica dos imóveis. Tal rigor dependerá, por sua vez, da observância do seguinte:

a) Adopção de uma base real, devendo os sistemas de registo assentar na perfeita identificação dos imóveis que constituem a base da conexão registral dos actos inscritos;

b) Incremento na execução das operações do cadastro da propriedade rústica e no processamento de operações congéneres relativamente à propriedade urbana;

c) Conjugação dos serviços fiscais com os serviços do registo, no sentido do fornecimento de dados recíprocos que permitam a manutenção da concordância do registo com a realidade jurídica, sem esquecer, no entanto, a perfeita autonomia de ambos e a divergência de funções que os caracteriza;

d) Adopção do sistema de inscrição constitutiva para todos os actos de aquisição de direitos ou constituição de encargos por negócio jurídico;

e) Obrigatoriedade indirecta do registo dos restantes actos, quer através do controlo exercido pelas comunicações oficiais atrás referidas, quer através de normas expressas de que pode constituir exemplo o art. 9.º do C. R. Predial português, já por várias vezes citado.

6) É desejável que a segurança jurídica seja alargada às transacções internacionais, devendo ser introduzidos métodos e técnicas que con-

templem os avanços da informática e das modernas telecomunicações, e também reforçado o valor atribuido às certificações dos actos de registo.

3. Conclusão

Como corolário de tudo o exposto e para finalizar, concluímos com a firme convicção de que, desfeitos alguns equívocos universais que se opunham, nalguns povos, à livre apropriação privada de bens imóveis, o registo jurídico de bens imobiliários há-de ter, no futuro, um papel cada vez mais preponderante em todos os países.

É forçoso que os sistemas de registo actuais percorram o seu próprio caminho, mas evoluam no sentido da unidade, evitando contudo saltos bruscos que possam conduzir a consequências imprevisíveis. Essa evolução tem que passar por um derrube de fronteiras que permita um intercâmbio salutar entre povos diferentes; e o agrupamento constituído pela Comunidade Europeia é um exemplo a que é lícito recorrer para ilustrar este pensamento, sem o risco de cair num subjectivismo reprovável.

Pensamos que empregámos todo o nosso esforço na realização deste modesto contributo para o estudo do tema que nos foi proposto. De momento, só não fomos mais além por carência de meios e outros factores limitativos, já que nunca tememos, em outras circunstâncias, o velho mito português do "Velho do Restelo", que o imortal Camões celebrizou no seu poema épico "Os Lusíadas", referindo-se à voz recalcitrante dos descrentes e desconfiados da grandes empresa dos descobrimentos, que pretendiam evitar que o mundo ampliasse os seus próprios horizontes.

Longe de recearmos a crítica constutiva dos egrégios cultores do Direito Registral, desejamo-la fervorosamente, pois o debate dos problemas e o confronto de opiniões são fundamentais para o avanço no sentido da justiça, que constitui a meta final de todos os avanços e recuos do mundo em que vivemos.

A PROTECÇÃO REGISTRAL IMOBILIÁRIA
E A SEGURANÇA JURÍDICA
NO DIREITO PATRIMONIAL PRIVADO (*)

I

1. Objecto do Registo Predial

2. Direito Registral como instrumento ao serviço do Direito Patrimonial Privado

3. Segurança estática e segurança dinâmica
   Registo Predial como garante dos dois tipos de segurança

II

1. História verídica

2. Argumentos a favor e contra o princípio da fé pública registral

3. Aquisição tabular e usucapião
   Princípio da publicidade como inerente ao conceito de direito real

4. Direito Registral como reflexo da problemática dos ramos de Direitos Reais e Direito das Obrigações
   Sua missão protectora dos negócios de carácter imobiliário e contribuição para a reforma e avanço dos Direitos Reais

---

* Trabalho apresentado no IX Congresso Internacional de Direito Registral, no âmbito do 1.º Tema – "A Protecção Registral nos Negócios Imobiliários".

I

1. Objecto do Registo Predial

No seu artigo 1.° o actual Código do Registo Predial português define o Registo Predial como uma instituição que se destina essencialmente a dar publicidade à situação jurídica dos prédios, tendo em vista a segurança do comércio jurídico imobiliário [1].

---

[1] Nos códigos anteriores o objecto da publicidade registral reportava-se aos direitos inerentes às coisas imóveis. Assim, o artigo 1.° do Código do Registo Predial de 1967, na esteira do Código de 1929, estabelecia que "o registo predial tem essencialmente por fim dar publicidade aos direitos inerentes às coisas imóveis".

Segundo o Código de 29 de Junho de 1983, que nunca entrou em vigor, mas cujo artigo 1.° foi transcrito para o código actual, o objecto da publicidade registral passou a ser a "situação jurídica dos prédios".

Esta alteração introduzida na redacção da lei tem dado origem a interpretações restritivas do âmbito da publicidade registral. Há quem entenda que "a lei só contempla afinal os prédios e não todas as coisas imóveis, que correspondem a um conceito mais amplo" (V. OLIVEIRA ASCENSÃO, "Direito Civil-Reais" – actualização de 1989 – p. 7).

Não teve, por certo, o legislador de 1983 a intenção de diminuir o âmbito da publicidade registral, mas tão-somente pôr em relevo o princípio da especialidade, segundo o qual o registo tem por base a descrição do prédio, nos seus aspectos físico, económico e fiscal (art. 79.°, n.° 1).

Com efeito, o artigo 204.° do Código Civil considera como coisa imóveis:

a) Os prédios rústicos e urbanos;

b) As águas;

c) As árvores, os arbustos e os frutos naturais, enquanto estiverem ligados ao solo;

d) Os direitos inerentes aos imóveis mencionados nas alíneas anteriores;

e) As partes integrantes dos prédios rústicos e urbanos.

Ora, a doutrina ligada à prática registral sempre entendeu que determinadas coisas imóveis referidas nas alíneas *b)* e c) podiam ser objecto de registo, conquanto imperativamente unidas a um determinado prédio, o que constitui um argumento histórico de grande peso (V. EMÍDIO ERNESTO FERREIRA DE ALMEIDA, "Verbetes Auxiliares

Por sua vez, os artigos 2.º e 3.º do mesmo diploma legal estabelecem quais os factos sujeitos a registo, referentes a direitos que, recaindo simultânea ou sucessivamente sobre os prédios, hão-de determinar, em cada momento, a sua situação jurídica.

Sem embargo de o registo incidir *sobre factos jurídicos,* ele contempla também a menção dos *sujeitos* e do *objecto* a que a respectiva relação jurídica se refere e estabelece a presunção legal da existência de determinados direitos sobre os prédios [2].

A importância que deve atribuir-se à perfeição formal das leis e dos códigos tem levado, em Portugal, certa doutrina a batalhar no sentido de que o *que se regista são factos e não direitos* [3], mas o público destinatário da publicidade registral continua, na maioria dos casos, a usar uma terminologia imprópria, dizendo, por exemplo, que "Fulano" registou a hipoteca, ou o usufruto, ou o direito de superfície, ou a servidão, etc.

Muito embora o facto jurídico seja um elemento tão importante que possa condicionar o regime aplicável ao direito [4], o que interessa

---

de Registo Predial", fasc. 6.º, verb. 82; fasc. 1.º, verb. 14; fasc. 9.º, verb. 128; fasc. 2.º, verb. 3; fasc. 6.º, verb. 83; fasc. 19.º, verb. 278; fasc. 9.º, verb. 127).

Por outro lado, a alínea *a)* do n.º 2 do art. 2.º, ao sujeitar a registo "os factos jurídicos que determinam a constituição, o reconhecimento, a aquisição ou a modificação dos direitos de propriedade, usufruto, uso e habitação, superfície ou servidão", não os condiciona à circunstância de incidirem directamente sobre prédios rústicos ou urbanos, sem embargo de, em última análise, por força da obrigatoriedade da descrição predial, serem sempre os prédios o suporte do registo.

Quanto às partes integrantes dos prédios rústicos e urbanos, elas estão abrangidas pelo registo dos factos que recaem sobre os prédios que integram.

[2] V. arts. 16.º, al. c) 93.º, als. *d)* e *e)*, e 7.º do C. R. Predial Português.

[3] V. OLIVEIRA ASCENSÃO, *ob. cit., p. 16.*

Este autor crítica a redacção do artigo 2.º do actual Código do Registo Predial, cuja fonte provém dos códigos anteriores, por misturar *factos* com *direitos* e até com *efeitos jurídicos,* ao referir a sua "registabilidade".

Sem menosprezar essa suposta incorrecção linguística, entendemos que o legislador pretendeu adoptar um critério uniforme em relação a todos os casos, como resulta da epígrafe do artigo: "Factos sujeitos a registo".

Contudo, não considerou necessário repetir a palavra "factos" nas diversas alíneas do n.º 1 desse artigo, a não ser nas alíneas *a), b)* e c), para sugerir que não se aplica a regra do "numerus clausus" à determinação dos factos nelas mencionados, apesar da rigorosa tipificação dos direitos sobre que recaem.

[4] V. g. o que se passa com a distinção entre negócios a título oneroso e a título gratuito, para efeitos de aquisição tabular.

ao público destinatário da publicidade registral é a globalidade da relação jurídica e, nomeadamente, o conteúdo do direito atribuído ao sujeito activo.

Sem minimizar o valor da correcção linguística, não podemos deixar de acentuar que uma tal imprecisão de termos revela que as pessoas desejariam um sistema de registo em que os direitos que recaem sobre os prédios ficassem indelevelmente gravados na inscrição, de tal forma que fosse impossível destruí-la por erro, nulidade ou outro vício.

2. Direito Registral, como instrumento ao serviço do Direito Patrimonial Privado

O Registo Predial é, pois, muito mais do que um repositório de factos jurídicos que recaem sobre os prédios, muito embora ordenados numa sequência temporal e ininterrupta [1].

Sendo instrumental ao serviço do direito privado, convém que analisemos a verdadeira missão do Direito Registral.

Dentro do direito privado existe um ramo muito importante, o ramo do direito patrimonial privado, referente às relações jurídico-patrimoniais que incidem sobre as coisas, bens ou interesses de natureza económica, susceptíveis de ser avaliadas [2].

Por sua vez, o direito patrimonial privado divide-se em dois grandes ramos ou sectores: o sector do Direito das Coisas e o sector do Direito das Obrigações.

Há entre esses dois ramos uma tal interpenetração que, na grande maioria dos casos, a aquisição de direitos reais, ou direitos sobre as coisas (ou até de direitos inerentes às coisas, expressão esta que não é equivalente às duas primeiras) dá-se por efeito de negócios jurídicos, quase sempre contratos que, portanto, se situam na área do Direito das Obrigações.

---

[1] Tal como em outros sistemas de origem germânica, vigoram com efeito, no nosso sistema, os princípios da prioridade (art. 6.° do C.R.P.) e do trato sucessivo (art. 34.° do mesmo Código).

[2] MIGUEL N. FALBO, "La Seguridad Jurídica en la Constitución de los Derechos Reales", in *Revista del Notariado,* Mayo-Junio 1981, n.° 777, p. 769.

Existem legislações em que, a par do negócio jurídico obrigacional, se exige um acordo real para que se opere a constituição ou transferência de direitos reais. E o caso da lei alemã.

Todavia, a lei portuguesa adoptou o princípio da consensualidade, expresso no artigo 408.º do Código Civil, cujo teor é o seguinte:

– "A constituição ou transferência de direitos reais sobre coisa determinada dá-se por mero efeito do contrato, salvas as excepções previstas na lei".

Uma excepção prevista na lei é a que se refere à reserva de propriedade que pode ser estipulada em contratos de alienação, até ao cumprimento total ou parcial das obrigações da outra parte ou até à verificação de qualquer outro evento (art. 409.º, n.º 1).

Há, pois, dum modo geral, uma relação tão profunda entre o negócio obrigacional e os seus efeitos reais, que os princípios da autonomia da vontade, boa fé e protecção da segurança jurídica, que regulam a relação jurídico-patrimonial ([3]), têm repercussões nessa dupla esfera.

Assim, a protecção da segurança jurídica exige o estabelecimento de instituições, sistemas de normas que garantam e protejam os direitos privados sobre as coisas e, simultaneamente, confiram certeza às transacções que os indivíduos têm que realizar para que as coisas passem do património de uns para o património de outros (segurança ou certeza do tráfico jurídico).

O direito registral imobiliário, instrumental como é em relação ao direito patrimonial privado e funcionando através do Registo Predial, actua nesses dois sectores distintos mas complementares ([4]).

([3]) MIGUEL N. FALBO, *ob. cit.*, p. 772.

([4]) Contudo, o direito registral imobiliário lida com normas provenientes de outros sectores do direito civil, tais como o Direito de Família e o Direito Sucessório.

São exemplo as normas sobre o estado civil e o regime de bens do casamento dos sujeitos da inscrição registral, bem como as normas que regulam a constituição, transmissão e extinção "mortis causa" dos direitos sobre as coisas.

O registo predial e a segurança jurídica 63

3. Segurança estática e segurança dinâmica
Registo Predial como garante dos dois tipos de segurança

3.1. Para caracterizarmos as instituições que actuam como garantes ou defensoras da segurança jurídica, temos que distinguir entre *segurança estática* e *segurança dinâmica* ([1]).

No seu aspecto estático, a segurança jurídica tem em vista a *defesa dos direitos* e pode ser proporcionada por várias instituições. Por exemplo, a instituição notarial visa garanti-la através da observância rigorosa dos trâmites exigidos para a constituição, transmissão, modificação ou extinção dos direitos. A instituição judicial também a proporciona através do emprego de meios coercivos para repôr a legalidade ou forçar ao reconhecimento dos direitos legitimamente titulados.

No seu aspecto dinâmico, a segurança jurídica consiste na *defesa do tráfico,* das transacções a que atrás nos referimos, destinadas à transferência dos bens do património de uns indivíduos para o património de outros.

A segurança dinâmica está ligada à protecção da aparência jurídica que, em matéria de direitos reais, sempre se realizou através da publicidade.

Ora, a publicidade pode assumir duas formas importantes: *a posse* e os *registos públicos.*

A posse é um instituto que releva sobretudo no domínio das coisas móveis, a tal ponto que, em certas legislações, está consagrado o princípio de que "posse vale título", mas também tem relevância no domínio das coisas imóveis, através do instituto da usucapião.

Todavia, à medida que o tráfico se foi desenvolvendo, o instituto da posse deixou de poder exercer cabalmente a sua função publicitária no domínio das coisas imóveis. Surgiu então o Registo Predial (ou Registo da Propriedade, em alguns países, tal como a Espanha), com origens bem remotas filiadas em instituições que evoluiram através da Antiguidade e da Idade Média ([2]).

([1]) V. Dr.ª AIDA KEMELMEJER DE CARLUCCI, in "La función del Registrador y la Seguridad Jurídica" – Separata de la *Revista del Notariado,* 1989, pp. 13 e segs.; e *Juan Vallet de Goytisolo,* in "La Seguridad Jurídica en los Negocios Dispositivos de Bienes Inmuebles" – *Revista Internacional del Notariado,* Ano XXXIII, n.° 79, p. 35 (citados no nosso trabalho intitulado "A Publicidade Registral Imobiliária como Factor de Seguranca Jurídica", com o qual concorremos à atribuição de bolsa de assistência ao IX Congresso Internacional de Direito Registral).

([2]) V. *Ob. cit.,* "A Publicidade Registral Imobiliária como Factor de Segurança Jurídica".

3.2. O Registo Predial é, pois, uma instituição especialmente vocacionada para a *publicidade,* tendo em vista, quer a segurança estática, quer a segurança dinâmica.

Para realizar os seus fins está organizado administrativamente e obedece a um sistema coerente, em que existe conexão entre a descrição dos prédios e as inscrições dos factos que determinam a sua situação jurídica [3].

Com efeito, por um lado, o Registo Predial, tal como acontece com outras instituições, visa a defesa dos direitos privados. Assim, estabelecendo a *presunção "juris tantum" da existência dos direitos inscritos (legitimação),* nos precisos termos em que o Registo os define, a favor dos respectivos titulares, garante a estes *a inoponibilidade dos factos não inscritos e incompatíveis,* a não ser nos casos em que o registo seja previamente cancelado, por inválido (v. arts. 5.°, 7.° e 8.° do C. R. Predial português).

Por outro lado, através do princípio da fé pública registral, protege os subadquirentes de *boa fé* que adquiram *direitos inscritos no Registo* e que, por sua vez, *os inscrevam a seu favor,* concedendo-lhes uma certa imunidade contra a declaração de nulidade da inscrição anterior a favor do transmitente, desde que não sejam prejudicados pela precedência do registo da respectiva acção impugnatória.

Por força do princípio da fé pública registral verifica-se, em certas circunstâncias, a atribuição ao registo de verdadeiros efeitos substantivos. Pode, assim, com rigor, falar-se da figura da *aquisição tabular* [4], que prevalece sobre outra incompatível e fora do Registo, salvo tratando-se de aquisição por usucapião, pois esta é tratada de forma especial por algumas legislações, incluindo a portuguesa [5].

Este princípio, adoptado desde longa data por alguns sistemas de registo que atingiram grande perfeição (v. g. a lei alemã), teoricamente

---

[3] Cfr. CARLOS FERREIRA DE ALMEIDA, "Publicidade e Teoria dos Registos", pp. 97 e segs., in *ob. cit.,* "A Publicidade Registral Imobiliária como Factor de Segurança Jurídica".

Como é óbvio, temos em vista o sistema registral português e, de um modo geral, todos os sistemas de origem germânica, enformados pelo princípio da especialidade.

[4] MENEZES CORDEIRO, "Direitos Reais" – sumários, 1984-1985, p. 146; e OLIVEIRA ASCENSÃO, *ob. cit.,* pp. 58 e segs. o qual se refere à "aquisição pelo registo".

[5] Na lei portuguesa, havendo conflito entre a presunção derivada do registo e a derivada da posse, prevalecerá esta última, se a posse tiver sido iniciada em data anterior ao registo (art. 1268.°, n.° 1, do C. Civil português).

O registo predial e a segurança jurídica

consta também do direito registral português, muito embora circunscrito apenas aos casos de subaquisição a título oneroso [6].

Tal princípio encontra-se expresso no n.° 2 do artigo 17.° do Código do Registo Predial português, cuja conjugação com o artigo 291.° do Código Civil tem preocupado a doutrina especializada e feito correr alguma tinta [7], dando origem a vários trabalhos que a jurisprudência portuguesa sistematicamente ignora.

---

[6] O mesmo acontece com outras legislações, tal como a espanhola – v. art. 34.° da Ley Hipotecaria.

[7] V. OLIVEIRA ASCENSÃO, "Direitos Reais", 1971, pp. 389 e segs.; e MENEZES CORDEIRO, "Direitos Reais" – sumários, *ob. cit.,* pp. 136 e segs.; cfr. ainda *ob. cit.,* "A Publicidade Registral Imobiliária como Factor de Segurança Jurídica".

Convém referir que é seguinte o teor dos artigos citados:

Art. 2.°, n.° 2, do C.R.P.:

"A declaração de nulidade do registo não prejudica os direitos adquiridos a título oneroso por terceiro de boa fé, se o registo dos correspondentes factos for anterior ao registo da acção de nulidade".

Art. 291.° do C. Civil:

"1. A declaração de nulidade ou a anulação do negócio jurídico que respeite a bens imóveis, ou a móveis sujeitos a registo, não prejudica os direitos adquiridos sobre os mesmos bens, a título oneroso, por terceiro de boa fé, se o registo da aquisição for anterior ao registo da acção de nulidade ou anulação ou ao registo do acordo entre as partes acerca da invalidade do negócio.

2. Os direitos de terceiro não são, todavia, reconhecidos, se a acção for proposta e registada dentro dos três anos posteriores à conclusão do negócio.

Do confronto dessas duas disposições entre si e ainda com a disposição do artigo 16.° do C. R. Predial, que determina os casos de nulidade do registo, mas apresenta algumas lacunas, podem extrair-se as seguintes conclusões, de harmonia com a melhor doutrina:

I. O artigo 17.°, n.° 2, do C.R.P. regula todos os casos em que um subadquirente de boa fé e a título oneroso não pode ser prejudicado pela declaração de nulidade do registo anterior a favor do transmitente, quer essa nulidade tenha por base os motivos consignados no artigo 16.°, quer outros, tal como a nulidade do próprio título que lhe serviu de base. *Isto porque confiou na presunção registral e registou o seu direito antes do registo da respectiva acção impugnatória.*

II. O artigo 291.° do C. Civil, por sua vez, regula os casos e as condições em que um subadquirente de boa fé e a título oneroso não pode ser prejudicado pela declaração de nulidade (ou pela anulação) do negócio jurídico de que resulta o direito do transmitente, *apenas porque registou o seu próprio direito, muito embora não tenha o amparo da presunção registral emergente do registo anterior a favor daquele* (V. desenvolvimento desta matéria *in ob. cit.,* "A Publicidade Registral Imobiliária como Factor de Segurança Jurídica").

3.3. Apesar da existência formal das leis, há em Portugal um certo conservantismo que origina a estagnação de boa parte da doutrina e a inobservância pelos tribunais das normas que se referem aos conceitos de "terceiro", "legitimação" e "fé pública".

Com efeito, a noção de "terceiro" tem a ver com a figura do titular inscrito, beneficiário de uma presunção "juris tantum", a quem não podem ser opostos factos incompatíveis com o seu direito e não constantes do registo, enquanto a sua inscrição não for cancelada.

Todavia, a doutrina e a jurisprudência tradicionais portuguesas têm interpretado esse conceito de forma monolítica, decretando que "terceiros" são apenas aqueles que tenham adquirido de um autor comum direitos incompatíveis.

Desta forma, ao contrário do verdadeiro sentido do princípio da legitimação, conjugado com o conceito de terceiro, já foi decidido por um tribunal superior (Ac. da Relação de Coimbra de 26/6/1990) que a presunção "juris tantum" emergente do registo não pode ser invocada contra quem não tenha adquirido do mesmo transmitente.

Tratava-se de uma acção de reivindicação em que os autores invocavam, como causa de pedir, o registo de aquisição do prédio reivindicado a seu favor, que haviam comprado a X, a usucapião e a ocupação ilegítima dos réus.

Os réus defenderam-se alegando que tinham comprado o prédio a Y, que era o seu verdadeiro dono. Invocaram igualmente a usucapião e atacaram a validade da compra feita pelos autores, mas não deduziram nenhuma reconvenção e, consequentemente, não pediram o cancelamento do registo de aquisição a favor destes.

O juiz de 1.ª instância julgou a acção procedente no saneador--sentença, com o fundamento de que os autores tinham a seu favor a presunção registral e os réus não haviam deduzido contra eles pedido que a pudesse infirmar, não dispondo, por outro lado, de título válido de aquisição, pelo que a sua posse não acrescia à dos anteriores detentores, com vista à aquisição originária.

No entanto, o tribunal de 2.ª instância mandou prosseguir os autos para resolver a questão da reivindicação da propriedade, porque entendeu que, *não sendo autores e réus terceiros, por não haverem adquirido do mesmo transmitente,* aqueles não poderiam invocar a presunção "juris tantum" emergente do registo e, como consequência, estes não teriam que pedir o seu cancelamento, nos termos do artigo 8.º do C. R. Predial.

O mais absurdo deste caso é que, se a sentença final tiver sido ou vier a ser favorável aos réus e eles pretenderem, mais tarde, inscrever na respectiva conservatória o mesmo prédio a seu favor, irão deparar com dificuldades provenientes da existência daquela inscrição anterior a favor dos autores, que o conservador do Registo Predial terá que levantar, por via da observância dos princípios registrais da legalidade (art. 68.°), trato sucessivo (art. 34.°) e legitimação (arts. 7.° e 8.°).

Esta interpretação monolítica do conceito de terceiro não toma em conta a ascendência germânica do nosso sistema de registo, confundindo-o com um mero sistema de transcrição do contrato (sistema francês), em que, na sua pureza original, apenas se dava valor à *prioridade* da inscrição dum acto em face de outro advindo do mesmo transmitente e não se considerava o princípio do trato sucessivo como fazendo parte do elenco obrigatório dos princípios registrais.

A confusão é, até certo ponto compreensível. A redacção do artigo 5.° do actual Código do Registo Predial Português provém dos códigos que o precederam e foi o artigo 951.° do Código Civil de 1867 a fonte das disposições congéneres dos vários códigos posteriores sobre matéria de registo[8].

Por sua vez, esse Código foi influenciado pelo Código francês. Todavia, o nosso sistema de registo, que é de base germânica, nada tem a ver com o sistema francês, a não ser no que se refere à eficácia meramente declarativa da inscrição, que constitui um enxerto importante, mas insusceptível de revolucionar por dentro, integralmente, o sistema.

Por outro lado, essa interpretação monolítica do conceito de terceiro é contrariada pela própria letra da lei que considera o subadquirente mencionado no n.° 2 do artigo 17.° como terceiro ("terceiro registral" – subentenda-se – nesse caso).

O "terceiro registral" é, pois, o subadquirente de boa fé e a título oneroso que confiou na presunção "juris tantum" a favor do transmitente e registou o seu próprio direito, passando, por isso, a ser beneficiário da presunção "juris et de jure" em que aquela se converteu[9].

---

[8] O artigo 32.° da Ley Hipotecaria espanhola é bem mais claro, pois dispõe o seguinte: "los títulos de domínio o de otros derechos reales sobre bienes inmuebles, que no estén debidamente inscritos o anotados en el Registro de la Propiedad, no perjudican a tercero".

[9] V.g. ALFONSO DE COSSIO Y CORRAL, *ob. cit.*, p. 19, e ROCA SASTRE, *ob. cit.*, p. 17.

São, pois, diferentes as noções de "terceiro" e "terceiro registral", o que representa mais um argumento contra a noção monolítica do conceito de terceiro.

O "terceiro" apresenta, em primeiro lugar, as características do "terceiro civil", que é, como se sabe, quem não seja parte no negócio nem seu herdeiro ou representante, mas

É urgente provocar a análise destas disposições que constituem a base da segurança estática e dinâmica proporcionada pelo Registo Predial, instituição imprescindível no domínio da prevenção da fraude imobiliária.

Esta prevenção pressupõe o apoio dessa instituição, funcionando como um autêntico banco de dados sobre a situação registral dos prédios, que só poderá ser contrariado enquanto se estiver no domínio das relações imediatas (passe a impropriedade da expressão) entre o terceiro titular inscrito, sujeito de um registo nulo, e o titular do direito incompatível e não registado.

Com efeito, "os tribunais são levados a decidir contra lei expressa quando esta comporta normas que, embora formalmente vigentes, lhes surjam estranhas à cultura jurídica efectivamente vivida" ([10]). E a cultura jurídica seguramente que só pode evoluir através do estudo e da análise detalhada dos problemas e da sua solução pela doutrina e pela jurisprudência.

---

pressupõe também que exista uma inscrição registral e, enquanto esta se mantiver, o correspectivo direito não poderá ser afectado pela produção dos efeitos dum acto que esteja fora do registo e seja com ele incompatível.

O "terceiro registral" é o subadquirente de boa fé e a título oneroso, que confiou na presunção registral emergente da inscrição a favor do transmitente e registou o seu próprio direito antes do registo da respectiva acção impugnatória, passando, por isso, a ser beneficiário da presurição "juris et de jure" em que aquela inscrição se converteu, conforme o entendimento de grande parte da doutrina especializada.

([10]) MENEZES CORDEIRO, "Evolução Juscientífica e Direitos Reais", in *Rev. da Ordem dos Advogados,* Ano 45, Abril de 1985, p. 73.

II

1. História verídica

Pese embora a repetição, vamos referir uma história verídica que tem a ver com os princípios registrais atrás mencionados, frisando a sua importância na caracterização do sistema de registo, instrumento ao serviço da prevenção da fraude imobiliária.

Há pouco tempo um ilustre professor de direito privado (Civil e Comercial) perguntava-nos ironicamente se seria possível comprar o edifício em cujo rés-do-chão se situava o restaurante onde nos encontrávamos, sem correr o mínimo risco de o negócio vir a ser anulado, por o transmitente não ser o seu verdadeiro titular.

Porque em Portugal, salvo muito raras excepções, não é possível titular actos de transmissão de direitos ou constituição de encargos sobre imóveis sem que os bens estejam definitivamente inscritos na respectiva conservatória do Registo Predial a favor da pessoa de quem se adquire o direito ou contra a qual se constitui o encargo (art. 9.° do C.R.P.), é óbvio que o mencionado professor havia partido do princípio de que o prédio comprado se encontrava registado a favor do transmitente.

Por outro lado, sendo um entendido nessa matéria, por certo não ignorava que nenhum sistema de registo lhe poderia proporcionar inteira segurança, se ele próprio não tivesse inscrito a seu favor o direito adquirido.

Por isso, em última análise, o que ele pretendia saber era se, estando de boa fé e tendo confiado na presunção registral, e havendo, por sua vez, inscrito no Registo o facto jurídico da aquisição, poderia, mesmo assim, dormir descansado e seguro de que o bem adquirido se havia consolidado no seu património.

É evidente que, no plano legal, a solução deste problema é, em teoria, proporcionada pelo princípio da fé pública registral que, como vimos no capítulo precedente, se encontra consignado no n.° 2 do artigo 17.° do C. R. Predial, numa interpretação conjugada com a do artigo 291.° do C. Civil.

Ou seja, tendo o adquirente feito a sua aquisição de boa fé e a título oneroso, confiado na presunção registral emergente do registo anterior a favor do transmitente, e tendo, por sua vez, inscrito a respectiva aquisição antes do registo de qualquer acção impugnatória, a nosso ver nunca poderia vir a ser espoliado do bem adquirido, a não ser por via do eventual funcionamento nas normas que regulam o conflito entre a presunção derivada do registo e a derivada da posse.

No entanto, como se fez notar, não basta a existência formal da lei para se conseguir o pretendido desiderato de segurança, se ela não for respeitada pela doutrina mais relevante ou habitualmente seguida e, consequentemente, os tribunais não a assimilarem ou aplicarem.

Da forma como a questão nos foi colocada (maxime por via da expressão do olhar e do tom sarcástico da voz) não nos restam dúvidas nenhumas de que o ilustre professor nutre um certo desprezo pelo Registo Predial, por ele não ter força bastante para impor uma solução satisfatória do problema levantado.

Ora, sendo ele um dos pilares do baluarte conservantista nesta matéria, não aceitando o princípio da fé pública registral e aplaudindo a jurisprudência mais reticente, a sua pergunta comportava a insinuação de que o Registo Predial não poderá ser perfeito e a luta para atingir a sua perfeição nunca há-de superar o carácter quixotesco e inútil de um quebrar lanças contra moinhos de vento.

2. Argumentos a favor e contra o princípio da fé pública registral

2.1. Constituindo o cerne desta questão saber se o princípio da fé pública registral pode ter aplicação prática dentro da sociedade portuguesa, vejamos os argumentos em que se baseiam os seus detractores.

Em primeiro lugar, a inexistência do cadastro geométrico da propriedade rústica em todo o território nacional e a ineficácia dos serviços fiscais para proporcionarem uma identificação correcta dos prédios sujeitos a registo, com o consequente risco de descrições erradas, incompletas ou desactualizadas.

Em segundo lugar, a vigência, em Portugal, do sistema de registo declarativo, salvo no caso das hipotecas, que não produzem efeitos entre as próprias partes sem o registo, e o consequente risco de a situação

O registo predial e a segurança jurídica 71

jurídica dos prédios não constar da conservatória respectiva ou se encontrar desactualizada ou mesmo errada.

2.2. Quanto ao primeiro argumento, muito embora importante não o consideramos impeditivo da aplicação do princípio da fé registral. Há outros países em que o cadastro geométrico não cobre todo o território e, mesmo assim, esse princípio está nele implantado, ainda que com restrições significativas referentes à prevalência, em certas condições, da usucapião [1].

Como se sabe, a tendência de todos os sistemas de origem germânica, que igualmente consignam o princípio da especialidade, é no sentido do rigor na identificação dos imóveis sujeitos a registo. Mas esse rigor absoluto pressupõe meios técnicos, operações planimétricas, agronómicas e de avaliação que só podem ser cabalmente executadas pelos serviços do cadastro geométrico [2].

No caso dos prédios urbanos os riscos de erro não são, em Portugal, tão frequentes como à primeira vista pode parecer, porque normalmente são os próprios interessados que participam ao Fisco os seus elementos de identificação, para o efeito de avaliação e inscrição na matriz predial, e esse serviço encarrega-se de os verificar através das coinissões nomeadas para o efeito [3]. Mas, como é óbvio, há sempre um ou outro caso em que o rigor na medição, na enumeração das partes componentes ou até mesmo nas confrontações pode não ter sido observado e determinar o erro, a desactualização ou a falta de integridade da descrição predial.

Por outro lado, há que contar com a negligência das partes interessadas que não promovem a actualização das descrições prediais, mesmo no caso de transmissão dos prédios, muito embora tendo o dever de mencionar nos respectivos títulos os elementos de identificação actualizados (v. arts. 74.°-A do Código do Notariado e 30.° do Código do Registo Predial portugueses).

---

[1] V. arts. 34.° e 36.° da Ley Hipotecaria espanhola.

[2] Cfr. CARLOS FERREIRA DE ALMEIDA, *ob. cit.*, p. 109.

[3] O Código do Registo Predial de 1984 estabelecia a rigorosa harmonização entre a descrição dos prédios rústicos cadastrais e urbanos, e a respectiva inscrição matricial constante dos arquivos dos serviços fiscais (art. 28.°). O Decreto-Lei n.° 60/90, de 14 de Fevereiro, eliminou essa harmonização absoluta com referência aos prédios urbanos, o que constitui um retrocesso na pretendida evolução do sistema de registo no sentido do reforço do princípio da especialidade, que é fundamental para que possa aplicar-se o princípio da fé pública registral.

É um facto que o pretendido rigor na identificação dos prédios submetidos a registo ultrapassa a esfera privada e não pode ser atingido através da mera iniciativa dos seus titulares. É o Estado que tem o dever de conseguir os meios coadjuvantes da perfeita determinação dos prédios que fazem parte do território nacional ou estão nele implantados.

Sendo esta a verdadeira situação decorrente da falta de meios estaduais coadjuvantes da perfeição material da descrição dos prédios, todavia, através do exercício do princípio da legalidade e da sua função qualificadora, no nosso país os conservadores do Registo Predial podem suprir de algum modo essa deficiência, verificando obrigatoriamente a *identidade do prédio submetido a registo* (art. 68.º do C.R.P.) e obrigando os registantes a apresentarem declarações complementares esclarecedoras das divergências entre as descrições e os documentos apresentados, ou mesmo entre os próprios documentos, quanto aos elementos de identificação dos prédios, já que a descrição deve ser oficiosamente actualizada por averbamento (arts. 46.º e 90.º do C.R.P.) ([4]).

De qualquer modo, parece-nos evidente que, no nosso sistema de registo, a presunção registral *não pode abranger a totalidade dos elementos de identifcação dos prédios,* que continuam sujeitos a uma eventual rectificação ou actualização.

Tem sido essa, aliás, a jurisprudência dominante em Portugal. Entre outros, v.g. Acórdão da Relação de Évora de 4/10/1977, in Col. Jur., 1977, IV, pp. 905 e segs; Acórdão da Relação do Porto, de 27/6/1989 e 2/4/1987, in Col. Jur., 1989, 111, p. 224 e 1987, 11, p. 227; e Acórdão do S.T.J.. de 22/11/1987, in B.M.J. n.º 281, p. 342.

Nesta conformidade, impõe-se a qualquer pretenso adquirente de direitos sobre prédios rústicos ou urbanos o ónus de os verificar pessoalmente ou mandar verificar por outrém, para que não lhe surja mais tarde a desagradável surpresa de uma configuração, área, composição ou confrontações diferentes das que constavam da matriz e da descrição predial.

2.3. Quanto ao segundo argumento, também não nos parece impeditivo da aplicação do princípio da fé pública registral.

([4]) Há, porém, nesta matéria uma pesada herança de "tolerância", a que nem os órgãos superiores do Poder conseguem escapar, não enxergando que os conservadores do Registo Predial exigentes quanto aos elementos de identificação dos prédios, para evitar o erro e a fraude, suportam sobre os seus ombros o pcso duma responsabilidade que devia competir ao Estado.

Esse princípio actua em face de subaquisições a título oneroso, as quais, no nosso país, para poderem ser tituladas, pressupõem sempre, salvo raríssimas excepções, o registo anterior a favor do transmitente.

A realização deste registo obriga, por sua vez, ao reatamento do trato sucessivo, sempre que o prédio se encontre descrito e inscrito no Registo Predial. Quer dizer, a obrigatoriedade indirecta de registo, existente em Portugal e já atrás referenciada, força à actualização da situação jurídica dos prédios, pelo menos no que se refere à titularidade do direito de propriedade ou outro qualquer transmitido.

Objectar-se-á que, num sistema como o nosso em que, como se disse, o registo tem uma eficácia meramente declarativa, salvo no caso das hipotecas, correr-se-á sempre o risco de o titular verdadeiro, negligente em requisitar a respectiva inscrição, ser preterido por outro que foi mais esperto e diligente.

Todavia, como já foi referido, no domínio das relações imediatas (expressão imprópria, mas que pensamos ser bem elucidativa) entre o titular inscrito, beneficiário de um registo afectado de nulidade, e o titular legítimo de direito incompatível e não inscrito, funcionará o regime da presunção "juris tantum", que pode ser elidida por prova em contrário.

Só se o titular inscrito tiver transmitido o seu direito, a título oneroso, a um subadquirente de boa fé que, por sua vez, o registe a seu favor antes do registo da acção de declaração de nulidade da inscrição anterior, é que passará a funcionar o regime da presunção "juris et de jure".

É justo que o titular legítimo do direito suporte as consequências da sua inércia. Se, por via dela, tiver que abrir mão desse direito, poderá ainda, eventualmente, em certas condições, conseguir de quem de direito uma indemnização cível por "enriquecimento sem causa" (v. art. 473.° do C. Civil português), ou mesmo a condenaçáo penal de um transmitente de má fé, se este tiver incorrido em qualquer infracção punível pelo sistema penal.

Poderá também objectar-se que, em Portugal, é uma temeridade abranger todos os casos de subaquisição a título oneroso dentro do âmbito da fé pública registral.

Com efeito, por um lado, no nosso país são permitidos os registos de transmissão "mortis causa", a favor do cônjuge meeiro e de todos os herdeiros do "de cujus", em face de simples escritura de habilitação de herdeiros e de declaração complementar assinada, pelo menos, por um desses indivíduos, com a descrição dos prédios submetidos a registo, mesmo que ainda não constem da conservatória respectiva, sem sequer se exigir a prova da sua titularidade pelo falecido (v. arts. 49.° do C.R.P. e 96.° do C. Notariado).

Obtido o registo de aquisição a favor de todas essas pessoas, em comum e sem determinação de parte ou direito, o qual nem sempre dá plenas garantias de lisura e acerto, podem os seus titulares transmitir imediatamente os prédios, a título oneroso, a um qualquer adquirente de boa fé que faça, por sua vez, o correspondente registo.

Por outro lado, admitem-se escrituras de justificação de direitos, através das quais se supre a falta de um título para registo (v. arts. 116.° do C.R.P. e 100.° e segs. do C. Notariado). Apesar das reservas que alguns notários põem na sua aceitação e muito embora alcunhadas pelo público de "escrituras de mentira", elas têm vingado e proliferado, pelo seu forte cariz de ordem prática. Uma vez obtida a justificação do direito e feito o respectivo registo de aquisição, o justificante poderá igualmente transmiti-lo, a título oneroso, a alguém que esteja de boa fé e faça também o correspondente registo.

Os argumentos contrários, extraídos destes exemplos, são muito válidos, mas não têm força bastante para modificar o nosso sistema de registo que é enformado, além de outros, pelos princípios da legitimação e fé pública, conjugados com a eficácia declarativa da inscrição, e pressupõe os conceitos de "terceiro" e "terceiro registral", nos termos já definidos.

Não serão essas situações anómalas, muito embora plasmadas em hábitos já arreigados, que poderão banir os nossos princípios registrais. São estes que devem forçar os legisladores a criar os meios necessários para tornar essas situações mais seguras, porque, se isso fosse impossível, teriam elas que ser banidas da prática jurídica da sociedade portuguesa.

De qualquer modo, isto não enfraquece o argumento de que, se o titular legítimo for diligente a requisitar o respectivo registo, nunca se verá envolvido por essas situações propícias à fraude imobiliária, a não ser em casos de duplicação de descrições prediais, cada vez menos frequentes, dado que, como já foi referido, o princípio da legalidade impõe ao conservador do Registo Predial a verificação da identidade do prédio. Mas, como é óbvio, se, mesmo assim, a duplicação se verificar, a solução terá que ser buscada através do princípio da prioridade, dando prevalência ao direito do titular legítimo, em primeiro lugar inscrito, sem prejuízo da responsabilidade que eventualmente deve competir ao Estado, por um erro (duplicação) que só ele próprio tem meios para evitar e eliminar.

O registo predial e a segurança jurídica 75

3. Aquisição tabular e usucapião
Princípio da publicidade como inerente
ao conceito de direito real

Na sequência do que atrás foi exposto, o direito positivo é norteado fundamentalmente por um princípio de segurança jurídica. Não sendo esta a altura própria para desenvolver considerações filosóficas sobre a diferença entre justiça e segurança jurídica [1], dir-se-á apenas que não faz sentido falar da injustiça da *aquisição tabular* quando há já tanto tempo que existe a figura da usucapião, em que a aparência proporcionada pela posse e o seu carácter de meio publicitário determinam a perda da "propriedade" pelo titular legítimo.

É preciso ter presente que, hoje em dia, a propriedade já não assume um carácter de absoluta inviolabilidade. Haja em vista a extensão das limitações de interesse público e as restrições de interesse privado que a afectam e condicionam [2].

Por outro lado, o direito real, com as suas características tradicionais, apesar das divergências nessa matéria, de harmonia com as várias sistemáticas realizadas pela doutrina [3], está sujeito a determinados princípios que incluem o da *publicidade*.

---

[1] Cfr. *ob. cit.,* "A Publicidade Registral Imobiliária como Pactor de Segurança Jurídica".

[2] V. MENEZES CORDEIRO, ob. *cit.,* "Direitos Reais", pp. 168 e 169. Em Portugal, o artigo 2.° do C. R. Predial, na alínea u) do seu n.° 1, prevê e confirma a sujeição a registo de quaisquer restrições ao direito de propriedade que a lei tenha submetido a essa formalidade.

A palavra "restrições" foi empregue pelo legislador em sentido amplo, abrangendo casos em que, segundo a doutrina, se verificam verdadeiras limitações de interesse público (v. g. a Lei n.° 2078, de 11/7/1955, e os Decs.-Leis n.ºˢ 45 986 e 45 987, de 22/10/64, que estabelecem restrições de interesse militar, e ainda o Dec.-Lei n.° 31 190, de 25/3/1941, que estabelece zonas de protecção de estabelecimentos prisionais ou tutelares de menores.

[3] Segundo MENEZES CORDEIRO, *ob. cit.,* "Direitos Reais", p. 105, a 1.ª sistemática atribuía ao direito real a característica de poder directo e imediato sobre uma coisa.

A 2.ª sistemática dava ênfase ao poder absoluto reportado a uma coisa.

Da síntese entre as duas resulta que o direito real tem uma *face interna,* expressa em um poder directo e imediato sobre uma coisa, e *uma face externa,* que consiste na relação absoluta e virada para todos os sujeitos do ordenamento.

Por outro lado, MOTA PINTO, in "Direitos Reais", 1970-71, pp. 95 e segs.. considera que o direito real, no nosso país, se norteia pelos princípios da especialidade, transmissibilidade, elasticidade, tipicidade, *publicidade* e consensualidade.

Esse princípio é hoje inerente ao conceito de direito real. A publicidade através do registo é pelo menos essencial para que o dircito (sobre imóveis ou móveis sujeitos a essa formalidade) possa ser oposto a terceiros. Quem não regista não deve usufruir das vantagens de quem registou, apesar de, na lei portuguesa actual, a usucapião ser "a última ratio na solução dos conflitos entre adquirentes de direitos reais" ([4]).

Parece que, sendo assim, o registo imobiliário deveria ser de carácter obrigatório. Não o contestamos, até porque entendemos que os sistemas de registo de origem germânica, porque contêm em si um germen de perfeição, deveriam evoluir no sentido de um regresso às origens, ou seja, à eficácia constitutiva da inscrição registral ([5]).

No entanto, como já referimos, no sistema jurídico português existe a obrigatoriedade indirecta de registo que contribui para estabelecer a correcta regulamentação, não só dos direitos reais (ou direitos sobre as coisas) como ainda de todos os direitos inerentes às coisas, contemplando a publicidade que é essencial ao seu próprio conceito.

([4]) OLIVEIRA ASCENSÃO, "Direitos Reais", 1971, p. 415.

([5]) Vigorando entre nós o princípio da consensualidade que, como atrás se referiu, se encontra expresso no artigo 408.º do C. Civil, parece à primeira vista que o estabelecimento da eficácia constitutiva da inscrição poderia vir a demonstrar a inutilidade da exigência formal da escritura pública para titular documentos de constituição ou transferência de direitos reais (v.g. arts. 875.º, 939.º, 947.º e 714.º do C. Civil e 89.º do C. Notariado).

Nessa matéria houve sempre rigorosas imposições formais, no sentido de facilitar a publicidade e a prova, e ainda obrigar a uma maior ponderação das partes na conclusão dos negócios. No entanto, é sabido que há países onde, bem ou mal, essas formalidades se têm reduzido ao mínimo. V.g. os Estados Unidos onde as transferências de bens se operam por simples documento particular, havendo o recurso ao seguro do título, para se conseguir um pouco de segurança jurídica (MARGARITA VISCARRET, "La Seguridad Jurídica en la Constitución de Derechos Reales", *Rev. del Notariado*, 1981, n.º 774, p. 809).

Ora, no nosso país, como na maioria dos países latinos, a publicidade e a prova são elementos que o registo também pode proporcionar com uma maior vantagem. Além disso, o princípio da legalidade e o exercício da função qualificadora do conservador do Registo Predial são também garantias do cumprimento das formalidades legais.

Todavia, o elemento "ponderação das partes na conclusão do negócio" exigirá sempre a eficaz actuação do notário, oficial público dotado de conhecimentos jurídicos especializados, acostumado a aconselhar de harmonia com as disposições legais em vigor, cuja complexidade é cada vez maior.

Por outro lado, a aceitação do documento particular iria agravar de tal modo a já espinhosa missão do conservador do Registo Predial, que as vantagens da simplificação redundariam num perfeito caos.

4. Direito Registral como reflexo da problemática dos ramos de Direitos Reais e Direito das Obrigações. Sua missão protectora dos negócios de carácter imobiliário e contribuição para a reforma e avanço dos Direitos Reais.

Se é certo que, por um lado, o Direito Registral como factor de segurança estática tem que reflectir a problemática dos Direitos Reais, as vicissitudes por que tem passado a doutrina referente aos mesmos e o atraso do respectivo ramo de direito[1], por outro lado, como factor de segurança dinâmica, ou seja, como garante e protector do tráfico jurídico e preventor da fraude imobiliária, tem que avançar a par e passo com a evolução operada no domínio do Direito das Obrigacões.

Impõe-se, para tanto, a valorização do princípio negocial da boa fé, o reforço da aparência jurídica proporcionada pelo Registo, através da correcta interpretação do conceito de "terceiro", em confronto com o princípio da legitimação[2], e a consolidação da figura da *aquisição tabular.*

Por outro lado, o Direito Registral deverá absorver e consignar, como elementos da própria inscrição dos actos submetidos a registo, todas as cláusulas contratuais importantes para o conhecimento do público destinatário. Por exemplo, a lei portuguesa sujeita a registo, entre outras, as

---

[1] A própria designação de "Registro de la Propiedad" que existe em Espanha é um produto das teorias que dão relevo à pessoa humana, como fulcro à volta do qual gravitam todos os direitos e bens necessários à sua sobrevivência.

Fala-se, assim, em "bens" ou em "propriedade" em sentido amplo, abrangendo todos os direitos patrimoniais privados.

Segundo essas teorias toda a estrutura básica real seria dada pelo direito de propriedade. Os restantes direitos surgiriam como poderes ou parcelas desarticuladas da propriedade. Seriam como o resultado de um *desmembramento do direito de propriedade.* Por outro lado, o âmbito intrínseco dos "Direitos Reais" deixaria de se situar apenas no campo das coisas corpóreas, passando a abranger a propriedade intelectual e os direitos de autor.

Estas teorias têm vindo a ser ultrapassadas por outras em que "a propliedade perde o carácter fulcral no seio do Direito patrimonial privado, constituindo-se apenas como uma categoria, entre outras, de relações jurídicas. Fala-se, pois, com adequação, de um "Direito das Coisas", devidamente depurado das situações jurídicas reportadas a bens imateriais" (MENEZES CORDEIRO, "Direitos Reais", *ob. cit.*, p. 44).

[2] Certa doutrina reduz o princípio da legitimação a uma simples norma sobre os "efeitos presuntivos" do registo. Esta posição, que nos parece contrária ao entendimento dos mais insignes mestres na matéria (v. g. A. COSSIO Y CORRAL, "Lecciones de Derecho Hipotecário", pp. 18 e segs., e ROCA SASTRE, "Instituciones de Derecho Hipotecário, pp. 14 e segs.), diminui a importância do Registo Predial, porque retira ao sistema um dos seus pilares fundamentais.

cláusulas acessórias respeitantes a convenções de venda a retro ou de reserva de propriedade, estipuladas em contratos de alienação, bem como, dum modo geral, todas as cláusulas suspensivas ou resolutivas que condicionem os actos de disposição ou oneração (art. 94.°, als. *a*) e *b*) do C.R.P.).

Além disso, sendo o Direito Registral garante da observância de normas da mais variada natureza, de que resulta o regime sobre as coisas corpóreas, poderá contribuir para a incorporação das mesmas no âmbito dos Direitos Reais.

Neste aspecto é interessante focar o que sucedeu em Portugal com o regime do direito de habitação periódica, que foi reformulado pelo Dec.--Lei n.° 130/89, de 18 de Abril, tomando em conta determinados conceitos provenientes de outros sectores.

Por outro lado, na legislação actual, as dúvidas referentes ao registo da "autorização do loteamento para construção" levam-nos a pensar que se impõe a reformulação dessa matéria, atraindo para o âmbito dos Direitos Reais o contrato celebrado entre titulares de prédios contíguos, com vista à urbanização de determinada zona, e o inerente licenciamente municipal.

Deste modo, o Direito Registral, além da sua importante missão protectora dos negócios de carácter imobiliário, que exercerá através da aplicação prática dos seus princípios, reconhecidos e aceites pela doutrina e pela jurisprudência, poderá ainda vir a constituir um dos motores do avanço do ramo de Direitos Reais (ou Direito das Coisas, conforme a opção doutrinal que se fizer).

Fazemos votos por isso, para que, no futuro, o Direito Registral venha a assumir o devido lugar e proporcione aos seus cultores, teóricos e práticos, a realização profissional que merecem.

REPERCUSSÃO NO REGISTO DAS ACÇÕES DOS PRINCÍPIOS DE DIREITO REGISTRAL E DA FUNÇÃO QUALIFICADORA DOS CONSERVADORES DO REGISTO PREDIAL (*)

O Acórdão do Supremo Tribunal de Justiça de 10 de Outubro de 1985, publicado na *Revista de Legislação e Jurisprudência,* ano 124.º, 1991, pp. 11 e seguintes, versa problemas muito importantes de direito registral e outros que lhe são conexos. A sua relevância resulta com muita evidência quer da declaração de voto do ilustre conselheiro vencido, quer da douta anotação que lhe foi feita pelo Prof. ANTUNES VARELA, prestigiado civilista a quem devotamos a maior estima, por muito haver contribuído para a nossa formação jurídica.

Esses problemas estão relacionados com a polémica gerada à volta da aplicabilidade dos princípios de direito registral ao registo das acções, nomeadamente o princípio da legalidade (actual artigo 68.º do Código do Registo Predial, que corresponde ao artigo 5.º do Código de 1967), com os concomitantes poderes dos conservadores do registo predial para apreciarem alguns aspectos da actividade desenvolvida nos tribunais e, consequentemente, com as interferências que nesta possam ocorrer, no sentido de forçar, por forma indirecta, essas entidades a respeitarem a legalidade substantiva e processual.

Salvo o devido respeito – que é muito – por todas as pessoas envolvidas na discussão desses problemas, entendemos que ela não ficou esgotada. Longe disso, constitui hoje uma porta aberta para uma "lufada" de argumentos que urge aproveitar, a fim de repor a verdade acerca da essência e do valor da instituição registral.

Começaremos, pois, por colocar o caso concreto e mencionar, num breve resumo, o essencial das várias opiniões emitidas sobre ele.

(*) Artigo publicado na Revista "O Direito", Ano 123.º, 1991, IV, pp. 599 e segs.

1. O caso concreto

1.1. O caso concreto pode esquematizar-se do seguinte modo: A vendeu a *B,* por escritura de 12 de Abril de 1983, o prédio descrito sob o n.° 11 787 na 6.ª Conservatória do Registo Predial de Lisboa.

Em 26 desse mesmo mês foi tal aquisição registada na mesma conservatória a favor de *B.*

Em 23 de Maio seguinte B fez inscrever, sobre esse prédio, a constituição de propriedade horizontal que havia sido titulada por escritura de 17 do mesmo mês.

Até 14 de Outubro de 1983 foram inscritas várias aquisições de fracções autónomas desse prédio a favor de diversos indivíduos, que as compraram a *B.*

Em acção ordinária cuja data não foi precisada, mas se presume que tenha sido apresentada a registo em 14 de Outubro de 1983, C e outros demandaram *A* e *B,* pedindo a declaração de nulidade do contrato de compra e venda titulado pela escritura de 12 de Abril de 1983 e, consequentemente, o cancelamento do registo de aquisição a favor de B, do mencionado registo de constituição de propriedade horizontal e de *todas as inscrições posteriores sobre o mesmo prédio ou sobre as suas fracções autónomas.*

Não se refere no acórdão se *A,* por sua vez, tinha inscrito a seu favor a respectiva aquisição do prédio n.° 11 787.

Todavia, dado o condicionalismo constante dos n.ᵒˢ 1 e 2 do artigo 13.° do Código do Registo Predial de 1967, aplicável ao tempo (actuais n.ᵒˢ 1 e 2 do artigo 34.°), presume-se que esse registo ou já existia na data da venda ou foi efectuado depois, mas previamente ao registo de aquisição a favor de *B.*

1.2. Tendo os autores pedido o registo provisório da acção na 6.ª Conservatória do Registo Predial de Lisboa, a funcionária que se encontrava a substituir o conservador efectuou o mesmo como provisório por natureza, nos termos da alínea *a)* do artigo 179.° do Código então em vigor [actual alínea *a)* do n.° 1 do artigo 92.°], mas também por dúvidas, por vários motivos, dos quais apenas interessa evidenciar aquele que deu origem ao recurso.

Consiste tal motivo no seguinte: porque apenas foram demandados A e B, quando deviam tê-lo sido igualmente todos os posteriores titulares inscritos das várias fracções autónomas, o registo da acção nos termos em que foi proposta representaria uma violação do princípio do trato sucessivo, na modalidade da "continuidade das inscrições" (v. n.º 2 do artigo 13.º do Código de 1967, que corresponde ao n.º 2 do actual artigo 34.º).

Os autores da acção interpuseram recurso e este foi julgado procedente, quer pelo tribunal de l.ª instância, quer pelo tribunal da relação. Não se tendo conformado com a sentença, a funcionária que qualificou o acto recorreu para o Supremo Tribunal de Justiça. Este, porém, manteve a decisão recorrida, por entender que a declaração de nulidade e o cancelamento do registo de aquisição a favor de *B*, e o cancelamento do registo de constituição de propriedade horizontal e ainda dos registos de aquisição posteriores não contrariavam o princípio registral do trato sucessivo.

Na verdade, argumentou-se que a procedência da acção não poderia conduzir a *uma nova inscrição de aquisição* colidente com as anteriores – pressuposto essencial para a aplicação do princípio –, mas apenas ao "cancelamento de alguns registos efectuados".

Por outro lado, a falta de demanda, na acção, de todos os titulares dos registos dependentes da inscrição de transmissão efectuada a favor de B – questão de pura legitimidade processual – e o alcance do caso julgado a proferir eram matérias da exclusiva apreciação do tribunal.

1.3. Esta decisão teve o voto de vencido do ilustre conselheiro Campos Costa, que entendeu dever o recurso interposto pela funcionária para o Supremo Tribunal de Justiça ser julgado procedente.

Com efeito, o contrário implicaria a violação do princípio contido no artigo 8.º do Código do Registo Predial de 1967 (artigo 7.º do Código hoje em vigor), segundo o qual o registo definitivo constitui presunção de que o direito existe e pertence à pessoa em cujo nome se encontre inscrito, nos precisos termos em que o registo o define.

Nos termos do n.º 3 do artigo 271.º do Código de Processo Civil, a sentença proferida na acção em causa não poderia ser oposta aos terceiros que registaram a aquisição das fracções autónomas com data anterior, por eles não terem sido chamados à demanda para deduzirem oposição (artigo 3.º, n.º 1, do Código de Processo Civil). Portanto, tal sentença não teria força suficiente para invalidar a presunção de que as ditas fracções autónomas pertencem a esses terceiros.

Ainda que não prevalecessem os direitos dos terceiros com registo de aquisição anterior ao registo da acção, quer por esta ter sido proposta e registada dentro dos três anos subsequentes à conclusão do negócio ferido de nulidade (artigo 291.º, n.º 2, do Código Civil), quer por os terceiros adquirentes não terem feito a sua aquisição de boa fé, o certo é que, mesmo assim, a presunção derivada do registo não poderia ser arredada sem a acção de declaração de nulidade ser movida também contra eles.

Na fundamentação dos seus pontos de vista, faz a análise crítica dos argumentos que têm sido invocados contra a aplicabilidade ao registo das acções dos princípios registrais da legalidade e do trato sucessivo e da repercussão desse registo no plano da oponibilidade a terceiros.

1.4. Por sua vez, o não menos ilustre comentador do acórdão, criticando a argumentação contida na declaração de voto, acabou por concluir que o Supremo Tribunal de Justiça decidiu bem, porque não havia, no caso concreto, motivo para o registo ser efectuado como provisório por dúvidas.

Contra-argumenta assim: em primeiro lugar, não está em causa nenhuma violação ao princípio do trato sucessivo, porque a "procedência eventual da acção instaurada no foro cível, limitada à impugnação da compra e venda com o consequente cancelamento de alguns dos registos inerentes à operação, não pode levar a qualquer inscrição colidente com algum dos registos de transmissão ou de domínio sobre o imóvel". Em segundo lugar, "a irregularidade eventualmente cometida pelos autores na proposição da causa (não chamando a juízo todos os interessados)" não se encontra dentro do âmbito da aplicação do princípio da legalidade.

Não explicita de forma muito convincente este seu ponto de vista. Apenas refere que "se as dúvidas levantadas pela Conservatória quanto ao registo definitivo da acção radicavam, como a empregada da Conservatória especialmente incumbida do registo declarou, no facto de os titulares dessas inscrições não terem sido demandados, é evidente que essas dúvidas persistiriam e o registo provisório se não poderia converter em definitivo enquanto a acção se não estendesse aos titulares das fracções autónomas que não foram atingidas pelo seu raio de acção".

E acrescenta: "foi contra este meio injustificável de pressão que a doutrina da conservatória colocava nas mãos do conservador, como se ele fosse uma espécie de fiscal da legitimidade processual passiva neste tipo de acções, que as instâncias e o Supremo reagiram. E que nunca as mãos lhe doam, porque a esse ponto não chega, de facto, a função parajudicial que, à sombra do princípio da legalidade, o actual sistema confere ao conservador."

2. Considerações preliminares

2.1. Ressalvando embora a defesa dos pontos de vista contrários, constantes da douta declaração de voto, nas linhas e entrelinhas dos textos jurídicos que se referem a este caso concreto transparece o preconceito muito arreigado de que a instituição do registo predial tem um estatuto de menoridade quando confrontada com outras que integram a vida jurídica. Assim, afirma-se que pertence aos "quadros burocráticos do Estado" ([1]) e que as respectivas normas exercem um papel subalterno face a outras regras do direito em geral ([2]).

Ora, isto colide com a relevância que se deu ao assunto, quer na douta declaração de voto do vencido, quer no comentário a que nos referimos. Por isso, antes de passarmos à análise da questão, entendemos que se justificam algumas considerações preliminares.

2.2. Como é sabido, os ordenamentos jurídicos actuais são dominados por um valor fundamental de segurança jurídica que abrange todos os ramos do direito e todas as instituições jurídicas ([3]). Tal como as outras instituições, o registo predial também se destina a garantir a segurança jurídica que, porém, no seu caso, é de índole privada e, simultaneamente, de ordem comunitária (ou pública).

Com efeito, o escopo prioritário do registo predial consiste na segurança e protecção dos direitos dos particulares, predominantemente no campo específico dos direitos com eficácia real e das relações jurídicas de carácter patrimonial, baseando-se em normas de natureza jurídico-privada. Mas a persecução de tal escopo exige uma infra-estrutura que funclone em conjugação com os pedidos dos particulares.

([1]) Cit. *Revista de Legislação e Jurisprudência*, p. 20, in nota.

([2]) Cit. *Revista*, p. 18.

([3]) Não é esta a altura para confrontar a segurança jurídica com esse outro valor a que é costume dar prioridade na respectiva escala: a justiça.

Enquanto a segurança jurídica está relacionada com o direito positivo, a justiça prende-se a um conceito de direito natural, um direito absoluto e imutável, um conjunto de valores éticos ou ético-religiosos subjacentes ao direito positivo.

Não nos parece que tenha muito interesse para o desenvolvimento das nossas ideias estabelecer as relações que existem entre esses dois valores, até porque, a nosso ver, se por condicionalismo histórico eles assumirem uma posição de viva antinomia, tal situação será, por tendência, transitória e terminará pela resolução dos conflitos gerados no próprio seio da justiça.

Assim, o registo predial funciona como uma instituição de direito privado organizada administrativamente ([4]) e tem fins de ordem pública que não apagam nem minimizam a importante função privada para que existe. Tais fins já foram enunciados no 1.° Congresso Internacional de Direito Registral, da seguinte forma:
– Consolidação da segurança jurídica;
– Facilitação do tráfico, ou seja, do intercâmbio de bens;
– Facilitação do crédito;
– Garantia do cumprimento da função social da propriedade.

Não é, pois, lícito afirmar que o registo predial pertence aos "quadros burocráticos do Estado", "essencialmente destinado a dar publicidade aos direitos inerentes às coisas imóveis" ([5]), sem explicitar essa afirmação que, feita assim de forma simplista, pode induzir em erro. Pode inclusivamente veicular a ideia de que a publicidade registral constitui uma mera publici-dade-notícia, o que, como se sabe, não é exacto dentro do nosso ordena-mento jurídico.

Se é certo que os Estados têm aproveitado a infra-estrutura em que assenta o registo predial para resolverem outros problemas, nomeada-mente de ordem fiscal ou de índole estatística, a verdade é que tais funções se situam *a latere* da verdadeira essência da instituição, sendo, portanto (e aqui com inteiro rigor), meramente acessórias ou subalternas.

2.3. Se, como dissemos, todas as instituições da vida jurídica se norteiam por um escopo fundamental de segurança Jurídica, as instituições notarial e judicial também se destinam a garanti-la. Mas, se quisermos estabelecer um confronto entre elas e o registo predial, muito embora limi-tado ao seu campo de actuação comum, este último, o registo predial, longe de ficar diminuído, surge com uma grandeza que surpreende os observa-dores desprevenidos.

Com efeito, enquanto a segurança jurídica notarial e a segurança jurídica judicial constituem uma mera segurança estática ([6]), a segurança

---

([4]) António Pau Pedrón, *Elementos de Derecho Hipotecario*, Biblioteca do Ilustre Colegio Nacional de Registradores de la Propiedad de España, p. 15.

([5]) Cit. *Revista de Legislação e Jurisprudência*, p. 20.

([6]) Cf. Juan Vallet de Goytisolo, "La seguridad jurídica en los negocios dispo-sitivos de bienes inmuebles", in *Revista Internacional del Notariado*, ano XXXIII, n.° 79, p. 35; e Dr.ª Aida Kemeljer de Carlucci, "La función del Registrador y la Seguridad Jurídica", in *Separata de la Revista del Notariado*, 1989, p. 13.

jurídica registral assume um duplo aspecto: estático e dinâmico. Significa isto que as duas primeiras têm em vista garantir aos respectivos titulares a defesa dos seus direitos, quer através da observância rigorosa dos trâmites legalmente exigidos para a sua constituição, transmissão, modificação ou extinção, quer através do emprego dos meios coercivos para repor a legalidade ou forçar ao reconhecimento dos mesmos direitos legitimamente titulados.

Ao invés, a segurança jurídica registral, que é também uma segurança estática, baseando-se, em primeira linha, na defesa dos direitos dos titulares inscritos, através da observância de princípios fundamentais que mais adiante caracterizaremos, nomeadamente os princípios da prioridade, especialidade, legalidade, trato sucessivo e legitimação, que atribui ao registo o valor de presunção juris tantum a favor do titular ([7]), é, por outro lado, e cada vez com maior preeminência, uma segurança dinâmica, visando a certeza do tráfico jurídico.

A segurança dinâmica, que radica e se apoia na segurança estática, consiste em que o subadquirente que, de boa fé e a título oneroso, adquira um direito inscrito no registo e que, por sua vez, o inscreva a seu favor, deverá ficar imunizado contra qualquer forma de impugnação do registo anterior a favor do transmitente.

A segurança dinâmica é defendida através do princípio da fé pública registral (v. n.º 2 do artigo 17.º do Código do Registo Predial, confrontado com o artigo 291.º do Código Civil) e a tendência evolutiva dos modernos sistemas registrais é no sentido do seu fortalecimento ([8]).

Ora, estes princípios do direito registral, que estão consagrados na lei portuguesa, devem ser equacionados no desenvolvimento do presente tema e na resolução do caso concreto. Impõe-se, por isso, que se faça uma breve resenha das características desses princípios, da sua origem germânica, das relações que eles têm entre si a das tendências dos modernos sistemas de registo de base germânica no sentido de um regresso às origens.

([7]) Cf. artigos 6 °, 76 °, 79 ° e segs., 68.º, 34.º, 7.º, 8.º e 9.º do Código do Registo Predial.

([8]) Na maioria das legislações, o princípio da fé pública registral exige, como requisito essencial, que a aquisição protegida tenha sido feita a título oneroso.

3. Características do sistema registral português

3.1. O sistema registral português importou do direito germânico as suas características fundamentais, que são as seguintes:

1.º A base de todo o sistema consiste na descrição do prédio, pelo que esta deve mencionar os seus requisitos essenciais, necessários para uma perfeita identificação (princípio da especialidade – artigos 76.º, 79.º e seguintes do Código do Registo Predial).

2.º Salvo os casos de oficiosidade previstos na lei, a inscrição é feita a instância das partes (princípio da instância – artigo 41.º do citado Código) e realizada de forma esquemática, e não por transcrição, como nos sistemas de raiz francesa (artigos 76.º, n.º 2, e 91.º, n.º 1)([1]).

3.º É atribuído um número registral a cada acto, segundo a ordem do seu ingresso no registo, seguindo-se o princípio *prior tempore potior iure* (princípio da prioridade – artigo 6.º).

4.º Como o sistema de registo tem por base o prédio, deve conter o seu historial, pelo que só poderá efectuar-se uma nova inscrição desde que haja a intervenção do anterior titular inscrito (princípio da continuidade ou do trato sucessivo – artigo 34.º).

5.º Antes de inscrever os actos no registo, o registador deve fazer a sua prévia qualificação, com possibilidade de recurso por parte dos interessados (princípio da legalidade – artigos 68.º, 140.º e seguintes).

6.º Apesar de a inscrição no registo não ser indispensável para que se opere a constituição, transmissão ou modificação dos direitos (não vigora entre nós o "princípio da inscrição" vigente na lei alemã), uma vez feita essa inscrição estabelece-se a presunção de que o registo é exacto e íntegro, ficando o titular registral legitimado para exercer o respectivo direito (princípio da legitimação – artigos 7.º, 8.º e 9.º), mas essa presunção é *juris tantum,* podendo ser destruída por prova em contrário.

7.º Tal presunção pode, porém, converter-se em *juris et de jure* (princípio da fé pública) relativamente a terceiros adquirentes de boa fé e a título oneroso que tenham confiado no registo, o qual, por ficção, é sempre verdadeiro e íntegro (mas com as limitações que decorrem das disposições que se referem a este princípio – v. artigo 17.º, n.º 2, da CRP, confrontado com o artigo 291.º do CC).

([1]) Todas as disposições de lei referidas na caracterização destes princípios pertencem ao actual Código do Registo Predial.

3.2. São estes princípios registrais que caracterizam o sistema, transformando-o num todo harmónico. Não admira, pois, que existam elos muito fortes que os ligam entre si.

Assim, o princípio da legitimação atrás caracterizado está ligado ao princípio da legalidade, que atribui ao registador o poder e a obrigação de qualificar o acto submetido a registo, de harmonia com as disposições legais aplicáveis, os documentos apresentados e os registos anteriores.

Mas tal princípio está também intrinsecamente ligado ao princípio do trato sucessivo. Com efeito, porque a lei estabelece que o registo faz presumir que o direito existe e pertence ao titular inscrito é que não poderá dispensar-se a intervenção deste para a realização de um registo posterior que colida com o seu; e, por seu turno, é a própria observância da continuidade das inscrições que reforça a legitimação, ou seja, a presunção legal derivada do registo, muito embora esta seja apenas *juris tantum*.

Quanto ao princípio da fé pública, a sua existência e caracterização dentro do nosso sistema de registo merece atenção especial.

O princípio do direito germânico, atrás designado por "princípio da inscrição", que atribui ao registo o tão falado valor constitutivo, teve curta vigência no sistema registral português. De facto, a Lei Hipotecária de 1 de Julho de 1863, que estabeleceu o regime do registo como condição absoluta de eficácia, foi mais tarde, em 1867, substituída pelo Código Civil português, que, por influência francesa, determinou que o registo passasse a ter mera eficácia declarativa.

O Código de 29 de Setembro de 1928 regressou ao regime de eficácia absoluta da inscrição, mas por pouco tempo, pois o Código seguinte, aprovado pelo Decreto-Lei n.° 17070, de 4 de Julho de 1929, voltou ao sistema de mera eficácia declarativa que ainda hoje vigora.

É claro que o princípio da inscrição existente no sistema germânico tem repercussões no princípio da fé pública registral, que consiste, como já se referiu, em a presunção *juris tantum* se transformar em *juris et de jure* em face de subadquirentes de boa fé e a título oneroso que, por sua vez, tenham registado os seus direitos.

Isto acontece porque implica uma obrigatoriedade de registo e um consequente menor risco de erro na identificação física e jurídica dos imóveis. Mas aquele princípio não é absolutamente determinante deste, já que a omissão de um registo e o consequente prejuízo do titular desleixado são de sua exclusiva responsabilidade, visto que nos sistemas

88 Isabel Pereira Mendes

oriundos do direito germânico vigora o princípio da instância, ou seja, devem ser os próprios interessados a solicitar o registo.

Por isso, o princípio da fé pública existe também em países onde não se atribui valor constitutivo à inscrição, muito embora o mesmo não seja, nesses países, formulado cm termos muito amplos, mas antes apresente algumas restrições que contemplam as carências aí existentes.

3.3. Como se compreende, o regime de registo declarativo, que se encontra muito bem integrado nos sistemas de tipo francês, onde não vigoram os princípios da especialidade, legalidade, legitimação, trato sucessivo e fé pública registral[2], encontra-se muito mal encaixado num sistema de raiz germânica, tal como o nosso. Daí que em países onde o sistema germânico foi importado se tenham feito e continuem a fazer tentativas no sentido de um regresso às origens.

Tais tentativas contemplam alguns esforços, designadamente uma chamada cada vez maior de atenção para o princípio da especialidade; a intensificação das operações do cadastro geométrico da propriedade rústica e a realização de operações congéneres para a propriedade urbana, a fim de permitir um maior rigor na descrição dos imóveis; a harmonização do registo com os dados fornecidos pelos serviços fiscais e o estabelecimento de critérios que promovam a obrigatoriedade indirecta do registo (v. g. artigo 9.º do Código do Registo Predial português).

Todavia, apesar desses esforços, alguns países, tal como o nosso, não têm presentemente condições para instituírem ou reporem o princípio da eficácia constitutiva da inscrição. Mas, mesmo assim, têm feito avanços no sentido do gradual aumento do âmbito de aplicação do princípio da fé pública registral.

4. O princípio da fé pública registral e o conceito de terceiros

4.1. Também em Portugal se têm feito progressos legislativos no sentido de dar maior importância à fé pública registral. No dia 1 de Junho

---

[2] V. ROCA SASTRE, *Instituciones de Derecho Hipotecario,* t. I, pp. 19 e segs.; A. COSSIO Y CORRAL, *Lecciones de Derecho Hipotecario,* pp. 15 e segs; e CARLOS FERREIRA de Almeida, *Publicidade e Teoria dos Registos,* pp. 131 e 132, que refere alterações ocorridas na lei francesa, determinadas pela introdução e aperfeiçoamento do cadastro geométrico, com um reforço da missão de controlo dos registadores.

de 1967 entraram em vigor duas disposições que, apesar de colidirem parcialmente uma com a outra, representam mais um passo em frente. Trata-se dos artigos 291.° do Código Civil português e 85.° do Código do Registo Predial de 1967, que corresponde ao n.° 2 do artigo 17.° do Código actual.

Esta última disposição, salvo honrosas excepções (³), tem sido ignorada pela doutrina e pela jurisprudência portuguesas, que nunca procuraram pô-la em confronto com o mencionado artigo 291.° do Código Civil, apesar de a sua curiosidade já dever ter sido aguçada pela singularidade dos raros trabalhos sobre o assunto (⁴).

Igualmente nunca se confrontou o conceito de "terceiro" a que se refere o artigo 5.° do Código actual (artigo 7.° do Código de 1967) (⁵) com o conceito de terceiro registral implícito no n.° 2 do artigo 17.°

O terceiro registral é "a pessoa que inscreve um direito submetido a registo, se este direito foi adquirido, de boa fé e a título oneroso, de quem aparecia como seu titular no Registo Público da Propriedade" (⁶). Este

---

(³) V.g. OLIVEIRA ASCENSÃO, *Direitos Reais,* 1971, pp. 389 e segs.

(⁴) É o seguinte o teor das mencionadas disposições:

Artigo 291.° do Código Civil:

1. A declaração de nulidade ou a anulação do negócio jurídico que respeite a bens imóveis, ou a móveis sujeitos a registo, não prejudica os direitos adquiridos sobre os mesmos bens, a título oneroso, por terceiro de boa fé, se o registo da aquisição for anterior ao registo da acção de nulidade ou anulação ou ao registo do acordo entre as partes acerca da invalidade do negócio.

2. Os direitos de terceiro não são, todavia, reconhecidos se a acção for proposta e registada dentro dos três anos posteriores à conclusão do negócio.

3. ....

Artigo 85.° do Código do Registo Predial de 1967:

A nulidade do registo não afecta os direitos adquiridos a título oneroso por terceiro de boa fé que estiverem registados à data em que a acção de declaração de nulidade foi registada.

Artigo 17.°, n.° 2, do actual Código do Registo Predial:

A declaração de nulidade do registo não prejudica os direitos adquiridos a título oneroso por terceiro de boa fé, se o registo dos correspondentes factos for anterior ao registo da acção de nulidade.

(⁵) O artigo 5.° tem o seguinte teor:

1. Os factos sujeitos a registo só produzem efeitos contra terceiros depois da data do respectivo registo.

2. ....

3. ....

(⁶) V. trabalho apresentado pela Associação Nacional del Notariado Mexicano no VIII Congresso Internacional de Direito Registral, realizado em Buenos Aires no ano de 1989.

conceito de terceiro registral constitui um dado já assente pela doutrina internacional mais categorizada sobre matéria de registo [7].

A figura do terceiro a que alude o artigo 5.º é diferente. Esse indivíduo apresenta, em primeiro lugar, as características do terceiro civil, que é, como se sabe, quem não seja parte, nem seu herdeiro ou representante. Mas pressupõe, além desses requisitos, que exista a seu favor uma inscrição registral e, enquanto esta se mantiver, o correspectivo direito não poderá ser afectado pela produção dos efeitos de outro acto que esteja fora do registo e com ele seja incompatível.

O titular inscrito é terceiro em relação ao titular do direito inoponível, mas este é também, em certo sentido, um terceiro em relação ao titular inscrito. Dir-se-á que são terceiros entre si ou terceiros recíprocos. Mas, para os efeitos pretendidos, só interessa o titular inscrito, pois é a entidade protegida pelo direito registral.

O referido artigo 5.º do actual Código do Registo Predial tem uma redacção pouco feliz, oriunda dos Códigos que o precederam (cf. artigo 951.º do Código Civil de 1867, que constituiu a fonte das disposições congéneres dos vários Códigos posteriores sobre matéria de registo).

O citado artigo 5.º corresponde ao artigo 32.º da Ley Hipotecaria espanhola, segundo o qual "los títulos de dominio o de otros derechos reales sobre bienes inmuebles, que no estén debidamente inscritos o anotados en el Registro de la Propiedad, no perjudican a tercero".

Através desta disposição torna-se mais claro o conceito de terceiro oriundo dos sistemas de simples inoponibilidade dos direitos não inscritos, tal como o sistema francês. Esse conceito, quando acolhido em sistemas de raiz germânica, tem que coexistir com o conceito de terceiro registral, intimamente ligado ao princípio da fé pública.

Assim, o direito do terceiro constante do registo pode ter por base um título inválido, mas não lhe pode ser oposto um direito incompatível e não registado, ainda que este seja válido. Todavia, a presunção *juris tantum* que emerge do registo pode ser destruída pela declaração de invalidade do acto que lhe serviu de base.

É essa presunção *juris tantum* resultante do princípio da legitimação, estabelecido no artigo 7.º do Código do Registo Predial português, que não permite que se impugne em juízo qualquer facto comprovado pelo

---

[7] V.g. Cossio y Corral, *ob. cit.*, p. 126.
Também o *Dicionario de Derecho,* de Luis Ribó Duran, contém uma definição de terceiro registral de harmonia com a já transcrita.

registo sem pedir o seu cancelamento (artigo 8.°); e vice-versa, não se peça o cancelamento de um registo sem impugnar os factos que ele comprova, se, como é óbvio, tal cancelamento for motivado por vício inerente aos mesmos factos.

Se, porém, o direito inscrito for transmitido a um subadquirente de boa fé e a título oneroso que o inscreva a seu favor antes do registo da acção de nulidade, a citada presunção *juris tantum* pode transformar-se em *juris et de jure,* nos termos constantes das disposições que consagram o princípio da fé pública registral.

4.2. As disposições do artigo 291.° do Código Civil e do n.° 2 do artigo 17.° do Código do Registo Predial (correspondente ao artigo 85.° do Código de 1967) não podem ser feridas de incompatibilidade, mas sim harmonizadas.

Não há dúvida de que o mencionado artigo 291.° prevê hipóteses de verdadeiras invalidades de direito substantivo, enquanto o n.° 2 do referido artigo 17.° se refere a nulidades de registo. Mas a invalidade registral não é menos grave do que a dita invalidade substantiva, pois abrange os registos feitos com base em títulos falsos ou insuficientes para a prova do facto registado ([8]).

Por isso, não se compreende que o Código do Registo Predial seja mais generoso do que o Código Civil no tratamento da matéria, conferindo ao registo nulo um valor absoluto de presunção *juris et de jure,* em face de terceiros adquirentes de boa fé e a título oneroso.

O legislador do Código Civil não atribuiu ao termo "terceiro" contido no artigo 291.° o significado de "terceiro registral", pelo menos no sentido que lhe é atribuído pela doutrina estrangeira especializada. Que assim é provam-no os estudos que precederam a publicação desse Código.

([8]) O artigo 16.° do Código do Registo Predial tem o seguinte teor:

– O registo é nulo:

a) Quando for falso ou tiver sido lavrado com base em títulos falsos;

b) Quando tiver sido lavrado com base em títulos insuficientes para a prova legal do facto registado;

c) Quando enfermar de omissões ou inexactidões de que resulte incerteza acerca dos sujeitos ou do objecto da relação jurídica a que o facto registado se refere;

d) Quando tiver sido assinado por pessoa sem competência funcional, salvo o disposto no n.° 2 do artigo 369.° do Código Civil;

e) Quando tiver sido lavrado sem apresentação prévia ou com violação do princípio do trato sucessivo.

Com efeito, no respectivo anteprojecto ([9]), em comentário à disposição que depois veio a constituir o artigo 291.°, refere-se que os terceiros adquirentes que assim vêem protegida a aquisição dos seus direitos reais deverão, para tanto, *ter feito essa aquisição de boa fé, mediante negócio a título oneroso, e tê-la registado antes de feito o registo da acção de nulidade ou da anulação.*

Falta, pois, a esses denominados terceiros uma das características do "terceiro registral", que consiste em terem adquirido o seu direito de pessoa que apareça no registo como sendo o respectivo titular. Portanto, na lei portuguesa só o subadquirente mencionado no n.° 2 do artigo 17.° do Código do Registo Predial é um verdadeiro "terceiro registral".

Acontece, porém, que, aparentemente, a citada norma do n.° 2 do artigo 17.° é muito limitada, pois os casos de nulidade do registo estão especificados no artigo 16.° do mesmo Código e, como se disse, muito embora este refira a falsidade ou insuficiência do título que lhe serviu de base, não faz menção da nulidade do próprio título.

No domínio do Código do Registo Predial de 1959, uma parte da escassa doutrina que se tem debruçado sobre estes problemas entendeu que a nulidade de registo devia abranger todas as causas de nulidade, quer proviessem da ilegalidade da actividade registral, quer proviessem da nulidade ou inexistência do próprio facto registado. Isto porque "se a nulidade não fosse a sanção para o registo de actos nulos, havia de se entender que tais registos eram válidos, o que é absurdo e contende até com a possibilidade incontroversa de os rectificar, cancelar ou anular" ([10]).

O Código de 1959 foi posteriormente substituído pelo de 1967, que, no seu artigo 83.°, correspondente ao artigo 16.° do Código actual, mencionou os casos em que o registo se considera nulo. Põe-se portanto o problema de saber se essa enumeração é taxativa.

Ainda não foi resolvida essa questão, mas há quem, muito embora pronunciando-se no sentido afirmativo, entenda que há na lei uma lacuna referente ao caso do registo nulo por invalidade do título, a qual deve ser suprida pelo mesmo regime dos restantes casos ([11]).

4.3. Colocando o problema nestes termos, o campo de aplicação das duas disposições resulta bem diferenciado.

([9]) *Boletim do Ministério da Justiça*, n.° 89, pp. 242 e segs., nomeadamente p. 248.

([10]) CARLOS FERREIRA DE ALMEIDA, *ob. cit.*, p. 311.

([11]) V.g. OLIVEIRA DE ASCENSÃO, *ob. cit.*, p. 407.

Podem verificar-se duas hipóteses:

a) Subadquirente de boa fé e a titulo oneroso que confiou na presunção registral emergente do registo a favor do transmitente e registou a sua aquisição antes do registo da respectiva acção impugnatória (n.° 2 do artigo 17.° do Código do Registo Predial).

Este subadquirente não poderá ser prejudicado pela declaração de nulidade do registo a favor do transmitente, quer essa nulidade tenha por base os motivos indicados no artigo 16.° do Código do Registo Predial, quer outros, tal como a nulidade do próprio título que lhe serviu de base.

b) Subadquirente de boa fé e a título oneroso que registou a sua própria aquisição antes do registo da acção impugnatória, muito embora não tenha o amparo da presunção registral emergente do registo anterior a favor do transmitente (artigo 291.° do Código Civil).

Este subadquirente não poderá ser prejudicado pela declaração de nulidade (ou anulação) do negócio jurídico de que resulta o direito do transmitente, a não ser que a acção impugnatória tenha sido proposta e registada dentro dos três anos posteriores à conclusão do negócio.

É claro que, nesta óptica, o campo de aplicação do artigo 291.° do Código Civil está quase esvaziado. Pelo menos num futuro próximo raramente irão aparecer casos de falta de registo prévio a favor dos transmitentes, porque a obrigatoriedade indirecta de registo prevista no artigo 9.° do Código do Registo Predial não permite, salvo raras excepções, que se titulem actos de transmissão de direitos sobre imóveis sem que os bens estejam definitivamente inscritos a favor da pessoa que os transmite.

4.4. Contudo, a nós parece-nos evidente que, muito embora o legislador do Código Civil conhecesse as noções de terceiro registral e fé pública registral, há muito fixadas pela doutrina mais representativa em matéria de direito imobiliário, todavia nunca prestou muita atenção nem deu o devido valor às disposições do direito registral sobre a matéria. É, pois, bem provável que, com a disposição do artigo 291.°, pretendesse abranger todos os casos de nulidade ou anulação do negócio jurídico de que resulta o direito do transmitente, quer o registo a seu favor estivesse ou não efectuado.

No entanto, hoje não se pode continuar a argumentar no sentido de que o princípio da fé pública registral, que se ajusta como uma luva ao sistema alemão, excede os limites do sistema português, porque em Portugal o registo não tem natureza constitutiva e o cadastro geométrico da propriedade rústica ainda não cobre todo o território. Noutros países isso tam-

94   *Isabel Pereira Mendes*

bém acontece e, mesmo assim, o princípio já há largos anos fez neles a sua implantação, muito embora submetido a certas restrições ([12]).

O sistema registral português sofreu uma evolução considerável desde 1984 até aos dias de hoje. A mencionada obrigatoriedade indirecta já produziu os seus frutos, forçando o público a recorrer aos serviços do registo predial e chamando a atenção para o valor de segurança que a inscrição registral confere aos seus direitos.

Por outro lado, a harmonização do registo com a identificação dos prédios feita pelos serviços fiscais (matriz predial), que assumiu uma forma mais rigorosa até à reforma introduzida pelo Decreto-Lei n.° 60/90, mas continua a verificar-se no caso de prédios inscritos na matriz cadastral, diminuiu os riscos de discordância com a realidade material, sobretudo no Centro e no Sul do País.

Como é óbvio, existe um conflito entre as duas disposições analisadas. Enquanto este problema não for resolvido por via legislativa, competirá à doutrina e à jurisprudência portuguesas a sua conjugação harmónica, de forma a avançar-se no sentido de uma maior aproximação das metas de segurança jurídica que constitui um dos valores fundamentais do direito.

E, seja como for, no actual estádio de desenvolvimento, não se pode continuar a "ignorar" o princípio da fé pública registral, de que resulta a atribuição ao registo, em certas circunstâncias, de verdadeiros efeitos substantivos, o que por si só é suficiente para rebater a afirmação de que as regras do registo são subalternas em relação a outras regras do direito em geral.

5. Solução do caso concreto

5.1. Depois desta introdução estamos já habilitados a procurar uma solução do caso concreto que respeite as normas que dão corpo e constituem a essência da instituição registral.

Em primeiro lugar, à semelhança do ilustre conselheiro vencido, façamos a análise crítica dos argumentos que têm sido invocados contra a aplicabilidade ao registo das acções dos princípios registrais do trato sucessivo e da legalidade.

([12]) V. em Espanha, os artigos 34.° a 37.° da Ley Hipotecaria.

Quanto ao trato sucessivo na modalidade da inscrição prévia (n.º 1 do actual artigo 34.º, que corresponde ao n.º 1 do artigo 13.º do Código de 1967), é indiscutível a sua inaplicabilidade ao registo das acções. Já era assim no domínio dos Códigos anteriores e hoje, depois das alterações introduzidas no n.º 1 do artigo 34.º do Código actual pelo Decreto-Lei n.º 60/90, isso torna-se ainda mais evidente.

Quanto ao trato sucessivo na modalidade da continuidade das inscrições (n.º 2 do artigo 34.º, que corresponde ao n.º 2 do artigo 13.º do Código de 1967), ficou sobejamente demonstrado na brilhante declaração de voto, sem ter sido rebatido no douto comentário, que os argumentos invocados contra a sua aplicabilidade a esses registos não têm qualquer razão de ser.

Não é válido nem convence o argumento invocado no sentido de que o registo das acções, tendo um carácter meramente cautelar e sendo por lei sempre provisório por natureza, não é incompatível com o último registo de aquisição, reconhecimento de direito ou mera posse sobre o prédio.

A acção conduz a uma sentença e, muito embora a lei distinga entre o registo da acção e o registo da decisão final [artigos 92.º, n.º 1, alínea a), e 101.º, n.º 2, alínea b), do Código actual], a verdade é que o registo da sentença que julgou procedente o pedido é feito por averbamento ao registo da acção, correspondendo à sua conversão em definitivo (v. artigos 117.º, n.º 1, do Código de 1967, e 101.º, n.º 4, do Código actual).

Aquando da conversão em definitivo do registo provisório da acção não é lícito levantar dúvidas que não foram invocadas no momento do registo provisório. Por isso, a conversão do registo provisório da acção julgada procedente seria sempre inevitável, mesmo no caso de implicar a consolidação de um registo colidente com o registo anterior a favor do titular inscrito que não foi chamado à demanda, em absoluta discordância com os princípios que regem o registo predial, nomeadamente o da legitimação e o do trato sucessivo.

Acresce que a conversão em definitivo de um registo determina que ele conserve a prioridade que tinha como provisório (n.º 3 do artigo 6.º). Logo, uma vez convertido o registo da acção, por averbamento da decisão final que julgou procedente o pedido, tudo se passa como se o registo tivesse sido definitivo logo de início.

Quanto à aplicabilidade ao registo das acções do princípio da legalidade em toda a sua extensão, a verdade é que não fazia sentido que os tribunais se subtraíssem às normas que regem a instituição registral, tanto mais que estão especialmente vocacionados para a defesa do ordenamento jurídico.

O artigo 68.º do Código actual, que corresponde ao artigo 5.º do Código de 1967, ao definir os parâmetros do princípio da legalidade, estabelece que o conservador deve apreciar a viabilidade do pedido de registo em face das disposições legais aplicáveis, dos documentos apresentados e dos registos anteriores.

Quando o conservador, na apreciação do pedido de registo, se socorre das disposições legais aplicáveis, tem que preocupar-se em primeiro lugar com aquelas que dão corpo e vida à instituição registral. Entre estas estão aquelas que definem os respectivos princípios.

É evidente que o conservador não poderá pronunciar-se sobre o acerto intrínseco de uma decisão judicial, sobre a justeza da solução do litígio que foi posto à consideração do tribunal, de harmonia com o direito substantivo e processual aplicável, porque a isso se opõe a força de caso julgado atribuída à sentença (artigo 671.º, n.º 1, do Código de Processo Civil).

Contudo, nem uma sentença judicial poderá ter a virtualidade de obrigar o conservador a transgredir as normas de técnica registral.

Se, por hipótese, uma sentença ordenar que o conservador realize oficiosamente um registo que por lei deva ser requisitado (como se sabe, a oficiosidade é uma excepção, sendo a instância a regra), ele não a poderá cumprir, porque transgrediria o princípio da instância e, consequentemente, violaria outras normas essenciais de técnica registral [artigos 41.º, 42.º, 60.º e seguintes e 16.º, alínea e), do Código do Registo Predial].

Igualmente, se numa sentença se ordenar (ainda que, como é evidente, na sequência da decisão proferida sobre a questão principal) que se cancele uma descrição (o caso não é académico), o conservador não a poderá acatar, pois a técnica registral não lho consente (v. artigo 87.º, n.º 1).

Muitos exemplos se poderiam apresentar, o que prova sobejamente que o artigo 68.º do Código do Registo Predial (princípio da legalidade) se aplica também às próprias decisões judiciais, quando for manifesta a nulidade do facto que titulam [v. artigo 69.º, n.º 1, alínea d)] [13] ou na medida em que o seu cumprimento forçasse o conservador a transgredir as exigências técnicas que lhe são cometidas por lei.

---

[13] V.g. uma sentença que transgredisse o disposto nos artigos 57.º e seguintes do Decreto-Lei n.º 400/84, sobre loteamentos urbanos, mas este Decreto já há muito que foi revogado.

Por outro lado, no momento do registo provisório da acção não se põe ainda em causa o acerto de uma decisão judicial, pois esta ainda não está proferida e muito menos transitada em julgado. Nesse momento só poderá argumentar-se no sentido de que há que respeitar uma tradição de não ingerência no andamento dos processos judiciais. Mas tal tradição terá que ceder sempre que, de outro modo, provoque, por sua vez, uma abusiva ingerência na vida de outras instituições, como é o caso do registo predial, e o desrespeito das normas por que se regem.

5.2. Dando como assente a tese da aplicabilidade dos princípios registrais ao registo das acções, atentemos no despacho de registo provisório por dúvidas que, no caso concreto, foi proferido por uma funcionária que se encontrava a substituir o conservador.

A questão subjudice era difícil de solucionar mesmo para um conservador experiente, por causa do íntimo relacionamento que existe – o que já atrás foi demonstrado – entre o princípio da legitimação e o do trato sucessivo.

Em boa verdade, ao efectuar o registo da acção também provisório por dúvidas, o que a funcionária teve em mente não foi rigorosamente o princípio do trato sucessivo, na modalidade da continuidade das inscrições, expresso no n.º 2 do artigo 13.º do Código do Registo Predial de 1967, que ela referiu na nota de dúvidas, mas sim esse outro princípio igualmente importante, o princípio da legitimação, expresso nos artigos 8.º e 12.º desse Código (actuais artigos 7.º e 8.º).

A confusão é desculpável. Sendo certo que "o registo definitivo constitui presunção não só de que o direito registado existe, mas de que pertence à pessoa em cujo nome esteja inscrito, nos precisos termos em que o registo o define" (citado artigo 8.º do Código de 1967, aplicável ao tempo), não seria curial destruir essa presunção sem que o beneficiário fosse ouvido, pois isso ofenderia, em certa medida, o brocardo *res inter alios,* como mui acertadamente refere o ilustre conselheiro vencido.

E, de facto, o artigo 12.º desse mesmo Código (actual artigo 8.º) estabelecia que os factos comprovados pelo registo não podiam ser impugnados em juízo sem que simultaneamente fosse pedido o cancelamento do registo. A *contrario sensu,* no caso concreto, não se poderia pedir o cancelamento do registo sem impugnar os factos que ele comprovava. Ora, essa impugnação exigiria o chamamento à demanda do respectivo titular (artigo 3.º do Código de Processo Civil).

O que a funcionária quis dizer – e muito bem – foi que tal acção não poderia vingar sem a intervenção dos titulares inscritos. Tratava-se de um problema muito importante, que não se resumia a uma questão de legitimidade processual; e, como a exigência da intervenção dos titulares inscritos é normalmente relacionada com o princípio do trato sucessivo, foi esse o princípio que ela invocou.

Em bom rigor de linguagem não se deveria falar aqui de trato sucessivo, mas sim de "trato regressivo" [14], utilizando uma expressão que não é nossa e já foi empregue com propriedade noutras circunstâncias. Mas não deixa de ter a sua lógica o raciocínio que levou a esse procedimento, porque do cancelamento do registo de aquisição a favor de B e do cancelamento dos registos posteriores, quer sobre o prédio, quer sobre as fracções autónomas, iria resultar a *admissão de outra inscrição referente ao mesmo prédio* (a inscrição anteriormente feita a favor do primitivo transmitente A, cujos efeitos já estavam transferidos), sem a intervenção dos respectivos titulares actuais.

Este raciocínio demonstra, à saciedade, a ligação profunda que existe entre os dois princípios em análise.

5.3. Não se pondo em dúvida que o registo da acção que deu origem ao recurso contraria princípios fundamentais de registo, expressos na legislação que se refere ao registo predial, poder-se-á perguntar ainda se a ofensa se limita aos aspectos já referidos ou abrange outros menos evidentes.

Uma análise completa do caso obriga-nos a recorrer à exposição precedente a respeito do âmbito do princípio da fé pública registral.

Com efeito, se aceitarmos a tese de que o artigo 85 ° do Código de 1967, correspondente ao n.° 2 do artigo 17 ° do Código actual, se aplicava a todos os casos em que um subadquirente de boa fé e a título oneroso não pudesse ser prejudicado pela declaração de nulidade do registo a favor do transmitente, quer essa nulidade tivesse por base os motivos consignados no artigo 83.° desse Código (actual artigo 16.°), quer outros, tal como a nulidade (ou anulação) do próprio negócio que lhe serviu de base, então não haverá dúvida nenhuma de que a pretensão dos autores implicaria, não só a chamada à demanda dos últimos e actuais titulares inscritos, como a demonstração de que eles haviam feito a sua

---

[14] V. *Boletim da Associação dos Notários*, n.° 125, p. 274.

aquisição de má fé. Isto porque, se a tivessem feito de boa fé, não poderiam ser prejudicados pela declaração de nulidade do registo a favor do transmitente.

Mas mesmo fazendo tábua rasa do princípio contido no citado artigo 85.º (actual n.º 2 do artigo 17.º), apesar de constituir uma disposição de puro direito substantivo e, por isso, dever ser harmonizada com o artigo 291.º do Código Civil, certamente que não poderá ignorar-se o conteúdo desta última disposição.

Através das datas constantes do processo verifica-se que o registo provisório da acção de nulidade foi feito dentro do prazo de três anos a que se refere o n.º 2 dessa disposição, o que, na óptica em referência, retiraria aos titulares inscritos a possibilidade de reconhecimento dos seus direitos. Mas uma tal constatação teria que resultar da sentença proferida contra os titulares inscritos, que são os beneficiários da presunção registral.

5.4. O argumento muito utilizado pela tese que defende a procedência do recurso, no sentido de que a falta de demanda, na acção, de todos os titulares inscritos constitui apenas uma questão de legitimidade processual que escapa ao raio de acção da função parajudicial do conservador, no cumprimento do princípio da legalidade, afigura-se-nos que não tem cabimento neste caso.

Na verdade, o "conservador" não se colocou na pele de um fiscal da legitimidade processual. A sua pseudofiscalização incidiu sobre outros aspectos mais importantes relacionados com a violação de princípios que sustentam a instituição do registo predial. Se, por via disso, tivesse logrado intervir na actividade do tribunal, forçando-o a cumprir regras que ele deveria observar *motu proprio,* tanto melhor assim.

Não há dúvida de que o disposto no n.º 3 do artigo 271.º do Código de Processo Civil vai de encontro a este pensamento, porque estabelece, *para ser cumprida,* a seguinte regra:

No caso de se transmitir *inter vivos* uma coisa ou um direito litigioso e o adquirente registar a transmissão antes de feito o registo da acção impugnatória, a sentença só produzirá efeitos contra ele desde que tenha intervindo no processo.

Admitir o cancelamento dos registos de aquisição das fracções autónomas a favor dos subadquirentes que não foram chamados à demanda constitui violação dos limites da força de caso julgado traçados por aquela disposição.

Com efeito, o caso julgado não abrangerá os subadquirentes não chamados à demanda que registaram a sua aquisição antes de feito o registo provisório da acção. Ora, o cancelamento dos registos de aquisição das fracções autónomas é, no caso concreto, uma operação de registo que, em si mesma, já constitui um efeito da decisão proferida sobre a questão principal.

O artigo 271.º do Código de Processo Civil é uma norma processual civil, mas está tão relacionada com os princípios registrais da legitimação e fé pública que não nos parece abusivo considerá-la dentro do âmbito das *normas legais aplicáveis,* a que o conservador deve recorrer quando faz a apreciação do pedido de registo.

Não se vislumbra razão para que a magistratura se sinta lesada, já que uma das suas principais preocupações deverá ser o cumprimento rigoroso das formalidades legais, nomeadamente daquelas que têm implicações tão graves, como no caso em apreço, e não a manutenção para os tribunais de um *statu quo* a que é inerente uma "intocabilidade" que não se justifica nos dias de hoje.

É certo que é algo desconcertante que as interferências na actividade dos tribunais possam ser determinadas por um despacho proferido por quem nem sequer possui uma licenciatura em direito, como é o caso dos substitutos dos conservadores do registo predial. Todavia, esse é outro problema que urge ser analisado e discutido, mas que não altera os dados essenciais da questão.

Por tudo o que foi exposto não temos dúvidas em afirmar que, no caso concreto que motivou o Acórdão do Supremo Tribunal de Justiça de 10 de Outubro de 1985, a que atrás se fez referência, a razão estava do lado do ilustre conselheiro vencido, a quem louvamos a coragem, esperando que frutifique no futuro que já se antevê para a nossa instituição registral.

A PRIMEIRA INSCRIÇÃO
NO REGISTO PREDIAL PORTUGUÊS (*)

1. Vicissitudes históricas

No registo predial português sempre existiu o princípio do trato sucessivo, no respeitante à continuidade das inscrições. Mas quanto à outra modalidade que o caracteriza, reconhecida nas legislações mais avançadas, referente a um limite temporal para a "primeira inscrição", foi o legislador do Código do Registo Predial de 1959 (vigente a partir de 1-1-1960) quem pela primeira vez se debruçou sobre a necessidade de o estabelecer, fixando a data a partir da qual tinha de se fazer constar do registo o encadeamento dos sucessivos actos de transmissão dos prédios. Com efeito, pela primeira vez, o princípio do trato sucessivo, que já existia nos Códigos anteriores, aparece numa disposição de lei que ordena e sistematiza em dois parágrafos (n.ºs 1 e 2 do artigo 13.°) as duas modalidades em que esse prlncípio passou a actuar: obrigatoriedade de inscrição prévia de aquisição (que neste trabalho também designaremos por "primeira inscrição"); e obrigatoriedade do relato do historial dos prédios, desde essa mesma inscrição até à actual, através do registo sucessivo de todos os actos de transmissão.

O Código de 1959 (artigos 13.° e 280.°) estabeleceu, pois, a data de 1-1-1960 como limite, a partir do qual não era possível realizar definitivamente o registo de actos pelos quais se transmitissem direitos ou contraíssem encargos sobre bens imóveis, sem que os bens transmitidos ou onerados se encontrassem definitivamente inscritos a favor do transmitente ou onerante. E, assim, a primeira inscrição (necessária, por imposição da lei), no domínio desse Código, passou a ser a respeitante ao

---

(*) Trabalho apresentado no XI Congresso Internacional de Direito Registral, realizado em Lisboa, no âmbito do 1.° Tema – "A Primeira Inscrição em Registos de Segurança Jurídica".

último acto celebrado antes de 1960. Era a partir daí que se processava o relato das vicissitudes sofridas pelo prédio, durante o percurso da sua existência. O legislador desejava que esse relato fosse fiel à realidade jurídica e material, não se devendo omitir qualquer transmissão, e para que pudessem ser inscritos quaisquer ónus sujeitos a registo, quer aqueles que só depois do mesmo produziam efeitos entre as partes (v hipoteca, art. 6.°, n.° 2), quer os outros, era sempre necessário que os bens estivessem inscritos a favor de quem os onerava voluntariamente.

É claro que na mente do legislador não podia deixar de haver a ideia de que, uma vez obrigadas as pessoas a recuar no tempo (data anterior a 1-1-1960), ao recorrerem aos serviços do registo predial, eram elas próprias que, daí para a frente, estabeleceriam como regra de conduta a imperiosa necessidade de se dirigirem à conservatória competente, sempre que realizassem um acto de transmissão ou oneração. Só desse modo a regra passaria a ter um efeito útil, contribuindo para minorar (e a longo prazo erradicar) a doença tradicional que consistia no fraco interesse e respeito que o público nutria pela instituição do Registo Predial.

Por outro lado, a situação, nesta matéria, não era precisamente a mesma em todo o nosso país, pois existiam alguns concelhos onde o registo se tornara obrigatório, por já ter sido feito e se encontrar em vigor o cadastro geométrico da propriedade rústica (v. Decreto-Lei n.° 36 505, de 11 de Setembro de 1947, Lei n.° 2049, de 6 de Agosto de 1951 e Decreto-Lei n.° 40603, de 18 de Maio de 1956), sendo punida com determinadas sanções a falta de registo nos prazos legais. O Código de 1959 integrou esse sistema, modificado e aperfeiçoado pelo Decreto-Lei n.° 40 603, nos seus artigos 14.° e seguintes.

Mas, nos restantes concelhos, onde não havia o cadastro geométrico, não se tendo estabelecido quaisquer sanções para a falta de registo dos actos realizados a partir daquele que determinara a "primeira inscrição" imposta por lei, nada se modificou. Os hábitos ancestrais do povo continuaram na mesma e, de certo modo, até se agravaram as dificuldades, porque passaram a existir, nas conservatórias, muito mais situações de trato sucessivo interrompido, dando origem a longos requerimentos em que tinham de ser pedidos todos os registos dos actos em falta, com consequências desastrosas para o bom andamento das repartições.

As entidades competentes nunca se debruçaram sobre a flagrante realidade de que a lei não pode determinar a imediata transformação das mentes dos seus destinatários. Estabelecer um marco temporal para a "primeira inscrição", sem forçar as pessoas, por meios directos ou indirectos, a pedir o registo dos actos realizados daí para a frente, era não só pura perda de tempo, como até contrariava os fins pretendidos.

Partindo da verdade, dita incontestável, de que não era possível obrigar os interessados ao registo, nos concelhos onde não vigorasse ainda o cadastro geométrico, os intérpretes da lei, teoricamente considerada avançada no seu tempo (artigos 13.º e 280.º do Código de 1959), passaram a debruçar-se apenas sobre os seus aspectos formais e sobre os limites da sua previsão, o que deu origem a pareceres, recomendações e encontros privados de conservadores zelosos, que discutiam as disposições do Código, mas sempre à luz da "interpretação superior" que lhes era veiculada.

Em 1967, foi alterado o Código de 1959, pelo Decreto-Lei n.º 47 611, de 28 de Março. Na intenção de aperfeiçoar os aspectos formais a que nos referimos, foi modificado o n.º 1 do artigo 13.º. Mas, na realidade, pouco ou nada se alterou. No dizer da Direcção Geral dos Registos e do Notariado, *"o objectivo da alteração foi o de bem estremar o campo de aplicação do preceito, dando, aliás, acolhimento legal à orientação estabelecida pela Direcção-Geral, na vigência do Código anterior"* (v. p. 42 do Código do Registo Predial, anotado por essa Direcção-Geral). Continuou a ser elaborada e transmitida pelos serviços de inspecção a interpretação oficial sobre o verdadeiro conteúdo do princípio do trato sucessivo, nas suas duas modalidades, concluindo-se que:

1. Só era necessário o registo prévio quando estivesse em causa um *negócio jurídico* efectuado depois de 1-1-1960, pelo qual se transmitissem direitos ou contraíssem encargos sobre bens imóveis.

2. O registo prévio tinha que basear-se em acto anterior a 1960.

3. Não era necessário o registo prévio quando o acto submetido a registo fosse uma transmissão "mortis causa", ainda que proveniente de sucessão testamentária, pois que a mesma é determinada, não por uma declaração negocial, mas por força da lei, como efeito imediato da morte do autor da herança.

4. Também não era necessário o registo prévio quando o acto submetido a registo fosse de natureza coerciva, consequente de processo de execução ou expropriação ([1]).

5. A partir da inscrição prévia ("primeira inscrição") era obrigatório inscrever todo o historial do prédio, nunca se admitindo inscrição definitiva sobre o mesmo sem a intervenção do respectivo titular (com inscrição

---

([1]) V. o referido Código anotado pela D.G..R.N., p. 42.

de transmissão, domínio ou mera posse), ou o suprimento dessa intervenção, salvo se o facto a inscrever fosse consequência de outro já anteriormente inscrito ([2]).

O Código de 1984, aprovado pelo Decreto-Lei n.° 224/84, de 6 de Julho (em vigor desde 1-10-1984), alterou substancialmente o condicionalismo da "primeira inscrição" (registo prévio). A inexistência do cadastro da propriedade rústica em grande parte do território nacional e da propriedade urbana em todo esse território, e o desinteresse pelo registo, a não ser nos concelhos onde, por ser obrigatório, se haviam estabelecido sanções para a sua falta ou atraso, conduziu a uma tal premência na solução de dificuldades que se julgou imperioso situar o marco temporal da primeira inscrição numa data mais próxima.

([2]) o artigo 13.° do Código de 1959 tinha a seguinte redacção:

1. Os actos pelos quais se transmitem direitos ou contraem encargos sobre bens im6veis não podem ser admitidos a registo definitivo, sem que os direitos transmitidos ou os bens onerados se encontrem definitivamente inscritos a favor do transmitente ou de quem os onera.

2. Subsistindo sobre determinado prédio inscrição que envolva registo de transmissão, domínio ou mera posse, não poderá, sem a intervenção do respectivo titular, admitir-se inscrição definitiva referente ao mesmo prédio, salvo se o facto a inscrever for consequência de outro já anteriormente inscrito.

Por sua vez, o artigo 280.° determinava que:

– O disposto no n.° I do artigo 13.° não é aplicável aos direitos transmitidos ou aos bens onerados em virtude de actos celebrados antes da entrada em vigor do presente diploma.

Em trabalho que então efectuámos, mas nunca publicámos, escrevemos assim:

– A disposição do n.° 1 do artigo 13.°, como a sua letra indica, só tem aplicação a factos jurídicos de natureza voluntária, negócios jurídicos unilaterais ou bilaterais. Excluídos ficam, portanto, todos aqueles que derivem, directa e exclusivamente, da lei, mas têm-se suscitado dúvidas sobre a sua aplicação aos testamentos. Por ofício de 27-1-1961, o Inspector-Chefe dos Serviços dos Registos e do Notariado comunicou aos inspectores que *"por determinação do Exm.° Director-Geral deve esclarecer-se os notários e conservadores de que o n.° I do art.° 13.° não é aplicável nos casos de transmissão mortis causa e partilha"*.

No Código de 1967, o artigo 13.° passou a ter a seguinte redacção:

1. O negócio pelo qual se transmitam direitos ou contraiam encargos sobre bens imóveis não pode ser admitido a registo definitivo sem que os direitos transmitidos ou os bens onerados se encontrem definitivamente inscritos a favor do transmitente ou de quem os onera.

2. Quando sobre determinado prédio persista alguma inscrição que envolva registo de transmissão, domínio ou mera posse, não se admitirá inscrição definitiva referente ao mesmo prédio sem a intervenção do respectivo titular, salvo se o facto que se pretende inscrever for consequência de outro já anteriormente inscrito; a falta de intervenção do titular pode, porém, ser suprida nos termos previstos nos artigos 218.° e seguintes.

A primeira inscrição no registo predial português

E foi assim que, relativamente aos registos de aquisição, ele passou para 1-1-1984, tornando-se necessária a inscrição prévia a favor do transmitente apenas nos casos de registos de negócios jurídicos titulados a partir dessa data (al. b) do artigo 35.°), desde que não tivesse havido justificação do direito, pois nesse caso também era dispensada tal inscrição (al. a) do artigo 35.°). Quanto aos registos de constituição de encargos por negócio jurídico, manteve-se a indispensabilidade da inscrição prévia, fosse qual fosse a data da titulação ([3]).

Esta alteração veio originar uma certa polémica, pela discrepância que determinava, relativamente ao período situado entre 1-1-1960 e 1-1-1984, porque os actos de aquisição celebrados durante esse período que, pelos Códigos de 1959 e 1967, exigiam a "inscrição prévia" (acto anterior a 1960), passaram a entrar no registo directamente, sem dependência de qualquer outra formalidade. E, assim, as pessoas mais diligentes ou forçadas por prementes necessidades, que haviam feito os registos ao abrigo dos Códigos anteriores, sentiam-se lesadas em face de outras que, por força da sua inércia ou sorte, obtiveram um ganho imerecido.

Para que não se agravassem as consequências da fuga ao registo, o Código de 1984, no seu artigo 9.°, criou um sistema de obrigatoriedade indirecta, relativamente a todos os prédios, tanto urbanos como rústicos, cadastrados ou não, que designou por "legitimação de direitos sobre imóveis". Esse Código acabou com o regime duplo: registo obrigatório em certos pontos do país e registo facultativo nos restantes. Esta obrigatoriedade indirecta estendeu-se a todo o território, não sendo mais possível (salvo algumas excepções) titular actos de transmissão de direitos ou constituição de encargos sobre bens imóveis, sem a inscrição definitiva

---

([3]) Era o seguinte o teor do artigo 34.° do Código de 1984:

1. O registo definitivo de aquisição de direitos ou de constituição de encargos por negócio jurídico depende da prévia inscrição dos bens em nome de quem os transmite ou onera.

2. No caso de existir sobre os bens registo de aquisição ou reconhecimento de direito susceptível de ser transmitido ou de mera posse, é necessária a intervenção do respectivo titular para poder ser lavrada nova inscrição definitiva, salvo se o facto for consequência de outro anteriormente inscrito.

Por sua vez, o artigo 35.° estabelecia o seguinte:

– A inscrição prévia em nome do transmitente é dispensada para os registos de:

a) Negócios jurídicos de aquisição nos casos em que tenha havido justificação do direito;

b) Negócios jurídicos de aquisição titulados antes de 1 de Janeiro de 1984.

a favor da pessoa de quem se adquire o direito ou contra a qual se constitui o encargo. No entanto, o não cumprimento desta disposição nunca foi passível de outras sanções que não fossem de ordem disciplinar, pelo que, se os notários, no geral, sempre a cumpriram escrupulosamente, já o mesmo não sucedeu, a princípio, com outras entidades, como os tribunais, ainda que lhe reconhecessem o mérito.

A obrigatoriedade indirecta de registo veio limitar o campo de aplicação do registo prévio, já que, depois de 1-10-1984 (com algumas excepções), deixou de ser possível titular os actos sem os bens se encontrarem inscritos a favor do transmitente ou onerante. E assim o legislador, na intenção de "simplificar" ainda mais o registo, na alteração introduzida no Código de 1984, pelo Decreto-lei n.° 60/90, de 14 de Fevereiro, modificou novamente o princípio do trato sucessivo (artigo 34.°), na modalidade da inscrição prévia ("primeira inscrição"), acabando praticamente com esta, no caso de registos de aquisição de direitos.

Manteve-a no caso de registos de aquisição titulados com urgência, por motivo de perigo de vida dos outorgantes, por nessa hipótese a titulação ser realizada sem dependência do registo a favor da pessoa de quem se adquire o direito. Mas eliminou-a em relação a outros casos, em que se verificam outras excepções ao princípio do artigo 9.° (v. n.° 2, al. *b*) e n.° 3, desse artigo) e em que a titulação também não depende de inscrição prévia, envolvendo ou dependendo, porém, de prova documental do direito do transmitente. Manteve-a igualmente para os casos de constituição de encargos por negócio jurídico ([4]).

Também agora os requerentes de registos de actos de aquisição, titulados por negócios jurídicos celebrados no período que mediou entre 1-1-1984 e 1-10-1984, passaram a usufruir da "vantagem" de os poder inscrever sem subordinação à inscrição prévia, que lhes era exigida pela alínea *b*) do artigo 35.°.

([4]) O n.° 1 do artigo 34.° passou a ter a seguinte redacção:

1. O registo definitivo de aquisição de direitos nos termos da alínea c) do n.° 2 do artigo 9.° ou de constituição de encargos por negócio jurídico depende da prévia inscrição dos bens em nome de quem os transmite ou onera.

Por sua vez, o artigo 35.° deixou de regular o regime de excepção ao registo prévio, passando a regular apenas os casos de dispensa de inscrição intermédia na cadeia dos actos, designada por "continuidade das inscrições" (outra face, digamos assim, do princípio do trato sucessivo).

2. Meios de suprimento de títulos

Perguntar-se-á se foi fácil pôr em funcionamento a regra do n.° 1 do artigo 13.° (Códigos de 1959 e 1967). Não teriam os interessados dificuldades para a obtenção de documentos para a "primeira inscrição", e também para as inscrições intermédias até àquela que determinava o pedido de registo?

E claro que sim. Dificuldades idênticas já haviam surgido anteriormente, com a criação do regime de registo obrigatório, nos concelhos onde vigorava o cadastro geométrico. Foram logo criados expedientes extrajudiciais, pela Lei n.° 2049 (artigo 27.°), que se tornaram mais tarde extensivos ao registo facultativo, pelo Dec-Lei n.° 40603, de 18-5-1956 [1].

---

[1] O artigo 20.° deste Decreto dispunha assim:

– Os titulares de direitos constantes da matriz e adquiridos anteriormente à publicação deste decreto-lei sobre prédios não descritos nas conservatórias ou descritos, mas sobre os quais não subsista alguma inscrição de transmissão, domínio ou posse, que não disponham de documentos bastantes para fazer a sua prova, podem obter a inscrição desses direitos no registo predial, mediante justificação feita perante o notário.

Parágrafo 1.° – A justificação notarial consiste na declaração feita em escritura pública pelos interessados, confirmada por mais três declarantes que o notário reconheça idóneos, na qual aqueles se afirmem, com exclusão de outrem, sujeitos do direito de que se trata, especificando a causa da sua aquisição.

....

Parágrafo 5.° – A justificação notarial, para os fins previstos neste artigo, é extensiva ao regime de registo facultativo.

....

Parágrafo 7.° – O registo feito com base na justificação tem carácter provisório, convertendo-se em definitivo se não for legitimamente impugnado no prazo de um ano. Enquanto este registo subsistir como provisório serão igualmente provisórios os registos que se efectuarem sobre o mesmo prédio.

Parágrafo 8.° – De todos os registos efectuados nos termos deste artigo será dado público conhecimento, por meio de editais afixados nos lugares do estilo nas sedes das freguesias da localização dos prédios. Os interessados certos serão notificados pessoalmente por carta registada, com aviso de recepção.

Parágrafo 9.° – A impugnação pode ser feita:

a) Pela apresentação de documento autêntico que ilida a presunção resultante do registo efectuado provisoriamente;

b) Pela apresentação a registo provisório, nos termos do artigo 201.° do Código do Registo Predial, de certidão comprovativa de estar intentada acção para os efeitos do artigo 995.° do Código Civil.

Parágrafo 10.° – O registo impugnado nas condições previstas na alínea b) do parágrafo antecedente subsistirá como provisório até à decisão final da acção e será convertido

108 *Isabel Pereira Mendes*

Para assegurar aos interessados um meio de solucionar o impasse gerado pela falta de documentação para o registo dos prédios, foi criado, pelo Código de 1959, um outro expediente: o processo de justificação judicial (artigos 198.° e segs), que teve por fonte a experiência colhida na aplicação do processo especial de justificação de domínio, criado pelo Decreto n.° 4619, de 13-7-1918, e que, depois de várias vicissitudes, passou a ser regulado sob a forma descrita no artigo 209.° do Código do Registo Predial de 4 de Julho de 1929, aprovado pelo decreto n.° 17070.

Mas o Código de 1959, além do processo de justificação judicial, inclui também a escritura de justificação notarial, que define como *"a declaração feita em escritura pública pelo sujeito de direito constante da matriz, ou por quem o represente, e confirmado por mais três declarantes, que o notário reconheça idóneos, em que se afirme, com exclusão de outrem, titular do direito de que se trata, especificando a causa da aquisição e as circunstâncias que o impossibilitam de a comprovar pelos meios normais"* (citado artigo 198.° e artigo 210.°, n.° 1).

Este Código aumentou o campo de aplicação da justificação notarial. A princípio só se aplicava aos direitos constantes da matriz, adquiridos anteriormente ao Decreto-Lei n.° 40603, mas agora já não sofre limitações. Muito embora circunscrita aos casos em que os direitos estivessem na matriz *em nome do justificante* (artigo 209.°), deixou de depender da data em que tivesse tido lugar essa inscrição matricial. Podia também outorgar a justificação quem tivesse adquirido do titular fiscal, por sucessão ou acto entre vivos, o direito alegado (n.° 2 do artigo 210.° e artigo 102.° do Código do Notariado).

Por outro lado, os registos efectuados com base na justificação deixaram de ser provisórios, como ordenava o parágrafo 7.° do artigo 20.° do Decreto-lei n.° 40603, instituindo-se apenas um regime de publicação da mesma escritura com obediência a certos requisitos, a expensas dos interessados, num dos jornais mais lidos da sede do respectivo concelho (artigo 212.° do Código de 1959). Se algum interessado impugnasse o direito justificado, deveria requerer que o juiz oficiasse imediatamente ao notá-

---

em definitivo ou cancelado em face de certidão da respectiva sentença com transito em julgado.

Parágrafo 11.° – Comete o crime previsto no parágrafo 5.° do artigo 238.° do Código penal aquele que, dolosamente e em prejuízo de outrem, prestar ou confirmar declarações falsas na justificação regulada neste artigo. Os declarantes serão sempre advertidos desta cominação.

A primeira inscrição no registo predial português

rio a dar conhecimento da pendência da oposição (artigo 213.º, n.º 1). Da escritura não poderia ser extraída qualquer certidão, desde que pelo notário fosse recebida essa comunicação ou, de qualquer modo, sem haver decorrido o prazo de trinta dias sobre a data do número do jornal em que tivesse sido feita a publicação do seu extrato (artigo 213.º, n.º 2).

O Código de 1967 manteve estes expedientes nas suas linhas gerais, mas no n.º 2 do artigo 204.º estabeleceu expressamente que às inscrições efectuadas com base em justificação judicial ou notarial não se aplicava a disposição do n.º 1 do artigo 13.º (regra da obrigatoriedade do registo prévio). Por outro lado, passou a impedir apenas o recurso à justificação notarial em relação a actos que, tendo obrigatoriamente que constar da matriz, nos termos da lei fiscal, não estivessem efectivamente nela inscritos (artigo 215.º).

O processo de justificação judicial foi entretanto relegado para diploma próprio, o Decreto-Lei n.º 284/84, de 22 de Agosto. Mas o Código de 1984 manteve igualmente as escrituras de justificação como um dos expedientes para suprir a falta do título necessário para o registo (artigo 116.º) (²) (³), tendo sido alterado o regime da sua publicação, que passou a ser feita outra vez através de editais, afixados agora nas conservatórias do registo predial competentes e nas sedes das juntas de freguesia da situação dos prédios (artigo 109.º do Código do Notariado). Contudo, os editais foram outra vez substituídos pela publicação em determinados jornais, aquando da reforma introduzida no Código do Notariado pelo Decreto-Lei n.º 67/90, de 1 de Março.

Normalmente, nas escrituras de justificação para a "primeira inscrição" é invocada, ainda que sujeita a uma certa controvérsia jurídica,

---

(²) É o seguinte o teor do artigo 116.º do actual Código do Registo Predial:

1. O adquirente que não disponha de documento para a prova do seu direito pode obter a primeira inscrição por meio de acção de justificação judicial, de escritura de justificação notarial ou, tratando-se de domínio a favor do Estado, de justificação administrativa regulada em lei especial.

2. Se existir inscrição de aquisição, reconhecimento ou mera posse, pode também suprir-se, mediante justificação judicial ou notarial, a intervenção do respectivo titular, exigida pela regra do n.º 2 do artigo 34.º.

3. Na hipótese prevista no número anterior, a usucapião implica novo trato sucessivo a partir do titular do direito assim justificado.

4. O processo de justificação previsto na lei sobre emparcelamento substitui, com as necessárias adaptações, a escritura de justificação notarial.

(³) Deve referir-se que o art. 116.º sofreu *algumas* alterações posteriores, aprovadas pelo Decreto-Lei n.º 273/2001 de 13 de Outubro.

a usucapião como causa de aquisição do direito. Na hipótese de o prédio se encontrar descrito e inscrito, a justificação pode suprir a intervenção do respectivo titular e, nesse caso, se foi invocada a usucapião, implica novo trato sucessivo a partir do titular do direito assim justificado, já que estamos perante uma aquisição originária (v. n.° 3 do artigo 116.° do Código do Registo Predial de 1984).

Se bem que as leis notariais estabeleçam que é ao notário que compete decidir, em cada caso, se as circunstâncias alegadas impedem o justificante de comprovar a sua aquisição pelos meios normais (v. artigo 100.°, n.° 2 do Código do Notariado de 1967, que corresponde ao artigo 104.°, depois da alteração feita pelo Dec-lei n.° 286/84), as escrituras de justificação proliferaram e passaram de tal modo a fazer parte da rotina dos cartórios que dão por vezes origem a lapsos dos funcionários que constituem autênticas anedotas. Já tivemos entre mãos uma fotocópia duma escritura de justificação, com referência a um prédio urbano, em que o justificante declarava que "o havia cultivado e colhido os seus frutos, há mais de vinte anos", por ser esse o prazo de posse normalmente necessário para a usucapião, em face da lei portuguesa!

Por outro lado, o Código do Registo Predial de 1984 manteve o recurso às escrituras de habilitação de herdeiros [4], como forma de titular actos de aquisição de imóveis, em comum e sem determinação de parte ou direito, a favor do cônjuge-meeiro e de todos os herdeiros do "de cujus", desde que complementadas com uma declaração complementar identificativa dos bens, que pode ser feita apenas por um dos interessados, requerente do registo (artigos 37.° e 49.°). Geralmente, essa declaração é feita de harmonia com a certidão extraída do processo de imposto sobre sucessões e doações instaurado por óbito do autor da herança, que é obrigatório apresentar como documento acessório, desde que ainda não tenham decorrido vinte anos (artigo 72.°, n.ºs 1, 3 e 4 do Código actual), e deve harmonizar-se com a caderneta cadastral, nos concelhos onde já exista o cadastro (artigo 28.°, n.° 1, do mesmo Código).

---

[4] A habilitação notarial consiste na *declaração feita em escritura pública, por três pessoas que o notário considere dignas de crédito, de que os habilitandos são herdeiros do falecido e não há quem lhes prefira na sucessão ou quem concorra com eles* (v. artigo 92.° do actual Código do Notariado), sem embargo de a respectiva escritura dever ser instruída com os documentos justificativos da sucessão legítima, quando nesta se fundamente a qualidade de herdeiro de algum dos habilitandos, ou certidão de teor do testamento ou da escritura de doação por morte, quando a sucessão, no todo ou em parte, se funde em algum destes actos (artigo 95.°, als. *b*) e *133*) do mesmo Código).

3. Perversões do sistema

Daqui se conclui que a tendência, nos últimos anos, tem sido no sentido de "facilitar" o ingresso dos actos no registo, nem que seja à custa de protelar cada vez mais a elevação do Registo Predial ao posto que deveria assumir, na plena realização dum ideal de certeza e segurança jurídica. Feito o balanço das últimas décadas, o que se nos depara é que foram muitas vezes introduzidas nos códigos emendas muito louváveis e reveladoras de grandes conhecimentos no plano registral, como seja a definição do princípio do trato sucessivo em moldes bastante avançados, mas esses progressos têm sido prejudicados por pressões político-sociais, obrigando a regressões no tempo justificadas pelo interesse público, e à criação ou ao refinamento de expedientes que só contribuem para desprestigiar o sistema. Sem a adopção de outras medidas complementares de nada adianta alterar a lei.

Os "paliativos" para remediar a falta de título para os actos do registo, tal como as escrituras de justificação notarial e o processo de justificação judicial de direitos, e ainda as escrituras de habilitação de herdeiros, complementadas com uma simples declaração assinada por qualquer um dos interessados e destinadas a basear os registos em comum e sem determinação de parte ou direito, têm dado origem a autênticas "perversões do sistema".

Os meios que foram criados para suprir a falta de título normal [1] para o registo não deveriam actuar ilimitadamente, mas sim pelo lapso de tempo julgado indispensável para "curar" os males que levaram à sua criação. Por outro lado, as escrituras de habilitação de herdeiros não deveriam ultrapassar certos limites e deveriam ser complementadas com o documento comprovativo da titularidade dos prédios por parte do autor da herança. Sem esquecer os casos de herdeiro único, em que elas cumprem plenamente a sua função no registo, a verdade é que se destinam sobretudo a permitir que, no intervalo de tempo que medeia entre a morte do autor da herança e a partilha dos respectivos bens, estes possam ser transaccionados ou onerados, com a intervenção de todos os interessados.

Mas hoje todos esses meios são geralmente utilizados para resolver intrincadas situações em que existem títulos que são sonegados, porque

---

[1] Note-se que o artigo 20.º do Decreto-Lei n.º 40603, atrás transcrito, só admitia a justificação notarial no caso de direitos adquiridos anteriormente à publicação desse Decreto.

é preciso rectificá-los, ou eles dão a conhecer uma situação jurídica incómoda ou que torna difícil a solução por vias legais (²).

Quantas vezes as justificações são utilizadas para realizar verdadeiros loteamentos clandestinos?! Através da participação de um prédio urbano para efeitos fiscais (modelo 129), e de uma certidão negativa passada pela conservatória competente, o que é bem fácil de conseguir, faz-se a escritura de justificação que há-de permitir descrever (duplicando) e inscrever a aquisição de um edifício construído em terreno já descrito e inscrito a favor de outrem. Legalmente, esse prédio não poderia ser desanexado, senão através de processo administrativo de loteamento urbano.

Quanto às habilitações de herdeiros, a sua "odisseia" não é menos interessante. Quantas vezes se descrevem em processos de imposto sucessório prédios litigiosos ou meramente difíceis de registar, que já constam de outros documentos que rigorosamente constituem o verdadeiro título para servir de base ao registo! Apesar de alguns desses prédios se encontrarem descritos e inscritos, consegue-se obter o seu registo como prédios omissos na conservatória, em comum e sem determinação de parte ou direito, sem que essa declaração de omissão possa ser contestada, por falta de prova, o que origina duplicações que só virão a ser reconhecidas se algum lesado recorrer ao tribunal e tiver sorte na pesquisa e análise dos vários documentos registrais (³).

4. Conclusões

Em conclusão, entendemos que urge eliminar o desinteresse ou atraso em executar medidas que prestigiem o registo, tais como:

1. A rápida (não no sentido de "feita à pressa", mas sim diligente e contínua) realização do cadastro de todos os prédios rústicos e urbanos, hoje regulado pelo Decreto-Lei n.° 172/95, de 18 de Julho (Regulamento

---

(²) Não se pode deixar passar em claro o facto de que as habilitações de herdeiros foram também largamente utilizadas, antes da alteração feita pelo Decreto-Lei n.° 67/90 ao n.° 3 do artigo 71.° do Código do Notariado, para frustrar a aplicação do princípio do artigo 9.° do Código do Registo Predial (obrigatoriedade indirecta) aos actos de partilha extrajudicial, servindo para um "simulacro" de inscrição prévia dos bens.

(³) A este respeito já tínhamos feito uma referência no nosso livro intitulado "O Registo Predial e a Segurança Jurídica nos Negócios Imobiliários" (pp. 102 e 103).

do Cadastro Predial), e pela Portaria n.º 1192/95, de 2 de Outubro (Número de Identificação do Prédio-NIP).

2. O estabelecimento do sistema de registo constitutivo, para os actos titulados por negócio jurídico, nos moldes que já existem para a hipoteca, com a redefinição do conceito de "terceiro" por forma a dignificar a instituição e a acabar com as divergências nos tribunais e o consequente estado de incerteza jurídica que tem provocado ([1]).

3. Em alternativa, provisoriamente e por tempo mínimo, a intensificação da obrigatoriedade indirecta do registo, decretando-se a multa, ou um exagerado agravamento emolumentar, no caso de o mesmo ser efectuado depois de determinado prazo; ou outras sanções ainda mais eficazes, como a impossibilidade de realizar sobre os prédios quaisquer actos ou providências, ainda que não constem do elenco dos factos sujeitos a registo.

4. A revisão dos expedientes para suprir a falta de título adequado para o registo ("grosso modo" incluídas as escrituras de habilitações de herdeiros, que a lei tem considerado como títulos principais, ainda que não

---

([1]) Há uma vasta gama de acórdãos dos tribunais de 2.ª instância (Relações) e do Supremo Tribunal de Justiça sobre esta matéria. De entre os mais recentes, poderemos citar dois acórdãos contraditórios do S.T.J.

Um deles, o acórdão de 18-5-1994 (Col. Jur., Ano II, Tomo II, 1994, p. 111) perfilha o tradicional conceito restritivo de terceiro, estabelecendo que " *para efeitos de registo predial, são terceiros todos aqueles, e apenas esses, que adquirirem, negocialmente e a título oneroso, do mesmo transmitente direitos incompatíveis sobre o mesmo prédio".*

O outro, o acórdão de 17-2-1994 (*Col. Jur.,* Ano II, Tomo I, 1994, p. 105) abandona esse conceito, em favor de outro mais próximo daquele que tem vindo a ser delineado pela doutrina moderna (Ex:. CARLOS FERREIRA DE ALMEIDA, "Publicidade e Teoria dos Registos", pp 260 e segs., e Oliveira Ascensão, "Direitos reais",pp. 409 e segs). Diz textualmente esse acórdão: – *"Terceiro é aquele que tenha a seu favor um direito e, por isso, não possa ser afectado pela produção dos efeitos dum acto que esteja fora do registo e com ele seja incompatível".*

Mas, mesmo relativamente à delimitação do conceito restritivo de terceiro, há uma larga divergência nos nossos tribunais superiores, que têm opiniões diferentes sobre a prevalência da posição do credor exequente, em face de um adquirente anterior, mas com registo de aquisição posterior ao registo de penhora. As sentenças dividem-se, num e noutro sentido, mas começa a ter mais peso o lado afirmativo. Assim, a favor, cfr.: Ac. da Relação de Coimbra de 8-4-1986 (*Col. Jur.,* Ano XI-Tomo 2-1986, p. 65); Ac. da Relação de Évora de 3-10-1992 (*Col. Jur.,* Ano XVII, Tomo 4, 1992, p. 309); Ac. do S.T.J. de 17-2-1994, já citado; Ac. da Relação do Porto de 11-4-1994 (*Col. Jur.,* Ano XIX, Tomo 2, 1994, p. 207); Ac. da Relação de Coimbra de 7-2-1995 (*Col. Jur.,* Ano XX" Tomo I, 1995, p. 44), etc., etc.

possam funcionar sem o auxílio de outros) (²), por forma a evitar as "perversões do sistema" que têm originado, visto constituirem hoje, em larga medida, métodos correntes de "legalização" de fraudes.

5. Finalmente, a eliminação do atraso que ainda se verifica em grande parte das repartições, que não depende de pequenos ajustamentos nos textos legislativos, sempre no sentido de "facilitar" os registos, mas de indispensáveis medidas de ordem administrativa. A cerca de 12 anos de distância da entrada em vigor do Código do Registo Predial de 1984, e apesar de, no seu Decreto Preambular, se terem considerado os novos suportes documentais como "indispensáveis à introdução da informática", continuam as conservatórias do registo predial em nítida desvantagem em relação a outras entidades públicas e privadas, por nem sempre disporem de instalações adequadas nem usufruirem dos mesmos meios, quer na área da informatização, quer na área de preparação, responsabilidade e gestão do serviço dos funcionários.

(²) É de assinalar que o próprio Conselho Técnico da D.G.R.N. defendeu, durante largo tempo, a opinião de que *"a habilitação notarial ou judicial, porque apenas prova a qualidade de herdeiro dos habilitandos, por si só não é título suficiente para o registo de aquisição, por sucessão legitima, de prédios não inscritos em nome do autor da herança"* (Despacho de 19 de Agosto de 1960, Proc. n.° 18, e parecer do Conselho Técnico de 16 de Março de 1969, Proc n.° 34).

Esta doutrina já vinha de longe. Segundo o Parecer do Conselho Técnico de 16 de Maio de 1951, Proc. n.° 39, *"a escritura de habilitação é apenas titulo bastante para, a requerimento de todos os herdeiros e do conjuge meeiro, poder registar-se a favor dos requerentes, em comum e sem determinação da parte ou direito, a aquisição de bens registados anteriormente em nome do autor da herança (v. ob. citada, Código Anotado pela D.C.R.N., págs 107 e 108).*

O POLÉMICO CONCEITO DE TERCEIRO
NO REGISTO PREDIAL

Com a intenção de desfazer o que se lhe afigura um mal-entendido na discussão gerada nas últimas décadas sobre o conceito de terceiro para efeitos de registo predial, no último número do "Boletim da Faculdade de Direito" (vol. LXX-1994, pp. 97 e segs.) o Sr. Prof. Dr. *Orlando de Carvalho* faz larga explanação sobre a matéria, e acaba reproduzindo o velho conceito no sentido de que terceiros são apenas os que do mesmo autor ou transmitente recebam sobre o mesmo objecto direitos total ou parcialmente incompatíveis.

Apesar de o Sr. Professor pretender dissipar, de uma vez por todas, as dúvidas existentes, o facto é que ele termina o seu artigo dizendo que *"pode ser que algo monte na elucidação desta polémica",* o que pressupõe a esperança de ouvir quaisquer outros argumentos. Ora, tendo esta matéria uma índole teórica e sendo bastante complexa, deveria em princípio destinar-se a professores catedráticos verdadeiramente especializados em direito registral. Mas o facto de eu, nesse trabalho, ter sido "chamada à colação", ainda que na minha humilde qualidade de conservadora do registo predial, e ter sido objecto de alguns comentários jocosos, penso que me dá, não só o direito, como o dever de entrar na discussão do problema.

1. Primeiramente, é preciso notar que a polémica que tem reinado, na doutrina e na jurisprudência, sobre a interpretação do conceito de terceiro tem algo a ver com essa outra polémica sobre a eficácia declarativa ou constitutiva da inscrição registral, pelo que não é para estranhar que quem se debruce sobre uma venha inevitavelmente a cair na outra. Assim, é a partir desta plataforma que vou desenvolver as minhas reflexões.

Não se ignora que a nossa primeira lei registral, a Lei Hipotecária de 1863, recebeu a influência da Lei Hipotecária Espanhola de 1861, mas, ao contrário desta, considerou o registo como condição absoluta de eficácia do acto. Quer dizer, sem inscrição, os factos submetidos a registo não poderiam ser invocados, nem mesmo entre as próprias partes (art. 153.°)[1]. Foi o Código Civil de 1867 (art. 951.°) que, por influência do direito francês, modificou este regime, passando então o registo a constituir mera condição de oponibilidade a terceiros[2]. Mas os princípios da lei portuguesa, inspirada na lei espanhola, tiveram por fonte o direito germânico, e não o francês ou o italiano[3].

Respeitando uma linha de continuidade, o actual Código do Registo Predial português consagrou esses princípios, assim designados: instância (art. 41.°), prioridade (art. 6.°), especialidade (arts. 76.°, 79.°, 80.° e 81.°), legalidade (art. 68.°), trato sucessivo (arts. 34.° e 35.°), legitimação (arts. 7.°, 8.° e 9.°) e ainda fé pública registral (art. 17.°, n.° 2), este acrescentado pelo artigo 85.° do Código de 1967.

Com relevância, da lei francesa o nosso sistema apenas importou – e só "a posteriori", como se disse – o regime da eficácia declarativa da inscrição. Do mesmo direito, a lei civil importou também o princípio da consensualidade, segundo o qual é sempre bastante o contrato para a constituição ou transferência de direitos reais sobre coisas determinadas (v. artigos 715.° e 1549.° do Código de 1867 e artigo 408.°, n.° 1 do Código de 1967). A lei actual prevê, porém, a verificação de excepções (citado artigo 408.°, n.° 1), e há quem entenda que a necessidade de registo para que a inscrição produza efeitos em relação a terceiros constitui uma dessas excepções previstas na lei[4].

Mas desde já se chama a atenção para o facto de que, ao invés do que sucede no direito germânico, em que o registrador não tem competência para apreciar o negócio causal, mas apenas o acordo real celebrado entre as partes, o conservador do registo predial português deve apreciar a validade formal e substancial do próprio negócio causal, através da aplicação

---

[1] V. Dias Ferreira, "Código Civil Anotado", Vol. II, 1896, p. 218; e Carlos Ferreira de Almeida, "Publicidade e Teoria dos Registos", p. 150, que, porém, cita o art. 36.° dessa Lei, em vez do 153.°.

[2] Mais tarde, o Código de 29/9/1928, que teve curta duração, voltou ao regime da eficácia absoluta da inscrição. Mas o Código seguinte, aprovado pelo Dec.-Lei n.° 17 070, de 4/7/1929, voltou ao sistema da mera eficácia declarativa. Também o Código aprovado pelo Dec-Lei n.° 42 565, de 8/10/1959, nada alterou nesta matéria, mas abriu, pela primeira vez, excepção para o registo da hipoteca, que se tornou necessário para a eficácia entre as partes (art. 6.°, n.° 2).

[3] V. Roca Sastre, "Instituciones de Derecho Hipotecario", Tomo I, p. 30.

[4] V. Prof. Antunes Varela, *Revista de Leg e Jur.,* Ano 118.°, p. 315.

do princípio da legalidade, e só lavrará o registo definitivamente se entender que não existem dúvidas que se lhe oponham. Esta particularidade afasta decisivamente o confronto do nosso sistema de registo com os sistemas de mera transcrição do contrato, tal como o francês e o italiano. Nada há no nosso direito registral que lhe possa atribuir o carácter de instrumento de mera publicidade-notícia. Não é só o princípio da legalidade que a tal se opõe, mas também, e em igual medida, os princípios da especialidade, do trato sucessivo, da legitimação e fé pública, que lhe atribuem uma função importante no domínio da segurança jurídica.

2. Posto isto, estamos em condições de frisar que é precisamente por não se prestar a devida atenção às particularidades do nosso sistema registral que se insiste no critério aberrante de considerar que existe, para efeitos de registo, uma noção especial de "terceiro", que consiste no *titular de um direito incompatível provindo do mesmo autor comum (terceiro em sentido restrito),* e se põe de parte um conceito de "terceiro" mais amplo e aproximado do que é definido em face da lei civil *(o denominado terceiro em sentido amplo).* É claro que tal critério resulta do facto de apenas se tomar em conta o enxerto francês que foi feito na nossa lei registral, esquecendo-se que o regime existente em França tinha particularidades completamente diferentes, que lhe atribuíam sobretudo a função de defesa contra a chamada dupla alienação.

Por outro lado, confundem-se estas duas noções de terceiro com a noção de *"terceiro registral"* ([1]) (v. arts. 5.º e 17.º, n.º 2 do C.R.P.), de que fala a maior parte dos conceituados tratadistas de outros países com sistemas semelhantes ao nosso e a que adiante me referirei.

2.1. Vejamos, pois, em primeiro lugar, se tem sentido e apoio legal essa noção restrita de terceiro.

O artigo 7.º do Código do Registo Predial português estabelece que o registo constitui presunção de que o direito existe nos precisos termos em que está registado. Sempre se entendeu que esta disposição, tal como

---

([1]) V.g. JOSÉ MANUEL GARCIA Y GARCIA, in "Derecho Inmobiliario o Hipotecario", Tomo I, p. 543, que diz assim, com referência à lei espanhola:

– *Existen dos posiciones diferentes en la doctrina hipotecarista: la tesis monista del tercero, que considera al tercero del articulo 32 con los mismos requisitos que el del 34, y la tesis dualista del tercero, con diferentes formulaciones, que parte de la distinción entre ambos terceros."*

as disposições congéneres dos códigos anteriores, se refere a uma presunção "juris tantum", que pode ser elidida por prova em contrário. É isso que resulta, não só do facto de o nosso sistema registral ser de índole declarativa, e não constitutiva de direitos, mas também do disposto no artigo 8.º do Código do Registo Predial, que complementa o princípio da legitimação, determinando que os factos comprovados pelo registo não podem ser impugnados em juízo sem que simultaneamente seja pedido o seu cancelamento.

Ora, a presunção "juris tantum" de que beneficia o titular inscrito deve ter sujeitos a quem se dirija, e podemos esquematizar e agrupar o conjunto desses sujeitos do seguinte modo:

a) *Os que acatam a presunção e se baseiam nela para realizarem os seus negócios;*

b) *Os que não a acatam, por serem titulares de direitos incompatíveis com o direito registado e que, por isso, pretendem elidir essa mesma presunção.*

Destinando-se o registo predial a dar publicidade à situação jurídica dos prédios, tendo em vista a segurança do comércio jurídico imobiliário (artigo 1.º do C.R.P.), e devendo os factos submetidos a registo ser inscritos para produzirem efeitos relativamente a <u>terceiros</u> (artigo 5.º do mesmo Código), parece-me resultar bem claro que existe uma ligação íntima entre o princípio da legitimação (art. 7.º do mesmo diploma) e o conceito de terceiro ([2]).

([2]) JOSÉ MANUEL GARCIA Y GARCIA, comentando o sistema espanhol e estabelecendo o confronto entre o princípio da legitimação e o da inoponibilidade (*ob. cit.*, pp. 540 e 541) diz textualmente:

"El principio de legitimación registral es aquel en virtude del cual, los asientos del Registro se presumen exactos y veraces, y como consecuencia de ello, al titular registral reflejado en los mismos se le considera legitimado para actuar en el trafico juridico y en el proceso como tal titular".

Mais adiante, referindo-se ao princípio da oponibilidade:

Es aquel principio hipotecario según el cual el titulo no inscrito no puede ser opuesto ni perjudicar al titulo inscrito. Su formulación fundamental está en el articulo 32 de la Ley Hipotecaria, coincidente con el articulo 606 del Código Civil, que establece: *"Los títulos de dominio o de otros derechos reales sobre bienes inmuebles, que no estén debidamente inscritos o anotados en el Registro de la Propiedad, no perjudican a tercero".*

Diferente é a formulação, para o mesmo efeito, do artigo 5.º do Código do Registo Predial português, que estabelece o seguinte:

– *"Os factos sujeitos a registo só produzem efeitos contra terceiros depois da data do respectivo registo".*

Mas, afinal, quem são esses terceiros? Serão apenas os titulares de direitos incompatíveis provindos do mesmo transmitente? E fazendo ainda uma restrição, dentro destes, como entende alguma da nossa jurisprudência, poder-se-á dizer que são apenas aqueles que tenham adquirido o seu direito negocialmente e a título oneroso? ([3])

Se assim fosse, caíriamos na insólita situação de os factos submetidos a registo, que precisam de ser inscritos para produzirem efeitos relativamente a "terceiros em sentido restrito", não necessitarem de inscrição para os produzirem em relação às pessoas que não pudessem ser englobadas nesse conceito. Estas pessoas ficariam "a latere" do sistema de registo. Mesmo demonstrando o seu interesse directo em contradizer a inscrição efectuada na conservatória, por serem os titulares de direitos "conflituantes" não provindos do mesmo autor, nunca poderiam elidir a presunção registral. Isto determinaria a redução do Registo Predial a limites tão estreitos, dentro do ordenamento jurídico, que ele deixaria de exercer a função que lhe cabe no domínio da segurança jurídica imobiliária.

Vejamos se tem sentido esta noção de terceiro em sentido restrito. O contacto com o registo predial tem uma dupla finalidade:

1) Procurar segurança, a partir dos dados registrais, para os actos jurídicos de aquisição ou de oneração em que se seja sujeito activo;

2) Tentar evitar uma publicidade registral errada, elidindo a presunção emanada do registo, caso se seja titular de um direito incompatível.

Assim, logo à partida, podemos excluir da órbita do conceito de terceiro a que se refere o artigo 5.º do Código do Registo Predial, além das clássicas figuras indicadas na legislação, doutrina e jurisprudência – partes, seus herdeiros ou representantes – todos aqueles que, sendo embora terceiros virtuais, não tenham contudo um interesse directo e concreto, legalmente protegido, em recorrer à instituição registral.

([3]) V. Ac. do S.T.J., de 18/5/1994, in *Col. Jur.,* Ano II, Tomo II-1994, p. 111.

Mesmo relativamente à delimitação do conceito restritivo de terceiro há uma larga divergência nos nossos tribunais superiores, que têm opiniões diferentes sobre a prevalência da posição do credor exequente, em face de um adquirente anterior, mas com registo de aquisição posterior ao registo de penhora. As sentenças dividem-se, num e noutro sentido, mas começa a ter mais peso o lado afirmativo. Assim a favor, cfr: Ac. da Relação de Coimbra, de 8/4/1986 (*Col. Jur.,* Ano XI, Tomo 2-1986, p. 65); Ac. da Relação de Évora, de 3/10/1992 (*Col. Jur.,* Ano XVII, Tomo 4-1992, p. 309; Ac. do S.T.J., de 17/2/1994 (Col. Jur., Ano II, Tomo I-1994, p. 105); Ac. da Relação do Porto, de 11/4/1994 (*Col. Jur.,* Ano XIX, Tomo 2-1994, p. 207); Ac. da Relação de Coimbra, de 7/2/1995 (*Col. Jur.,* Ano XX, Tomo I-1995, p. 44, etc, etc, etc.

Os sujeitos que se integram na alínea a), atrás mencionada, começam por ser meros observadores do registo ou, quando muito, terceiros virtuais, como os denominei. Verificando-se, do seu ponto de vista, um condicionalismo propício, poderão vir a realizar o negócio jurídico que têm em mente, na qualidade de "partes" interessadas. Mas, se não for efectuada a inscrição registral do mesmo acto, não assumirão rigorosamente o estatuto de "terceiros", em face de outros titulares de direitos incompatíveis com os seus. Como se compreende, esses indivíduos só interessam à nossa discussão precisamente porque podem vir a assumir a qualidade de terceiros, no interior ou mesmo no exterior do sistema registral. Na verdade, os titulares de direitos "conflituantes" que constam do registo são terceiros em face daqueles que, de fora, se defrontam com o conflito provocado pela incompatibilidade. Dir-se-á que uns e outros são terceiros entre si, mas só os que inscreveram os seus actos no registo podem ser considerados como terceiros em sentido rigoroso.

Quanto aos sujeitos que se integram na alínea b), são eles que melhor nos permitem caracterizar o conceito de "terceiro". Mas se, para efeitos de registo, considerarmos apenas como terceiros aqueles que do mesmo autor tenham adquirido um direito incompatível, deixará em larga medida de funcionar o regime da presunção "juris tantum", decorrente da natureza do nosso direito registral. É que, quando há uma dupla alienação, ou situação equivalente, vale sempre, segundo a doutrina geralmente seguida, o registo primeiramente efectuado, mesmo que se refira à segunda transmissão, feita "a non domino".

No domínio do Código Civil de 1867, esta interpretação era baseada no artigo 1580.°, que dispunha o seguinte:"se a coisa vendida for imobiliária. prevalecerá a venda primeiramente registada e, se nenhuma se achar registada, observar-se-á o que fica disposto no artigo 1578.°" ([4]). O mesmo Código mandava aplicar as regras da compra e venda a alguns outros contratos de índole semelhante (v.g. art. 1594.°).

Actualmente, baseia-se esta interpretação no artigo 6.° do Código do Registo Predial, que estabelece o princípio da prioridade, e no próprio

---

([4]) Já DIAS FERREIRA, comentando a disposição do artigo 716.° do Código de 1867, dizia o seguinte:

– *"Se, porém, o objecto da venda é imobiliário, prevalece a venda registada ou primeiramente registada, à venda não registada ou ulteriormente registada, salvo se a venda não registada é anterior à execução do moderno registo predial, que pode preferir a venda não registada à venda aliás registada, porque não era então obrigatório o registo de domínio"* (C. Civil Anotado, 2.ª edição, II Vol., 1896, p. 51).

artigo 408.º, n.º 1, do Código Civil que, referindo excepções ao princípio da consensualidade, implicitamente admite que as aquisições de imóveis só se considerem eficazes, relativamente a terceiros, depois da respectiva inscrição. Apesar do carácter instrumental do sistema de registo no seu conjunto, e de o actual Código Civil não haver reproduzido as disposições do Código Civil anterior que assim o determinavam (v. art 1580.º do C. C. de 1867), é deste modo que pensa o conjunto da nossa doutrina e jurisprudência. Não vale a pena citar comentários e acórdãos, porque esta matéria é bem conhecida de todos os que se debruçam sobre tais problemas[5].

Mas, valendo sempre, no caso de dupla alienação, o registo primeiramente efectuado, o mesmo não constituirá uma presunção "juris tantum", mas sim uma autêntica presunção "juris et de jure", a favor dos denominados "terceiros em sentido restrito". A estes não poderá ser deduzida oposição, a não ser que o título em que o acto se baseia contenha outros vícios, que não o facto de titular uma aquisição "a non domino".

Por outro lado, quanto aos "terceiros em sentido lato", não estando eles situados na órbita do funcionamento do sistema registral, também não poderiam sofrer oposição por parte dos titulares de direitos conflituantes. E sendo assim, praticamente, a inscrição passaria a assumir a natureza constitutiva, já que, nuns casos, acabaria por validar vícios do título que lhe serve de base[6], e noutros, não poderia ser atacada por sujeitos a quem não diz respeito.

2.2. É para mim bem claro que o princípio da legitimação, ao dirigir-se a *terceiros, engloba nesta categoria todos os titulares de direitos incompatíveis*. O legislador não teve apenas em mira os denominados "terceiros em sentido restrito", ou seja, os que tenham adquirido tais direitos do mesmo autor. Os verdadeiros adquirentes "a domino" podem ter que se conformar com o prejuízo provocado pela sua inércia ou lentidão no recurso ao registo predial.

Perfilhando-se o conceito restrito de "terceiro", esvaziar-se-á de conteúdo o regime do registo como mera presunção "juris tantum", susceptível de ser elidida por prova em contrário. O registo passará

---

[5] Ainda assim é útil cfr. OLIVEIRA ASCENSÃO, "Direitos Reais" – 1971, pp. 99 e 395, 396 e segs, onde nos dá conta da controvérsia gerada sobre a matéria. V. ainda MENEZES CORDEIRO, "Direitos Reais" – sumários, 1984-1985, p. 55.

[6] Há opiniões diferentes que atingem o mesmo por outras vias – v. OLIVEIRA ASCENSÃO, *ob. cit.,* p. 399

122   Isabel Pereira Mendes

a assumir, na nossa legislação, um efeito constitutivo de amplitude não prevista pelo legislador.

Compreendo que esta matéria seja difícil e confusa, sobretudo para quem nunca tenha contactado com a prática registral. Já têm aparecido sentenças judiciais em que se conclui que a presunção "juris tantum" emanada do registo _só poderá ser invocada contra os titulares de direito incompatível advindo do mesmo transmitente_[7]. E, na sequência desta afirmação, conclui-se que o direito incompatível com o direito registado pode ser invocado e feito valer em juízo, sem a impugnação e o consequente cancelamento do registo, apenas porque não provém do mesmo transmitente. Ora, como já tivemos ocasião de referir em trabalhos anteriores[8], isto é navegar ao arrepio de normas que regem o princípio da legitimação (arts 7.° e 8.°) e também o princípio do trato sucessivo (art. 34.°), pois os titulares de direitos judicialmente reconhecidos à revelia da inscrição registral hão-de querer, por sua vez, recorrer aos serviços de registo, e deparam com os obstáculos opostos pelo exercício da função qualificadora do conservador do registo predial (princípio da legalidade – art. 68.°). Na verdade, enquanto não for cancelado o registo a favor do dono inscrito, não se poderá inscrever nenhum acto de transmissão em que ele não figure como sujeito passivo.

Para melhor elucidação, vou dar um exemplo:

Tendo B supostamente herdado de A o prédio X, promoveu o respectivo registo na conservatória do registo predial. No entanto, o prédio X pertencia a D, que o comprara a C, seu verdadeiro dono.

D propôs uma acção em juízo, tendente a reconhecer o seu direito e o juiz do processo, desenvolvendo um raciocínio lógico, em face das teorias que defendem o conceito restrito de terceiro, pensou assim:

– _A presunção registral só se opõe àqueles que tenham adquirido do mesmo transmitente, ou "autor comum", como usualmente se lhe chama, pois são esses os contemplados pela instituição do registo predial, através do disposto no artigo 5.° do respectivo Código. Logo, não deveria sequer ser preciso efectuar o registo da acção, mas tendo ele sido requerido, para dar cumprimento ao formalmente disposto no artigo 3.° do C.R.P., e tendo sido efectuado provisoriamente por dúvidas, por não ter sido pedido o_

---

[7] V. Ac. da Relação de Coimbra, de 26-6-90, in Col. Jur. Ano XV, Tomo 3, pp. 62 e segs, citado no meu Código do Registo Predial anotado, em comentário ao artigo 5.° – 8.ª edição, p. 76.

[8] Citado Código do Registo Predial anotado, art. 5.°, p. 76.

cancelamento do registo a favor de B, nos termos do artigo 8.° daquele Código, não tem cabimento remover as dúvidas. Mesmo que o registo caduque, a acção prosseguirá sem ele, pois a presunção resultante da inscrição a favor de B não se opõe a D.

A sentença proferida foi favorável ao pedido de D mas, quando este pretendeu inscrever o seu direito na conservatória, não conseguiu o registo definitivo, porque o prédio X estava inscrito a favor de B e não havia título para efectuar o cancelamento da respectiva inscrição.

Trata-se de uma situação verdadeiramente caricata, que pressupõe a existência de uma dupla esfera.

a) A esfera registral constituída por todos os actos registados com referência aos prédios descritos;

b) A esfera não registral, onde viveriam "a latere do registo" os actos realizados por "terceiros em sentido amplo".

E, assim, o registo predial, que tem por função promover a defesa da segurança jurídica no comércio jurídico imobiliário, indicando de forma tão fiel quanto possível a situação jurídica dos prédios, passaria a ser, como pensa o Sr. Prof. Dr. ORLANDO DE CARVALHO, um repositório de dados incompletos ou falsos, um índice extremamente precário, um sistema publicitário de duvidosa fiabilidade.

Mas, voltando ao exemplo dado, se o juiz do processo, apesar de perfilhar o conceito restrito de terceiro, entendesse que era preciso o registo da acção, com simultâneo pedido de cancelamento da inscrição a favor de B, nos termos dos artigos 3.° e 8.° do Código do Registo Predial, a sua atitude revelaria uma tremenda falta de lógica. Isto porque iria permitir que se imiscuíssem no registo indivíduos que, não sendo terceiros entre si, deveriam viver à margem do sistema registral.

Por tudo o exposto, é para mim insofismável a falta de razão que assiste às correntes doutrinais ou jurisprudenciais que não têm em conta a ascendência germânica do direito registral português e o confundem com um mero sistema de transcrição do contrato, em que apenas se dá valor à *prioridade* da inscrição dum acto em face de outro advindo do mesmo transmitente e em que até os próprios princípios do trato sucessivo e da legalidade não constam do elenco dos princípios registrais. Ou, se constam, resultam também de imperfeitos enxertos feitos posteriormente. Tais sistemas não possuem o nível científico daqueles que são formados por um conjunto lógico e harmónico de princípios, procurando cada vez mais seriedade e exactidão, através do rigor na identificação dos prédios, do relato do seu historial jurídico e do crivo da qualificação feita pelo conservador dos registos, que aprecia inclusivamente a validade material e formal dos títulos submetidos a registo.

3. Comecei por dizer que a polémica sobre o conceito de terceiro está relacionada com outra polémica sobre a eficácia declarativa ou constitutiva da inscrição. Creio ter demonstrado com o anteriormente exposto que esta interligação é inevitável.

O princípio da legitimação, segundo o qual o registo, muito embora consista numa mera presunção"juris tantum", constitui prova de que o direito existe nos precisos termos em que está registado, perde grande parte do seu interesse em sistemas em que a inscrição é condição absoluta de eficácia do acto realizado. Nesses sistemas, dominados pelo princípio da fé pública registral, adiante analisado, também não tem viabilidade a dupla noção de "terceiros" a que atrás nos referimos: o "terceiro em sentido próprio, que alguns teimam em reduzir a uma noção restrita, e o "terceiro registral".

Por outro lado, os sistemas de registo declarativo nem sempre são inteiramente homogéneos na sua natureza. Por exemplo, o direito português exige o registo de hipoteca para que esta produza efeitos, mesmo entre as partes intervenientes (arts 4.°, n.° 2 do C.R.Predial e 687.° do C. Civil). Também no caso da dupla alienação, de harmonia com o critério doutrinal e jurisprudencial português, o registo da segunda transmissão, efectuado em primeiro lugar, não é susceptível de ser atacado pelo primeiro adquirente "a domino", pelo que assume, em relação a este, natureza constitutiva na mais absoluta acepção do termo, acabando por validar o vício do título que lhe serve de base.

Não interessa agora uma enumeração exaustiva das excepções ao princípio da eficácia declarativa da inscrição, mas mesmo assim podemos citar também a que resulta da aplicação do disposto no artigo 291.° do Código Civil. Por força dessa disposição, casos há em que o registo a favor de um subadquirente se torna inatacável, constituindo uma verdadeira presunção "juris et de jure".

O que agora interessa realçar é a impossibilidade de criar compartimentos estanques, entre registo declarativo e constitutivo, e também entre presunção "juris tantum" e presunção "juris et de jure", ainda que eufemisticamente possamos dar a esta uma outra designação que não choque tanto os tradicionais detractores do valor da instituição registral.

O polémico conceito de terceiro no registo predial

3.1. Em legislações registrais como a portuguesa há que considerar uma dupla noção de "terceiro": uma delas (muito próxima da noção civilista, que exclui *partes, seus herdeiros ou representantes*) supõe a existência de alguém que tenha *um interesse directo em contrariar os dados registrais, a fim de fazer ingressar no sistema os direitos incompatíveis que possui* (v. art. 5.º do C. R. Predial português); e a outra, inteiramente específica do registo predial, *refere-se ao subadquirente que, obedecendo a certos requisitos*[1]*, não pode ser prejudicado pela nulidade do registo anterior a favor do transmitente (v. art. 17. º, n. º 2, do mesmo Código), e é designado por "terceiro registral".*

São os seguintes os requisitos do terceiro registral:
1. Ter feito a aquisição de boa fé
2. Tê-la feito a título oneroso
3. Ter-se baseado na prévia inscrição a favor do transmitente
4. Ter inscrito no registo o seu próprio título de aquisição

Nalgumas legislações, a doutrina divide-se em duas correntes: uma que extrae dos princípios registrais esse duplo conceito de "terceiro"; outra que adopta uma noção monista de "terceiro". Mas, neste caso, a exigência é maior, pois o "terceiro" assumirá sempre as características exigidas para o terceiro registral[2].

Não me parece existir na nossa lei nada que favoreça essa corrente monista sobre o conceito de terceiro. Na órbita do princípio da legitimação (art. 7.º do C.R.P.), nada há que exija a subordinação a estes requisitos. No entanto, alguns deles já são exigidos quando entra em acção o disposto no artigo 291.º do Código Civil[3]. Nesse caso, elidir a presunção do di-

---

[1] V. JOSÉ MANUEL GARCIA Y GARCIA, *ob. cit.*, pp. 542 e 543.

Segundo este autor, na esteira da doutrina tradicionalmente seguida em Espanha, esses requisitos são os seguintes:
– Ser terceiro de boa fé
– Ter adquirido a título oneroso
– Apoiar-se na prévia inscrição do transmitente
– Inscrever o seu próprio título de aquisição.

[2] V. a nota anterior e a nota 5, e ainda COSSIO Y CORRAL, "Lecciones de Derecho Hipotecario", pp 126 e segs.

[3] É o seguinte o teor desse artigo:

1. A declaração de nulidade ou a anulação do negócio jurídico que respeite a bens imóveis, ou a móveis sujeitos a registo, não prejudica os direitos adquiridos sobre os mesmos bens, a título oneroso, por terceiro de boa fé, se o registo da aquisição for anterior ao registo da acção de nulidade ou anulação ou ao registo do acordo entre as partes acerca da invalidade do negócio.

reito do titular inscrito está condicionado à verificação de alguns dos requisitos do conceito de "terceiro registral" e de outros que nada têm a ver com ele. Por isso, alguns autores costumam classificar o artigo 291.° como regra de fé pública. Vamos enumerar, pois, os pressupostos de aplicação do artigo 291.°:

– Que o titular inscrito tenha adquirido de boa fé *(requisito inerente àquele conceito)*

– Que tenha feito a aquisição a título oneroso *(idem)*

– Que o registo da aquisição tenha sido feito antes do registo da acção de nulidade ou de anulação *(requisito implícito)*

– Que já tenham passado três anos sobre a data da conclusão do negócio e a acção de nulidade ou de anulação não tenha sido proposta e registada dentro desse prazo, porque, caso contrário, os direitos de terceiro não serão reconhecidos *(requisito não inerente).*

Mas o subadquirente a que se refere o artigo 291.° não é um verdadeiro terceiro registral, porque pode faltar-lhe um importante requisito: *ter feito a aquisição apoiada no registo anterior a favor do transmitente* (⁴). Quando este requisito se verifica e se encontra aliado aos outros três atrás mencionados como necessários à aplicação do conceito de "terceiro registral", então, *legalmente,* não será por força do artigo 291.° do Código Civil que o subadquirente beneficiará do efeito substantivo do registo, não podendo ser prejudicado pela anulação ou declaração de nulidade do registo anterior a favor do transmitente, mas sim pela aplicação do princípio da fé pública registral, perfeita ou imperfeitamente delineado no artigo 17.°, n.° 2, do Código do Registo Predial.

3.2. É conveniente acentuar que o artigo 17.°, n.° 2, do Código do Registo Predial, que alguns teimam em considerar instrumental em relação ao artigo 291.° do Código Civil, além de pressupostos diferentes de aplicação, tem um campo de acção mais amplo.

Enquanto o artigo 291.° abrange só a nulidade ou anulação de *negócio* a favor do transmitente, que, a verificar-se certo condicionalismo

---

2. Os direitos de terceiro não são, todavia, reconhecidos, se a acção for proposta e registada dentro dos três anos posteriores à conclusão do negócio.

3. É considerado de boa fé o terceiro adquirente que no momento da aquisição desconhecia, sem culpa, o vício do negócio nulo ou anulável.

(⁴) V., o meu trabalho intitulado "O Registo Predial e a Segurança Jurídica nos Negócios Imobiliários" – "A Publicidade Registral Imobiliária como Factor de Segurança Jurídica", n.° 4.2. c).

já referido, não pode prejudicar o registo feito pelo subadquirente, o artigo 17.°, n.° 2, abarca a nulidade (ou anulação) do *registo* a favor do transmitente, que, a verificar-se certo condicionalismo também atrás referido, igualmente não pode prejudicar o subadquirente. Mas esta nulidade nem sempre tem que ver com o título que lhe serve de base (v. art. 16.° do C.R.P.) [5]. E no caso de o vício provir do título, não se estabelecem limitações para a forma que o mesmo título deve revestir.

Ora, o negócio jurídico não é a única forma legalmente utilizada para titular um registo de aquisição. Não estabelecendo a lei limitações quanto à forma que há-de revestir o título viciado que serve de base ao registo nulo, efectuado a favor do transmitente, é muito grave o facto de serem admitidos a registo certos documentos que classifico como "meios perversos". São eles as escrituras de justificação notarial, os processos de justificação judicial e as escrituras de habilitação de herdeiros (v. arts 116.° e segs. e 49.° do C.R.P., e Dec-lei n.° 284/84, de 22 de Agosto).

Não se deve ignorar que o artigo 9.° do Código do Registo Predial, que considero também como complemento do princípio da legitimação e foi introduzido pela reforma realizada em 1984, veio aumentar bastante os casos em que poderá aplicar-se o princípio da fé pública registral, ao estabelecer a necessidade de, salvo raras excepções, se registar previamente o direito a favor do transmitente ou onerante, para que se possam titular actos de aquisição ou oneração. Em boa verdade, passaram a ser poucos os casos de aqusição a título oneroso que caem hoje na alçada do artigo 291.° do Código Civil, pois, quando o adquirente por sua vez regista, fica abrangido pelo princípio consignado no artigo 17.°, n.° 2 do C.R. Predial.

Mas o facto é que as duas primeiras modalidades de "meios perversos" – justificação notarial e justificação judicial –, inicialmente denominados "meios de suprimento de títulos", com o decorrer dos anos e a não erradicação do hábito de fuga ao registo na sociedade portuguesa,

---

[5] V. *ob. cit.*, "O Registo Predial e a Segurança Jurídica nos Negócios Imobiliários" – "A Publicidade Registral Imobiliária como Factor de Segurança Jurídica", n.° 4.2. c).

Em primeira linha, dir-se-á que o art, 17.°, n.° 2, se refere apenas aos casos de nulidade de registo previstos no art. 16.°. Mas esta disposição só prevê, para efeitos de nulidade, os registos feitos com base em títulos falsos ou insuficientes para a prova legal do facto registado. Não se refere aos vícios da inexistência ou nulidade do título, mas a verdade é que, tanto num caso como no outro, os títulos inexistentes ou nulos não podem deixar de conduzir à nulidade do registo a que servem de base.

passaram a constituir instrumentos cómodos e eficazes para solucionar todos os problemas, não só os de falta de título adequado, como também os de erro ou incompletude do mesmo, e quantas vezes até os derivados do carácter litigioso do direito, que se pretende consolidar através da não impugnação por parte dos interessados.

Quanto à escritura de habilitação de herdeiros, que a lei considera como título suficiente para o registo, desde que complementada com uma declaração identificativa dos bens, que pode ser assinada apenas pelo meeiro ou por qualquer dos herdeiros (arts. 37.° e 49.° do C.R.P.), sem necessidade da prova do direito por parte do autor da herança, é também em larga medida utilizada para resolver casos "bicudos" de suposta falta de título, por nem sempre o transmitente ter possuído em nome próprio os prédios deixados. Por vezes, esta situação dá origem a questões que só em juízo podem ser resolvidas.

Dir-se-á que o registo a favor do transmitente, baseado em algum título destas espécies, constitui um suporte muito frágil para a fé pública registral. Tanto mais que, por força do disposto no artigo 9.° do C.R.Predial, pode mediar um espaço de tempo muito curto entre o registo a favor do transmitente e o registo a favor do adquirente. Só um tolo não se aperceberia destas dificuldades. E também das dificuldades resultantes de o cadastro da propriedade rústica abranger apenas uma parte do território nacional, e não existir ainda o cadastro dos prédios urbanos.

Mas não caiamos na hipocrisia de nos servirmos desses argumentos para menosprezarmos o princípio da fé pública registral e nos remetermos a uma confortável imobilidade. Em vez disso, diligenciemos no sentido de forçar quem de direito a pôr em andamento a realização do cadastro de todos os prédios rústicos e urbanos, hoje regulado pelo Decreto-Lei n.° 172/95, de 18 de Julho (Regulamento do Cadastro Predial), e pela Portaria n.° 1192/95, de 2 de Outubro (Número de Identificação do Prédio-NIP), para que o princípio da especialidade desempenhe cabalmente a sua função de correcta identificação do objecto em volta do qual gravitam os direitos.

Lutemos também para que a inscrição registral passe a ser condição de eficácia de todos os actos titulados por negócio jurídico e não apenas da hipoteca (sem menosprezar as excepções atrás mencionadas ao regime da eficácia meramente declarativa). Com tal medida, combater-se-á o péssimo hábito de não registar os factos submetidos por lei a registo, eliminar-se-á, a médio prazo, a necessidade de recorrer aos chamados "meios de suprimento de títulos" e tornar-se-á mais seguro o recurso às escrituras de habilitação de herdeiros, para fins de registo nas conservatórias do registo predial.

Lutemos, pois, sem medo de sermos apontados como autores falhados de "epopeias" risíveis, fanáticos cultores de religiões sem futuro, e nunca duvidemos do papel que compete ao princípio da fé pública registral, no domínio da certeza e segurança das transacções imobiliárias. E se esse princípio necessitar de alguns acertos para cumprir a sua possível evolução no tempo, por que não despender algumas energias com isso, em vez de as perder em críticas destrutivas.

AINDA O POLÉMICO CONCEITO
DE TERCEIRO NO REGISTO PREDIAL

No trabalho que apresentámos no XI Congresso Internacional de Direito Registral, intitulado "A PRIMEIRA INSCRIÇÃO NO REGISTO PREDIAL PORTUGUÊS" ([1]), formulámos um voto no sentido do "estabelecimento do sistema de registo constitutivo, para os actos titulados por negócio jurídico, nos moldes que já existem para a hipoteca, *com redefinição do conceito de "terceiro" por forma a dignificar a instituição e a acabar com as divergências nos tribunais e o consequente estado de incerteza jurídica que tem provo*cado"(conclusão 2.ª desse mesmo trabalho).

Em nota de rodapé, referimos a vasta gama de acórdãos dos tribunais da Relação e do Supremo Tribunal de Justiça que têm sido proferidos sobre esta matéria, citando dois acórdãos contraditórios deste último Tribunal. Escrevemos isto:

– "Um deles, o acórdão de 18-5-1994 (*Col. Jur.,* Ano II, Tomo II-1994, p. 111), perfilha o tradicional conceito restritivo de terceiro, estabelecendo que, *para efeitos de registo predial, são terceiros todos aqueles, e apenas esses, que adquirirem, negocialmente e a título oneroso, do mesmo transmitente direitos incompatíveis sobre o mesmo prédio.*

O outro, o acórdão de 17-2-1994 (*Col. Jur.,* Ano II, Tomo I-1994, p. 105), abandona esse conceito, em favor de outro mais próximo daquele que tem vindo a ser delineado pela doutrina moderna (ex: *Carlos Ferreira de Almeida,* "Publicidade e Teoria dos Registos", pp. 260 e segs., e *Oliveira Ascensão,* "Direitos Reais", pp. 409 e segs). Diz textualmente esse acórdão: *Terceiro é aquele que tenha a seu favor um direito e, por isso, não possa ser afectado pela produção dos efeitos dum acto que esteja fora do registo e com ele seja incompatível.*

([1]) V. "A PRIMEIRA INSCRIÇÃO NO REGISTO PREDIAL PORTUGUÊS", pp. 101 e segs., nomeadamente 112, 113 e 114.

Mas, mesmo relativamente à delimitação do conceito restritivo de terceiro, há uma larga divergência nos nossos tribunais superiores, que têm opiniões diferentes sobre a prevalência da posição do credor exequente, em face de um adquirente anterior, mas com registo de aquisição posterior ao registo de penhora. As sentenças dividem-se, num e noutro sentido, mas começa a ter mais peso o lado afirmativo".

Por mera casualidade (ou não), acontece que, de harmonia com o voto que formulámos, o recente acórdão do Supremo Tribunal de Justiça, de 20-5-1997, publicado no D.R., 1.ª série-A, de 4-7-1997, veio uniformizar a jurisprudência sobre o conceito de "terceiro", adoptando precisamente a posição por nós preconizada, a qual, como referimos, se situa na esteira da doutrina mais moderna.

E a seguinte a conclusão desse acórdão: *Terceiros, para efeitos de registo predial, são todos os que, tendo obtido registo de um direito sobre determinado prédio, veriam esse direito arredado por qualquer facto jurídico anterior não registado ou registado posteriormente.*

Está de parabéns o REGISTO PREDIAL, porque foi substancialmente fortalecida a sua importância e dignidade no mundo do Direito. Fez-se a justiça que se impunha. Dedicou-se atenção a este assunto e evidenciou-se o valor de segurança jurídica que constitui o grande trunfo dessa instituição. Acontece, porém, que a matéria não ficou suficientemente esclarecida e esgotada através do douto acórdão, e as razões são as seguintes:

1.° – Ainda não foi desfeita desta vez a confusão entre os dois conceitos de "terceiro" existentes no REGISTO (²): o "terceiro" propriamente dito (art. 5.° do C.R.P.), que pode ser definido em sentido restritivo, ou mais ou menos amplo, tal como tem sido feito por sucessivos acórdãos contraditórios, proferidos pelos tribunais superiores; e o "terceiro registral", consagrado no artigo 17.°, n.° 2, do C.R.P.

2.° – Não se justificou capazmente, através dos respectivos fundamentos, a avançada conclusão a que chegaram os senhores juízes conselheiros, subscritores do Acórdão, e isto deu origem a insólitos argumentos contidos nalgumas declarações de voto dos vencidos.

Com efeito, o *conceito restrito de "terceiros"* pode apresentar duas formulações que se distinguem por um único elemento divergente: a natureza voluntária ou involuntária do acto causador de uma das trans-

---

(²) V. ISABEL PEREIRA MENDES, "O *Registo Predial e a Segurança Jurídica nos Negócios Imobiliários*", pp. 47 e segs.e 87 e segs.; *"Código do Registo Predial Anotado"*, anotação ao artigo 5.°; *e* pp. 35 e segs., 66 e segs., 91e segs. e 119 e segs. deste livro.

missões, precisamente a que provoca o deflagrar do conflito registral. Ou seja, entre os que defendem um conceito restrito de "terceiro", cujo elemento fundamental consiste na existência de duas aquisições a partir do mesmo transmitente, ou autor comum, há alguns que excluem do seu âmbito aquele que não adquira o direito através dum acto de natureza voluntária.

Esses intérpretes *fundamentalistas* (passe a expressão) não aceitam, por exemplo, a prevalência da posição do credor exequente, em face de um adquirente anterior, mas com registo de aquisição posterior ao registo da penhora.

Existem outros, porém, entre os quais se incluem os Profs. ANTUNES VARELA e HENRIQUE MESQUITA, largamente citados no Acórdão, que adoptam uma posição um pouco mais magnânima, dentro do conceito restrito de "terceiro". Esses autores definem assim a sua posição, no trabalho publicado na *Revista de Legislação e Jurisprudência*, Ano 127, p. 31, que baseou profusamente o Acórdão do S.T.J. em causa:

– *Terceiros, para efeitos de registo, relativamente a determinada aquisição não registada, são não apenas aqueles que adquiram (e registem) direitos incompatíveis do mesmo transmitente, mediante negócio que com ele celebrem, mas também aqueles que adquiram (e registem) direitos incompatíveis em relação ao mesmo transmitente, sem a cooperação da vontade deste, através de um acto permitido por lei (hipoteca legal ou judicial, arresto, penhora, apreensão de bens para a massa falida ou insolvente, compra em processo executivo, etc).*

Esta noção de "terceiro" é menos ampla do que aquela que ficou definida no Acórdão, apesar da profusa utilização que nele foi feita de argumentos extraídos da doutrina daqueles dois ilustres professores. Mas o mesmo Acórdão cita também alguns defensores do conceito mais lato de terceiro e diz, textualmente, em dado passo da sua fundamentação: *Não é, porém, exacto que só possa falar-se de terceiros quando o transmitente ou alienante seja comum.* Isto é mais que suficiente para que não nos restem dúvidas de que se pretendeu ir um pouco mais além do que os citados professores.

3.° – Como já atrás se disse, a confusão que se faz entre o conceito de "terceiro" (art. 5.° do C.R.P.) e o conceito de "terceiro registral" (art. 17.°, n.° 2) insólitamente deu origem a que numa das declarações de voto de vencido se tenham utilizado, com efeito algo perverso, para apoiar a dissidência, alguns dos argumentos que expenderamos nos nossos dois últimos trabalhos: "A PRIMEIRA INSCRIÇÃO NO REGISTO PREDIAL

PORTUGUÊS" (já apresentado em Outubro de 1996, no XI Congresso Internacional de Direito Registral) e "O POLÉMICO CONCEITO DE TERCEIRO NO REGISTO PREDIAL" (que constitui uma resposta à controversa conferência do Prof. Dr. ORLANDO DE CARVALHO, cujo texto foi publicado no *Boletim da Faculdade de Direito da Universidade de Coimbra*, vol. LXX-1994, pp. 97 e segs. ([3])). Diz uma das declarações de voto:

– *Continua inteiramente válida a justificação deste conceito "restrito" de terceiro para efeitos do disposto no artigo 5.° do Código do Registo Predial que foi dada por Manuel de Andrade: não existe cadastro geométrico dos prédios urbanos, o dos prédios rústicos não abrange todo o país e não é rigoroso, e o que se regista são actos de transmissão com base em título que pode ser bem pouso fiável, nomeadamente pelo que respeita aos casos de justificação judicial, justificação notarial (em que se permite que se supere o princípio do trato sucessivo) e habilitação de herdeiros.*

Explicando melhor: em consequência de o registo não ser constitutivo, pode dar-se o caso de o titular inscrito haver transmitido o seu direito a um primeiro adquirente, deixando aquele de ser o titular do direito.

Isto permite que um terceiro obtenha um título (mediante justificação notarial, justificação judicial, habilitação de herdeiros – com ou sem partilha –, penhora e arrematação e, quiçá, outras) sem intervenção daquele titular inscrito. Este título é substancialmente inválido porque representa aquisição a non domino. A sua criação só é possível por o sistema ser imperfeito, por permitir a transmissão independentemente de registo.

O intérprete tem de reconhecer a imperfeição do sistema. É por isto que tem de deixar de fora da previsão do artigo 5.° do Código do Registo Predial estas situações em que o título é obtido pelo terceiro sem intervenção do titular inscrito.

Salvo o devido respeito por tão douta opinião, entendemos não ser inteiramente exacto *que um terceiro possa obter um título (justificação notarial, justificação judicial, habilitação de herdeiros – com ou sem partilha –, penhora, arrematação e, quiçá, outras) sem intervenção do titular inscrito.* Normalmente, as justificações são empregues para titular actos de aquisição sobre prédios não descritos, ou inscritos, mas sem inscrição de aquisição em vigor. Quando existe dono inscrito, as mesmas não se podem obter sem a citação ou a notificação do dono inscrito (v. art. 2.°, n.° 2,

---

([3]) Estes trabalhos constam deste livro, a pp. 101 e segs. e 115 e segs. – v. nomeadamente pp. 113 e 125 e segs.

do Dec-Lei n.º 284/84, de 22 de Agosto, e art. 108.º do C. Notariado). E, relativamente aos outros actos indicados, a intervenção do dono inscrito é igualmente exigida, seja qual for o meio através do qual a mesma se processe (v. arts. 34.º, n.º 2 e 119.º do CR.P.) Mas o senhor conselheiro não deixa de ter alguma razão, num plano de ordem prática, pois muitas vezer os desajustamentos, no que respeita ao teor das descrições prediais, dão origem a que, nalgumas conservatórias, se passem certidões negativas com referência a prédios já descritos e inscritos.

No trabalho intitulado "A PRIMEIRA INSCRIÇÃO NO REGISTO PREDIAL PORTUGUÊS" já havíamos enumerado os inconvenientes para o prestígio do REGISTO que resultam da falta do cadastro dos prédios urbanos, da falta ou deficiências do cadastro dos prédios rústicos, e dos "meios perversos" que se instituíram para vigorar transitoriamente, mas depois se consolidaram e desenvolveram, a fim de suprirem a falta de títulos e facilitarem o ingresso dos actos no registo. Referimo-nos expressamente às justificações notariais e judiciais e às próprias habilitações de herdeiros, que a lei tem considerado como título principal para registo e hoje propiciam métodos correntes de legalização de fraudes [4]. E, confirmando o nosso estudo, viemos a explicitá-lo no outro, intitulado "O POLÉMICO CONCEITO DE TERCEIRO NO REGISTO PREDIAL", referindo que as nossas dúvidas e preocupações estão relacionadas, não com o conceito de "terceiro" referido no artigo 5.º do C. R. P., mas sim com o conceito de "terceiro registral", a que alude o artigo 17.º, n.º 2. Escrevemos assim, neste último trabalho [5]:

Em legislações registrais como a portuguesa há que considerar uma dupla noção de terceiro: uma delas, muito próxima da noção civilista (que exclui partes, seus herdeiros ou representantes), supõe a existência de alguém que tenha um interesse directo em contrariar os dados registrais, a fim de fazer ingressar no sistema os direitos incompatíveis que possui (v. art. 5.º do C.R.Predial português); e a outra, inteiramente específica do registo predial, refere-se ao subadquirente que, obedecendo a certos requisitos, não pode ser prejudicado pela nulidade do registo anterior a favor do transmitente (v. art. 17.º, n.º 2, do mesmo Código), e é designado por terceiro registral

---

[4] V. pp. 111 e segs.
[5] V. pp. 125 e segs.

São os seguintes os requisitos do terceiro registral:
1. Ter feito a aquisição de boa fé
2. Tê-la feito a título oneroso
3. Ter-se baseado na prévia inscrição a favor do transmitente
4. Ter inscrito no registo o seu próprio título de aquisição.
Depois de outras considerações, mais adiante dizemos isto:
– É conveniente acentuar que o artigo 17.°, n.° 2, do Código do Registo Predial, que alguns teimam em considerar instrumental em relação ao artigo 291.° do Código Civil, além de pressupostos diferentes de aplicação, tem um campo de acção mais amplo.

Enquanto o artigo 291.° abrange só a nulidade ou anulação de <u>negócio</u> a favor do transmitente, que, a verificar-se certo condicionalismo já referido, não pode prejudicar o registo feito pelo subadquirente, o artigo 17.°, n.° 2, abarca a nulidade(ou anulação) do <u>registo</u> a favor do transmitente, que, a verificar-se certo condicionalismo também atrás referido, igualmente não pode prejudicar o subadquirente. Mas esta nulidade nem sempre tem que ver com o titulo que lhe serve de base (v. art. 16.° do C.R.P.) E, no caso de o vício provir do título, não se estabelecem limitações para a forma que o mesmo título deve revestir.

Ora, o negócio jurídico não é a única forma legalmente utilizada para titular um registo de aquisição. Não estabelecendo a lei limitações quanto à forma que há-de revestir o título viciado que serve de base ao registo nulo, efectuado a favor do transmitente, é muito grave o facto de serem admitidos a registo certos documentos que classifico como "meios perversos". São eles as escrituras de justificação notarial, os processos de justificação judicial e as escrituras de habilitações de herdeiros [6].

Pese embora a dificuldade de apreender excertos desintegrados do contexto em que se inserem, esperamos que com esta transcrição tenhamos levantado um pouco mais o véu sobre o porquê das nossas dúvidas, relativamente aos fundamentos do Acórdão, e posto em evidência a falta de rigor que, salvo o devido respeito, notamos na justificação do referido voto de vencido, que, embora perfilhe em parte a nossa opinião expressa nos dois trabalhos mais recentemente publicados, lhes desvirtuou um tanto o seu verdadeiro sentido.

Como já dissemos, os nossos argumentos contra a falta ou as irregularidades do cadastro, e contra os denominados "meios perversos" para

---

[6] Para melhor elucidação, é conveniente ler todo o texto incluído nos n.os 3.1 e 3.2, desse trabalho intitulado "O Polémico Conceito de Terceiro no Registo Predial".

Ainda o polémico conceito de terceiro no registo predial 137

titular actos de registo, não se suscitam propriamente em face do conceito de "terceiro" a que se refere o artigo 5.° do C.R.P. Dentro da órbita de tal conceito, nada há que justifique a protecção ao adquirente faltoso que não inscreveu no registo o seu acto de aquisição – seja qual for o título que o baseou; tenha, ou não, havido boa fé; e haja, ou não, rigor na identificação do prédio adquirido. Quem for diligente nunca virá a ser confrontado com o risco de perder o seu direito, em face de um outro titular dum direito incompatível. Pode, é certo, o titular do direito incompatível vir a usar da faculdade que lhe confere o princípio de que o registo constitui mera presunção "juris tantum" (art. 7.°), elidindo-a, se possível, e provocando o consequente cancelamento da inscrição errada ou baseada em título viciado [7].

O problema só existe para os que não cumprem o dever de registar, e é salutar que sejam obrigados a efectuar o registo, ainda que indirectamente, através do receio da eventualidade duma decisão judicial praticamente irrecorrível, por se conformar com a jurisprudência dominante. Melhor seria, é certo, que fosse a própria lei a obrigar os interessados a proceder à inscrição dos actos nas conservatórias respectivas, através da instituição do sistema de registo constitutivo, pelo menos para aqueles que são titulados por negócio jurídico, tal como defendemos nos trabalhos já sobejamente referidos, e é também propugnado pelo subscritor do voto de vencido a que fizemos referência.

Os argumentos por nós aduzidos, que tiveram eco nos termos indicados, têm pleno cabimento em face do conceito de "terceiro registral". A partir de tal conceito, pode verificar-se uma "aquisição tabular" [8], cujos efeitos se equiparam a uma verdadeira presunção "juris et de jure", e isto leva-nos a pensar maduramente na necessidade de reforçar as garantias de acerto do registo e da sua exacta correspondência à realidade jurídica subjacente. O subadquirente a que alude o n.° 2 do artigo 17.° do C.R.Predial não poderá ser afectado pela declaração de nulidade do registo a favor do transmitente, mas, para que não se corra o risco de permitir graves injustiças, é preciso resolver também as questões expressa ou implícitamente levantadas através dos argumentos a que nos reportamos,

---

[7] V. explanação sobre esta matéria, na ob. cit. "*O Registo Predial e a Segurança Jurídica nos Negócios Imobiliários* ", pp. 52 e 53, 87 e segs. e 124 e segs., da 3.ª edição, inserta em "*Estudos Sobre Registo Predial*", e no "*Código do Registo Predial Anotado*"(9.ª edição), pp. 74 e segs.

[8] V. pp. 35 e segs., 64 e 91 e segs.

os quais constam dos nossos dois trabalhos já referenciados: "A PRI-MEIRA INSCRIÇÃO NO REGISTO PREDIAL PORTUGUÊS" e "O POLÉMICO CONCEITO DE TERCEIRO NO REGISTO PREDIAL".

Mas isto nada tem que ver com a doutrina do acórdão em causa, que constitui um primeiro passo no sentido de desbravar o terreno que o REGISTO PREDIAL ainda tem de percorrer, até se transformar num incontestável baluarte de certeza e segurança, para os negócios jurídicos sobre bens de carácter imobiliário.

REGRESSO DO REGISTO PREDIAL AO ANACRÓNICO CONCEITO RESTRITO DE TERCEIROS

1. Insolitamente, o Supremo Tribunal de Justiça, no seu acórdão unificador de jurisprudência n.° 3/99, de 18 de Maio, publicado no Diário da República, 1ª série-A, de 10 de Julho de 1999, veio alterar de forma radical a jurisprudência anteriormente fixada e uniformizada pelo acórdão de 20 de Maio de 1997, publicado no Diário da República, 1ª série-A, de 4 de Julho de 1997, não obstante a existência de um número esmagador de votos de vencido e de alguns senhores conselheiros terem faltado e de outros terem dispensado o visto.

É o seguinte o teor da parte das conclusões do referido acórdão que nos interessa:

– *Revendo-se a doutrina do mencionado aresto de 20 de Maio de 1997, formula-se, pois, o seguinte acórdão unificador de jurisprudência: "Terceiros, para efeitos do disposto no artigo 5.° do Código do Registo Predial, são os adquirentes de boa fé, de um mesmo transmitente comum, de direitos incompatíveis, sobre a mesma coisa."*

Sem entrar em discussão sobre a legalidade e a constitucionalidade deste novo acórdão, matéria controversa que deve ser debatida por quem de direito, ressalte-se, logo à partida, que não houve entretanto, desde o anterior acórdão, qualquer modificação da conjuntura social ou legislativa, nem oposição por parte dos tribunais inferiores, que pudesse legitimar uma tal reviravolta. Lamentavelmente, o acórdão partiu de um caso concreto e embrenhou-se numa interpretação casuística, acabando por generalizar e formalizar jurisprudência vinculativa, sem atentar nos valores que estão postos em causa e, sobretudo, no desprestígio que vem injustamente lançar sobre a magistratura em geral.

Dir-se-á que o Supremo Tribunal de Justiça se deixou ir na onda que tem arrastado certos cultores da monotonia estática da tradição, rebelde a tudo o que seja moderno e inovador. Assim, optou agora pela instabilidade, sem se aperceber de que com as suas indecisões liquida o Registo Predial como sistema de garantia da segurança e certeza do comércio jurídico. Na verdade, se, até agora, apesar da divergência frequente de opinião dos juízes, muitos dos quais partiam de concepções baseadas na observação do devir económico-social do mundo que nos rodeia, havia sempre uma esperança, por parte de quem recorria aos tribunais, de que estes considerassem o Registo Predial como instituição válida e relativamente eficaz, apesar de todas as suas deficiências, agora o que existe é a frustração e a perplexidade, perante a manutenção, no país, de uma estrutura tão complexa que praticamente só serve para infernizar a vida dos utentes, recolher fundos para os cofres do Estado e dar emprego muito bem remunerado a alguns dos seus funcionários.

Em face da nova jurisprudência e da filosofia que lhe está subjacente, o registo pouco ou nada garante e, apesar dos rígidos princípios que o norteiam (instância, prioridade, especialidade, legalidade, trato sucessivo, legitimação e fé pública registral) ([1]) e o guindam ao posto alcançado pelos sistemas orientados para um progressivo rigor, de que ainda se encontra distante, por culpa de quem governa e também da própria classe profissional, foi "deportado" para o "campo de concentração" dos sistemas de mera publicidade-notícia, como castigo por se ter comportado mal num ou noutro caso concreto... Não se atentou sequer no facto de que os utentes do registo socialmente têm o estatuto de consumidores e, como tal, deve assistir-lhes o direito de obter uma publicidade eficaz, e não enganosa.

De que adianta o promitente-comprador de um prédio recorrer à conservatória competente, para saber se ele pertence ou não a quem lho pretende vender? De que adianta o Banco X, ou o Banco Y, obter certidão comprovativa de que determinado prédio pertence à pessoa que lhe solicita o empréstimo e com ele deseja garantir o seu pagamento? Se, mesmo assim, o promitente-comprador ou o credor confiarem na presunção registral, podem vir a ser espoliados, respectivamente, do bem adquirido ou do dinheiro emprestado.

Segundo o artigo 81.º da Constituição Política,"incumbe prioritariamente ao Estado no âmbito económico e social *proteger o consumidor*". Por sua vez, o artigo 110.º do mesmo diploma estabelece que "os consu-

---

([1]) V. neste mesmo livro, "O Registo Predial e a Segurança Jurídica nos Negócios Imobiliários", pp. 32 e segs.

midores têm direito à formação e à informação, à protecção da saúde, *da segurança e dos seus interesses económicos e à reparação dos danos"*.

Igualmente o Código da Publicidade (Dec-Lei n.° 330/90, de 23 de Outubro, alterado pelos Decs-Leis n.ºˢ 6/95, de 17 de Janeiro, e 275/98, de 9 de Setembro) estabelece, nos seus artigos 3.°, 10.° e 11.°, normas que se destinam a defender o consumidor a que se refere contra a falta de verdade e publicidade enganosa.

A que título o consumidor de um electrodoméstico, de um aparelho de som ou de outro qualquer produto tem o direito de não ser enganado pela publicidade, quando o "consumidor" de bens de muito maior importância, tais como uma vivenda ou um apartamento, onde tenciona assentar e constituir família, nada pode fazer contra a "legalizada" falibilidade do Registo Predial, que pode publicar dados errados sem que o Estado se responsabilize ou preocupe minimamente com isso?

O recurso a normas constitucionais tem quase sempre um reverso. Se a Constituição Política garante a propriedade privada, garante igualmente o consumidor contra a publicidade enganosa. E se a propriedade privada é hoje muito limitada por critérios extraídos de valores de ordem social, também a publicidade dos produtos, sejam eles bens de consumo, ou bens móveis ou imóveis, é cada vez mais garantida por normas de veracidade, com vista a salvaguardar aqueles mesmos valores.

Quer isto dizer que o Supremo Tribunal de Justiça, ao enveredar pelo caminho de transformar o Registo Predial num sistema de mera publicidade-notícia, contra todos os princípios que o regem, dando guarida a opiniões que o confundem com meros sistemas de *transcrição*, não teve em conta as repercussões que isso tinha no domínio das regras que regem a publicidade dos bens, as quais se aplicam nos casos expressamente referidos no respectivo Código e devem ser extensíveis a todas as situações que se revestem ainda de uma maior gravidade. Preferiu retroceder algumas décadas a lutar pela tal reforma legislativa urgente a que alude no seu relatório, destinada a colmatar os inerentes e intoleráveis, mas pontuais, inconvenientes da doutrina do anterior acórdão unificador, que se classifica como *radical e provocatória*. Mas verdadeiramente mais radical e provocatória é a doutrina do actual acórdão, pelos motivos já apontados e até porque vai anular os esforços, ainda que limitados, que têm sido empreendidos nas últimas décadas, desde 1960, para elevar o Registo Predial a um posto dignificante.

Há quem apresente argumentos muito piedosos, citando os pobres dos emigrantes que, com a pressa com que visitam o nosso país, acabam por não registar os bens adquiridos, podendo com isso vir a ser espoliados dos mesmos. Mas o facto é que os emigrantes não são negligentes, como se quer fazer crer. Normalmente, o pequeno agricultor, o pequeno comerciante, o emigrante, a gente humilde, não se mostra rebelde à inscrição dos actos no Registo Predial, se for convenientemente esclarccida e advertida das consequências de não registar. Para honra da classe notarial, por norma o notário não se limita a fazer essa advertência nos casos do n.° 3 do artigo 9.°, como lhe ordena a alínea d) do n.°1 do artido 44.° do Código do Registo Predial, mas sim em todos os casos de titulação de actos de natureza voluntária.

Muitas vezes a falta de registo verifica-se em relação às propriedades que pertencem a grandes senhores, que se acobertam sob o manto de uma tradição centenária, um conservadorismo insustentável nos tempos que correm. Além destes, há também aqueles que não registam para poderem gozar de tranquilidade no incumprimento das suas dívidas. Sem bens descritos e registados a seu favor, os respectivos credores lutam com grandes dificuldades para promoverem execuções. Por vezes, acabam por não cobrarem as dívidas, por desconhecerem que os seus devedores são proprietários de bens. Esta é a outra face do problema, sobejamente conhecida e muito comentada dentro da classe dos conservadores do registo predial [2], a qual nada impressiona os senhores conselheiros, tão preocupados estão com a má fé e a desonestidade de alguns exequentes, quando existem meios legais para pôr cobro às possíveis fraudes nesta matéria.

É evidente que algumas destas dificuldades desapareceriam com a obrigatoriedade do registo, pela qual temos vindo a pugnar há já muito tempo, mas a nossa voz tem sido um *bradar no deserto*, perante o desprezo de quem tinha a obrigação de ouvir todas as sugestões. Porém, porque a experiência é fonte de conhecimento, nunca preconizaríamos uma obrigatoriedade semelhante à que existiu em determinados concelhos, no domínio do Dec-Lei n.° 40603, de 18 de Maio de 1956, e depois também durante a vigência dos Códigos do Registo Predial de 1959 e 1967 (v. arts 14.° e segs.).

Tal medida não acabaria com as dúvidas e os problemas, porque há sempre registantes faltosos, que só registam em última instância,

---

[2] V, nomeadamente, o artigo "TEM A PALAVRA O LEGISLADOR", da autoria de MIGUEL CORTE REAL, em o suplemento JUSTIÇA E CIDADANIA, do jornal "O PÚBLICO", de 29/07/99.

pagando a multa, e isso, atendendo à morosidade dos tribunais, faria protelar o registo por alguns meses ou mesmo anos. Sem esquecer o rombo que o acréscimo de trabalho provocaria no sistema judicial.

Também não preconizaríamos a simples comunicação obrigatória ao conservador do Registo Predial pelo notário que realiza a escritura, porque tal comunicação não teria nenhuma eficácia, a não ser que se alterasse o princípio da instância. Como é sabido, só os interessados podem solicitar o registo dos actos. Se se atribuísse ao notário legitimidade para requerer os registos, e estes fossem obrigatórios, alterar-se-ia profundamente o sistema. Abandonar-se-ia o princípio da autonomia privada e o Registo Predial deixaria de ser semi-privado, passando a assumir um carácter oficioso, contra as legítimas expectativas de quem conhece as válidas experiências de outros países que optaram pela sua inteira privatização.

É para nós evidente que a obrigatoriedade do registo dos actos que se efectuam por negócio jurídico deve ser atingida pela mesma via que, a partir do Código do Registo Predial de 1959 (art. 6.º, n.º 2), se adoptou para a hipoteca, a qual só a partir desse diploma passou a não produzir quaisquer efeitos, mesmo entre as próprias partes, sem o registo. Nesse ponto, a lei registral andou mais depressa do que a lei civil, pois só em 1967 o Código Civil incluiu essa norma no seu artigo 687.º. Mas, mesmo que assim se não entendesse, dever-se-ia, pelo menos, estabelecer expressamente na lei civil (e não apenas na lei registral) a ineficácia dos actos sem o registo, relativamente a todas aquelas pessoas que não sejam partes no negócio, nem seus herdeiros ou representantes, ou seja, os denominados *terceiros civis*.

É claro que se impõe uma medida legislativa, mas a mesma é tão facilmente inserível num sistema como o nosso que se torna francamente ridículo o anacrónico argumento de que, na lei alemã, o registo só é constitutivo porque aí existe o desdobramento entre o negócio causal, com efeitos obrigacionais, e outro negócio posterior, totalmente abstracto, com efeitos reais, que deve ser imediatamente registado. Há outros países em que não se verifica essa situação e onde o registo é constitutivo, com grande êxito no domínio da segurança e certeza do comércio jurídico.

Os tempos mudaram. Como se sabe, verifica-se actualmente a tendência para conferir ao registo da propriedade imobiliária o valor de *posse*. É fácil conhecer o dono de um prédio através do registo (apenas teoricamente, depois do acórdão n.º 3/99), mas um tal conhecimento torna-se muito difícil, e às vezes mesmo impossível, através do recurso a outros meios. *Posse pública, posse pacífica, posse contínua,* são tudo expressões com pouco significado. Ninguém sabe ao certo quando se verificam as situações que as mesmas caracterizam. Se são invocadas em Tribunal, nos processos judiciais, constituem quase sempre meros pró-formas, necessários para atingir o efeito que se pretende. O sistema ainda vigente, em que se faz prevalecer a posse iniciada antes do registo, muito embora o prazo necessário para a usucapião termine muito tempo depois (art. 1268.º do C.Civil), é inaceitável nos dias de hoje, porque o Registo Predial, sendo vocacionado para dar a conhecer a todos os que o pretendam as vicissitudes por que vai passando a história dos prédios, é a única instituição que deve definir a sua situação jurídica. (Cfr. Profs. ANTUNES VARELA e HENRIQUE MESQUITA, in Rev. Leg. e Jur., anos 126.º, p. 374, e 127.º, p. 19).

Ninguém quer reconhecer a hipocrisia das fórmulas e pretende-se fazer prevalecer julgamentos baseados em factos que ninguém pode garantir absolutamente, em detrimento da segurança obtida através do registo, facilmente apreensível por qualquer cidadão que recorra às conservatórias do Registo Predial.

2. Feito este inevitável preâmbulo, embora mais extenso do que seria desejável, cumpre analisar, num plano simultaneamente teórico e prático, as várias questões levantadas pelo acórdão n.º 3/99, sempre à luz dos preceitos que regem o Registo Predial e o Direito Patrimonial Privado.

Segundo lemos em artigo da autoria de um ilustre colega, recentemente publicado no suplemento "JUSTIÇA E CIDADANIA", do jornal "O PRIMEIRO DE JANEIRO", de 29 de Julho de 1999, o Governo tem anunciada uma alteração ao Código do Registo Predial e consta, do respectivo projecto, o aditamento de um n.º 4 ao artigo 5.º, no sentido de consagrar expressamente o conceito restrito de terceiros [3]. Mas o conceito pode ter duas formulações distintas, como mencionámos em artigo constante deste livro, subordinado ao título "AINDA O POLÉMICO CONCEITO DE TERCEIRO NO REGISTO PREDIAL" [4]. O acórdão comentado adoptou uma formulação *restritíssima,* contra a opinião de ilustres juristas, tais como os Profs. VAZ SERRA, ANTUNES VARELA e HENRIQUE MESQUITA, que consideram o exequente como terceiro, em face de um adquirente anterior que não registou o seu direito. O conceito lato de terceiros é diferente. Há quem o

---

[3] Já depois de este livro estar no prelo, para a terceira edição, tomámos conhecimento, através do Projecto divulgado pela Internet, de que esse intuito não tinha ido avante. Mas, infelizmente, o projecto foi alterado, e o que tanto se temia acabou por se concretizar.

[4] V., neste mesmo livro, pp. 132 e segs.

defina deste modo: – *Terceiros* são *todos aqueles que tenham a seu favor um direito e, por isso, não possam ser afectados pela produção dos efeitos dum acto que esteja fora do registo e com ele seja incompatível.* Segundo o Acórdão de 1997, a fórmula correcta é esta: – *Terceiros, para efeitos de registo predial, são todos aqueles que tendo obtido registo de um direito sobre determinado prédio veriam esse direito arredado por qualquer facto jurídico anterior não registado ou registado posteriormente.*

Como resulta desta última fórmula, mais precisa do que a anterior, o terceiro é o sujeito que efectuou o registo e, por isso, tem direito a ser legalmente protegido. Não pode ser prejudicado por aquele que não usou da mesma diligência.No entanto, não é isso que literalmente resulta das várias disposições legais que se têm referido ao conceito de terceiro. O artigo 5.º do Código do Registo Predial tem uma redacção pouco feliz, oriunda dos códigos que o precederam (v. art. 951.º do Código Civil de 1867, que constitui a fonte das várias disposições congéneres dos vários códigos posteriores sobre matéria de registo). Como temos referido em trabalhos anteriores, numa primeira abordagem somos levados a supor que o terceiro a que essa disposição se refere é uma entidade de fora, que se move num plano diferente do plano registral, mas tal suposição não resiste a um breve raciocínio. Se assim fosse, teríamos que chegar à absurda conclusão que a essa entidade que não tem os seus direitos registados nunca poderiam ser opostos os factos que também não estivessem registados, e assim, insolitamente, o sistema de registo iria imiscuir-se em situações que nada têm que ver com os fins que se propõe.

A Ley Hipotecaria espanhola é talvez mais feliz na sua redacção, mas só muito relativamente, pois refere no seu artigo 32.º que " los títulos de domínio o de otros derechos reales sobre bienes inmuebles, que no estén debidamente inscritos o anotados en el registro de la Propiedad, no prejudican a tercero". Comentando esta disposição, diz José Manuel Garcia y Garcia: *el tercero del art. 32 es simplesmente el titular que ha inscrito respecto a relaciones jurídicas no inscritas, que no le pueden perjudicar*[5].

Do ponto de vista literal, a fórmula usada no artigo 5.º comportaria esta interpretação: se *A* vende a *B* o prédio X e posteriormente vende o mesmo prédio a *C*, e nem *B* nem *C* registam a respectiva aquisição, nenhum desses factos pode ser invocado perante o titular do direito conflituante. No entanto, a prevalência de um sobre o outro existe, dependendo de um julgamento externo ao Registo Predial. Tanto assim que

---

[5] "Legislacion Hipotecaria y del Registro Mercantil", 10ª edicion, p. 42.

a acção de declaração de nulidade que o adquirente *B* propuser contra *C* pode ser registada, sem que exista qualquer registo de aquisição na conservatória respectiva.

Para que exista um terceiro, mesmo nos termos do artigo 5.º, é preciso que haja direitos incompatíveis e que um deles esteja registado. Só aquele que inscreve o facto jurídico de que emana o seu direito pode beneficiar da protecção prevista na lei registral. O *terceiro* é o titular que inscreveu o seu direito no registo, e aquele que se arroga a titularidade de um direito incompatível, sendo igualmente um terceiro em face da lei civil, só pode contestar o direito inscrito e elidir a presunção constante do registo. Dir-se-á, porém, que há dois contendores que são terceiros entre si, mas enquanto um se arroga a prioridade baseada na lei registral, o outro só poderá invocar uma prevalência baseada na lei civil, se tanto lhe for permitido.

Assim, se *A* vende a *B* o prédio X, e seguidamente o vende a *C* que regista o acto em primeiro lugar, *B*, segundo os senhores conselheiros que votaram o acórdão de 1999, nada pode fazer contra isso, apesar de o artigo 408.º do C.Civil estabelecer, no seu n.º 1, que *a constituição ou transferência de direitos reais sobre coisa determinada dá-se por mero efeito do contrato, salvas as excepções previstas na lei*. É que – diz-se – o disposto no artigo 5.º do C.R.Predial constitui precisamente uma excepção, ao determinar que *os factos sujeitos a registo só produzem efeitos contra terceiros depois da data do respectivo registo*. Perfilhando o conceito <u>restritíssimo</u> de terceiro, que já vem dos tempos do Código Civil de 1867, e reduzindo assim o Registo Predial a um sistema tão limitado de garantia que só actua em casos raros, porém a inscrição a favor de *C* passa, nestes termos, a ter um verdadeiro efeito <u>constitutivo,</u> pois a presunção que da mesma emana não pode ser ilidida através da prova de que *A* vendeu a *C* um bem que já não lhe pertencia. Quer isto dizer que, neste caso, o registo constitui uma verdadeira presunção *juris et de jure*. Os senhores conselheiros (e não só) raciocinam como se ainda estivéssemos no domínio do Código de 1867, cujo artigo 1580.º, referindo-se à venda efectuada por negócio jurídico de natureza voluntária, dispunha que *se a coisa vendida for imobiliária prevalecerá a venda primeiramente registada*.

No entanto, a citada disposição do artigo 1580.º não passou para o Código Civil de 1967. Quanto a nós, o que está em causa é não se terem tomado em conta as evoluções ocorridas na lei civil e na lei de registo, que introduziu o princípio da fé pública, e onde foi delineado o conceito de terceiro registral a partir do Código do Registo Predial de 1967 (art. 85.º), o qual entrou em vigor simultaneamente com o Código Civil, também de 1967. A nosso ver, não há legalmente nenhuma presunção registral *juris et de jure*, a não ser a que resulta do funcionamento do princípio da fé pública registral (v. art. 17.°, n.° 2, e cfr. art. 291.° do C.C.).

Segundo o artigo 7.° do Código do Registo Predial, o registo definitivo constitui presunção de que o direito existe e pertence ao titular inscrito, nos precisos termos em que o registo o define. Por sua vez, o artigo 8.° estabelece que os factos comprovados pelo registo não podem ser impugnados em juízo sem que simultaneamente seja pedido o cancelamento do registo. Por força destas normas, desde que sejam observadas determinadas condições e enquanto se estiver no domínio das relações imediatas, ou seja, enquanto continuar na conservatória o prédio inscrito a favor do titular do negócio nulo, dever-se-á poder sempre impugnar os factos comprovados pelo registo e elidir a presunção constante do mesmo, a não ser que entre em jogo o funcionamento do princípio da fé pública registral. A nosso ver, a protecção da dupla alienação do mesmo prédio só pode ser realizada em condições idênticas às que se verificam em vários exemplos que passamos a descrever:

A)

O único registo de aquisição existente sobre o prédio *X*, a favor do primeiro titular inscrito, está ferido de nulidade substantiva ou de nulidade registral. (Entre os casos de nulidade substantiva encontram-se os casos de *"aquisição a non domino"*. A nulidade registral está prevista e regulada no artigo 16.° do respectivo Código, mas este apresenta uma lacuna, pois o legislador, que inclusivamente contemplou nessa disposição os casos de registos lavrados com base em títulos falsos ou insuficientes para a prova do facto registado, parece ter-se esquecido de que também são nulos os actos de registo baseados em títulos feridos de nulidade. Essa lacuna costuma ser preenchida através do recurso à analogia [6]. Mas, como se com-

---

[6] Diz o artigo 16.°:

"O registo é nulo:

a) Quando for falso ou tiver sido lavrado com base em títulos falsos;

b) Quando tiver sido lavrado com base em títulos insuficientes para a prova legal do facto registado;

c) Quando enfermar de omissões ou inexactidões de que resulte incerteza acerca dos sujeitos ou do objecto da relação jurídica a que o facto registado se refere;

d) Quando tiver sido assinado por pessoa sem competência funcional, salvo o disposto no n.° 2 do artigo 369.° do Código Civil;

e) Quando tiver sido lavrado sem apresentação prévia ou com violação do princípio do trato sucessivo.

preende, porque a evolução dos serviços de registo não se coaduna com a inaptidão profissional que está na base de muitos dos motivos de nulidade previstos no artigo 16.°, este passou a regular muitas situações puramente académicas.)

2 – O titular do registo nulo ainda não transmitiu o prédio X.

3 – Existe um titular de direito incompatível que pretende elidir a presunção *juris tantum* constante do registo, pedindo a sua declaração de nulidade.

Neste caso, entendemos que o titular do direito incompatível tem boas possibilidades de ganhar a justa causa movida contra o titular inscrito, <u>independentemente da boa ou má fé deste e da natureza onerosa ou gratuita da sua aquisição,</u> porque estamos no domínio das relações imediatas e o registo predial, como nos cansamos de repetir, é um conjunto harmónico de princípios, não sendo possível interpretar o artigo 5.° sem o conjugar com o disposto no artigo 7.°, tanto mais que não existe hoje na lei civil nenhuma disposição que contrarie este entendimento.

B)

1 – O registo de aquisição do prédio X, a favor do titular inscrito, estava ferido de nulidade, nos mesmos termos da alínea anterior, podendo inclusivamente respeitar a uma aquisição *"a non domino"*.

2 – Esse titular do registo nulo, que designamos por *A*, transmitiu o prédio X a outra pessoa que aqui designamos por *B*, a qual, por sua vez, inscreveu a respectiva aquisição.

3 – Existe um titular de direito incompatível que quer fazer valer a sua pretensão de cancelar os registos viciados, a favor de *A* e de *B*. Em que circunstâncias poderá ter êxito essa sua pretensão?

Quanto a nós, <u>apenas quando se prove</u>:

– *a)* Que o subadquirente *B* agiu de má fé ou não adquiriu a título oneroso;

– *b)* Ou que, muito embora tenha agido de boa fé e adquirido a título oneroso, não registou a sua própria aquisição antes do registo da acção declarativa da nulidade do registo a favor do transmitente.

Na verdade, em face do disposto na lei, se este condicionalismo estiver cumprido – boa fé e título oneroso da aquisição, e registo anterior ao registo da acção declarativa da nulidade da inscrição a favor do transmitente –, deve funcionar o princípio da fé pública registral (art. 17.°, n.° 2), que impede que o subadquirente seja espoliado do direito que adquiriu, por confiar num arquivo público que o Estado tem obrigação de manter em condições de não enganar e prejudicar as pessoas de boa fé que o consultam e respeitam, inscrevendo nele, por sua vez, os actos que realizam.

C)
Além destas, há porém muitas outras situações susceptíveis de se verificarem. Por exemplo:

1 – O titular inscrito do prédio X, que designamos por *A*, tinha obtido o seu registo de aquisição baseado em título válido.

2 – *A* transmitiu esse prédio a *B*, que não inscreveu no registo a sua aquisição.

3 – Mais tarde *A* transmitiu o mesmo prédio a *C*, que obteve o respectivo registo. Esta transmissão pode ter sido por negócio jurídico de natureza voluntária, ou através de coerção judicial, em processo de execução que deu origem a uma penhora.

Quando é que *C* poderá fazer prevalecer o seu direito contra *B*?

Não se pode ignorar que *C* é também um subadquirente em relação a *A*, mas este caso escapa à regra do n.º 2 do artigo 17.º, porque o registo anterior a favor do transmitente não é nulo, mas válido. Será, porém, justo que fique em piores condições do que aquelas que se verificariam se o registo a favor do transmitente fosse inválido?!!! A nosso ver, o direito de *C* é de manter, sem qualquer sombra de dúvida, se se verificarem as seguintes condições:

a) Tiver adquirido a título oneroso;

b) Não se provar a sua má fé.

Entendemos que neste caso há uma forte analogia com o condicionalismo do n.º 2 do artigo 17.º. *C* é um terceiro subadquirente, cujo registo, atendendo às suas características, deve prevalecer em face do negligente titular do direito incompatível.

Mas este exemplo é susceptível de ser subdividido em dois. Ao mencionarmos o ponto 3, referimos que *C* pode ter adquirido o seu prédio por negócio jurídico de natureza voluntária, ou através de coerção judicial, em processo de execução que deu origem a uma penhora. Relativamente a esta última hipótese, como já referimos, o Ac. do S.T.J. n.º 3/99 não perfilha a doutrina de alguns dos nossos mais ilustres tratadistas, que consideram o exequente como terceiro, em face de um anterior adquirente que não promoveu atempadamente o registo da respectiva aquisição. Não vamos repetir os argumentos desses ilustres mestres de Direito, mas acrescentamo-los com uma achega oriunda do plano registal.

Assim, o artigo 34.° do C.R.Predial, que estabelece o princípio do trato sucessivo, subtrai à regra da continuidade das inscrições (v.n.° 2) os factos que sejam consequência de outros anteriormente inscritos. Cumprindo essa excepção que já vem de códigos anteriores ao de 1984, se *C* (no exemplo dado) tiver obtido o registo de penhora sobre o prédio X, convicto de que *A* continua a ser o verdadeiro dono, e posteriormente *B* tiver obtido a seu favor o registo definitivo da aquisição do mesmo prédio, feita anteriormente à execução, mesmo assim nada obsta a que o ulterior adquirente no processo executivo consiga, por sua vez, uma inscrição definitiva de aquisição, já que esta é uma consequência da anterior penhora.

A inscrição de aquisição a favor de *B*, sendo posterior à penhora, é ineficaz em relação ao exequente *C*, nos mesmos termos estipulados no artigo 819.° do Código Civil relativamente aos actos de disposição ou oneração dos bens penhorados.

D)
Mas vejamos ainda uma outra hipótese.
1 – O titular inscrito do prédio X, que continuamos a designar por *A*, tinha obtido registo de aquisição baseado em título <u>válido.</u>
2 – *A* transmitiu o prédio X a *B*, que não inscreveu no registo a respectiva aquisição.
3 – Mais tarde *A* transmitiu o mesmo prédio a *C*, que obteve o seu registo de aquisição, tendo essa transmissão sido efectuada nas mesmas condições mencionadas na hipótese anterior. Porém, *C* não estava de boa fé, porque conhecia o anterior negócio efectuado a favor de *B*, ou não adquiriu a título oneroso.
<u>Não há aqui analogia nenhuma com os casos a que se refere o artigo 17.° e, a nosso ver, mesmo remando contra uma forte corrente doutrinal, nada justifica que o direito de *C* seja protegido, já que do registo resulta uma mera presunção "juris tantum", nos termos do artigo 7.° do C.R.Predial.</u>

E)
Podemos ainda configurar outras hipóteses. Assim:
1 – *B* comprou a *A* (verdadeiro dono) o prédio X, não descrito, sem a prévia inscrição de aquisição a favor do vendedor, por se verificar o condicionalismo excepcional mencionado numa das alíneas *b*) ou *c*) do n.° 2 ou no n.° 3 do artigo 9.° do C.R.Predial, ou por a compra ter sido anterior ao Código de 1960.

Regresso do registo predial ao anacrónico conceito restrito de terceiros 151

2 – Por sua vez, *C*, tendo obtido previamente um registo de aquisição a seu favor, ou tendo ele sido dispensado, nos termos de algumas das citadas disposições, transmitiu o mesmo prédio a *D*, que obteve a respectiva inscrição de aquisição.

3 – *B* pretende anular os registos a favor de *C* e *D* (ou apenas o registo a favor de *D*, na hipótese de não ter sido feita a inscrição prévia a favor de *C*, por se ter verificado o condicionalismo excepcional atrás mencionado).

Embora possa parecer à primeira vista que casos destes são raros na prática registral, a verdade é que os mesmos acontecem com alguma frequência. Por exemplo, o possuidor de coisa alheia pode sucumbir à tentação de a vender como sendo coisa própria, o titular de uma propriedade limitada pode acabar por vendê-la como propriedade perfeita, o comproprietário que se habituou a usufruir um prédio com exclusividade pode vir a vendê-lo no seu todo. Outros exemplos poderiam ser apresentados, mas, por ora, ficaremos por aqui.

É compreensível que uma boa parte da Doutrina e da Jurisprudência sinta alguma perplexidade perante a perspectiva de o registo proporcionar garantia ao comprador que adquiriu *a non domino*, deixando desprotegido o verdadeiro titular.

Vamos, porém, pôr ordem na solução das várias modalidades incluídas nesta hipótese. Se o prédio *X* não tiver sido inscrito a favor do transmitente *C*, mas apenas a favor do adquirente *D*, o caso não parece suscitar dificuldades. O registo a favor de *D* constitui uma mera presunção *juris tantum* que pode ser elidida por prova em contrário. Mas, tendo o prédio sido inscrito, sucessivamente, a favor do transmitente *C* e do adquirente *D*, a solução não deve ser a mesma em todas as circunstâncias. Assim:

a) Se se verificar a excepção prevista na alínea *b*) do n.º 2 do artigo 9.º, ou seja, se o acto de aquisição a favor do alienante e o de transmisão a favor do adquirente tiverem sido efectuados por instrumentos lavrados na mesma data, não há justificação para a observância do princípio da fé pública registral. Esta tem que ser gerada por uma *aparência* que neste caso não existe.

b) Se se verificar a excepção da alínea *c*) do n.º 2 – acto efectuado com urgência, motivado por perigo de vida de algum dos outorgantes –, os registos a favor do transmitente e do adquirente serão sempre simultâneos (v. n.º 1 do artido 34.º), pelo que também neste caso não existe uma *aparência* que constitua a plataforma em que assenta a fé pública registral.

c) Se se verificar a excepção do n.º 3 do artigo 9.º, ou seja, se no acto de aquisição a favor de *D* apenas foi exibido documento comprovativo do suposto direito de *C*, ou se foi feita justificação simultânea, igualmente não existe essa *aparência* registral que desencadeia a fé pública subjacente ao princípio do artigo 17.º, n.º 2, do C.R.Predial.

d) Se, pelo contrário, embora nulo, existe registo de aquisição a favor de *C*, gerador duma aparência registral que levou *D* a contratar, entendemos que, em princípio, deveria funcionar o princípio da fé pública. Para atingir o desiderato de proteger o consumidor de boa fé, o Estado, em última análise, deveria atribuir ao registo a virtualidade de sanar os vícios de uma aquisição onerosa, baseada na *aparência* registral.

Porém, é conveniente fazer alguns reparos sobre a ligeireza com que, no sistema de registo, se admitem documentos que não oferecem as necessárias garantias de acerto e validade. Referimo-nos às justificações notariais e judiciais e às escrituras de habilitação de herdeiros que, complementadas por uma declaração identificativa dos bens, servem para titular registos nas conservatórias do registo predial, ainda que o prédio não esteja inscrito a favor do autor da herança.

Por certo que os adquirentes *B* e *D* terão opiniões contrárias a respeito da forma de resolver a situação da dupla venda, feita por vendedores diferentes, pensando sobretudo no problema do ressarcimento dos danos causados àquele que for forçado a abrir mão do prédio. Enquanto que o adquirente *B* argumentará com o facto de o artigo 408.º, n.º 1, do Código Civil lhe atribuir o direito de propriedade por mero efeito do contrato, por sua vez o adquirente *D* afirmará que esse direito só será oponível a *terceiros* depois de ter sido inscrito no registo. Na sua óptica, *terceiros* são aqueles que assim foram considerados pelo Ac. do S.T.J. de 20-5-1997.

Mas *D* poderá ainda acrescentar que não é justo conceder um prémio a *B* pela sua inércia e negligência. Se bem que tenha carácter facultativo, o registo é necessário para criar uma *aparência* registral, a qual deve ser tanto quanto possível fiel à realidade. Não se justifica que, num país civilizado, se mantenha um arquivo público que todos consideram importante no domínio da certeza e da segurança do comércio jurídico imobiliário, e por isso lhe perdoam o peso da máquina burocrática que lhe está implícita, para afinal ele emitir uma publicidade perturbadora e enganosa. Pode ser provável que, com o evoluir dos tempos, os consumidores se apercebam melhor dos seus direitos e venham mesmo a atribuir ao Estado as responsabilidades que neste domínio lhe competem.

É claro que a eliminação de tais inconvenientes exigirá a obrigatoriedade do registo. Se a lei civil estabelecer o efeito constitutivo da inscrição dos actos efectuados por negócio jurídico, ou, em alternativa, a mera ineficácia destes antes do registo, em relação a todos que não sejam partes, seus herdeiros ou representantes, nunca mais o Estado poderá assumir como própria a culpa de quem não cumpra a obrigação de registar. Esta medida não eliminará por certo todas as dificuldades. Terá que ser coadjuvada por outras medidas de carácter acessório, como a implementação do cadastro de toda a propriedade rústica e urbana, mas removerá aquilo que, à partida, se afigura como o único escolho impeditivo de que a conclusão do Ac. do S.T.J. de 20-5-1997 volte a vigorar, relativamente à definição do conceito de terceiro.

3. A nosso ver, e como se depreende do exposto, a distinção entre terceiros (artigo 5.°) e terceiros registrais (artigo 17.°, n.° 2) é hoje muito ténue, porque o artigo 9.° do C.R.Predial exige sempre, salvo raríssimas excepções, o registo prévio a favor do transmitente. Por isso, o verdadeiro interessado-registante é quase sempre um subadquirente que pode apresentar, ou não, as características do terceiro registral, ou seja:
– Confiança numa *aparência* registral que o levou a efectuar o negócio;
– Boa-fé (é de notar que, para efeitos registrais, a boa fé constitui uma presunção, mas pode ser elidida por indiscutível prova em contrário);
– Aquisição a título oneroso;
– Registo a seu favor, antes de proposta e registada uma eventual acção de declaração de nulidade, no caso de o acto anterior a favor do transmitente ser inválido.
Se o subadquirente dono inscrito apresentar estas características, deverá ter direito a ser protegido. Se não as apresentar, não se justifica essa protecção.
O acórdão em causa não se debruçou sobre o princípio da fé pública registral e sobre o conceito de *terceiro* a que se referem os artigos 291.° do Código Civil e 17.°, n.° 2, do Código do Registo Predial. Significará isso que esta matéria ainda continua em estudo, sujeita aos critérios divergentes dos vários julgadores, restando-nos apenas a esperança de que o legislador lhe dedique a sua melhor atenção?
Quanto aos problemas do registo constitutivo, da falibilidade das escrituras de habilitação de herdeiros e das justificações, da falta ou deficiência do cadastro da propriedade rústica e urbana e das repercussões que

isso pode ter no cumprimento do princípio da fé pública registral, remetemos para outros trabalhos nossos insertos neste mesmo livro [7].

Se é certo que, perante a doutrina avançada do acórdão de 1997, exclamámos com orgulho que estava de parabéns o Registo Predial, hoje, infelizmente, entendemos que o mesmo se encontra de luto, não só por culpa do S.T.J., mas também de toda a classe dos conservadores do Registo Predial e das estruturas centralizadas do poder. Só desejamos ardentemente que as instituições competentes tenham o bom senso de criarem um condicionalismo que lhe permita recuperar-se deste rude golpe.

A título de exemplo mencionamos as seguintes medidas que consideramos importantes:

1 – Alterar o artigo 408.° do C. Civil no sentido de que a constituição ou transferência de direitos reais sobre coisa determinada não se opere, mesmo entre as partes, por mero efeito do contrato, ou, em alternativa, não se opere relativamente a terceiros civis, sendo também necessário o respectivo registo.

2 – Completar a enumeração dos casos de nulidade do registo constante do artigo 16.° do C.R.Predial com a inclusão da hipótese de registo efectuado com base em título nulo.

3 – Só permitir a primeira inscrição de bens baseada em escritura de habilitação de herdeiros, quando a mesma seja completada com documento comprovativo de que esses bens pertenciam ao autor da herança. Para tanto, impõe-se a alteração do artigo 49.° do Código do Registo Predial.

4 – Não sendo oportuno pôr de lado as escrituras de justificação notarial, pelo menos advertir os notários sobre as cautelas que precisam de usar na aceitação de tais expedientes, e criar outras formalidades destinadas a proteger os cidadãos contra a falsidade de que muitas vezes se revestem, penalizando fortemente, e de forma eficaz, os autores de falsas declarações nas mesmas escrituras.

5 – Não considerar verificados os requisitos necessários para uma aquisição tabular, quando forem simultâneos os actos de aquisição, ou de registo, a favor do transmitente e do adquirente. Para tanto, seria conveniente esclarecer a redacção do artigo 17.°, que estabelece o princípio da fé pública registral.

---

[7] V. neste mesmo livro, "O Registo Predial e a Segurança Jurídica nos Negócios Imobiliários", p. 72 e segs; "A Primeira Inscrição no Registo Predial", pp.111 e seg.; "Ainda o polémico Conceito de Terceiro no Registo Predial", pp. 133 e sgs.

6 – Rejeitar todas as medidas que supostamente facilitam o registo, desde que com elas se venha a prejudicar o acerto e o rigor na identificação dos prédios.

7 – Finalmente, lutar pela prossecução das operações do cadastro dos prédios rústicos e urbanos, que constitui uma base de dados importantíssima, relativamente à configuração, à área e a outros elementos que caracterizam o objecto das relações jurídicas a que respeitam os factos inscritos.

É urgente que os senhores conselheiros se debrucem sobre esta matéria, que se reveste de uma extrema gravidade, pois não se pode menosprezar a segurança dos bens, violar as normas legais e o direito natural, na parte que se refere à defesa do consumidor, e reduzir ou aniquilar a credibilidade que a instituição do Registo Predial deve merecer, no século XXI, num país que se orgulha de pertencer ao primeiro mundo e à União Europeia.

DE NOVO O CONCEITO DE TERCEIRO PARA EFEITOS DE REGISTO PREDIAL

Nos últimos anos, diversas posições têm sido assumidas pelo Supremo Tribunal de Justiça, com referência ao conceito de terceiro para efeitos do disposto no art. 5.º do Código do Registo Predial.

Vamos referir, de forma esquemática, as que se nos afiguram relevantes:

1.º – Acórdão de 17/2/1994, publicado na *Col. Jur.,* Ano II, Tomo I-1994, p. 105:

Terceiro é aquele que tenha a seu favor um direito e, por isso, não possa ser afectado pela produção dos efeitos dum acto que esteja fora do registo e com ele seja incompatível.

2.º – Acórdão de 18/5/1994, publicado na *Col. Jur.,* Ano II, Tomo II-1994, p. 111:

Para efeitos de registo predial, são terceiros todos aqueles, e apenas esses, que adquirirem, negocialmente e a título oneroso, do mesmo transmitente direitos incompatíveis sobre o mesmo prédio.

3.º – Acórdão uniformizador de jurisprudência n.º 15/97, de 20/5/1997, publicado no D.R., 1ª série-A, de 4/7/1997:

Terceiros, para efeitos de registo predial, são todos os que, tendo obtido registo de um direito sobre determinado prédio, veriam esse direito arredado por qualquer facto jurídico anterior não registado ou registado posteriormente.

4.º – Novo acórdão uniformizador de jurisprudência n.º 3/99, de 18/5/1999, publicado no D.R., 1ª série-A, de 10/7/1999:

Terceiros, para efeitos do disposto no artigo 5.º do Código do

158 Isabel Pereira Mendes

Registo Predial, são os adquirentes de boa fé, de um mesmo transmitente comum, de direitos incompatíveis, sobre a mesma coisa.

5.º– Acórdão de 7/7/1999, publicado na *Col. Jur.*, Ano VII, Tomo II – 1999, p. 164:

...III – No acórdão uniformizador proferido pelo S.T.J. em 18/05/99 consagrou-se a orientação segundo a qual a inoponibilidade de direitos a um terceiro, para efeitos de registo predial, pressupõe que ambos os direitos advenham de um mesmo transmitente comum, excluindo-se os casos em que o direito em conflito com o direito não inscrito deriva de uma diligência judicial, seja ela arresto, penhora ou hipoteca judicial.

IV – Na venda executiva o executado é substituído no acto da venda pelo juiz enquanto órgão do Estado, <u>gerando-se uma aquisição derivada em que o executado é o transmitente.</u>

Por isso, ao adquirente em venda judicial não pode ser oposta, apesar daquele acórdão uniformizador, uma transmissão anteriormente feita pelo executado a favor de uma outra pessoa que a não fez inscrever oportunamente no registo predial.

V – Aquele que adquiriu um direito de propriedade e omitiu o registo do negócio aquisitivo, não podendo opor esse direito aos terceiros protegidos pelo registo, também não pode invocar perante os mesmos terceiros, para efeitos de afastar a prevalência do direito destes, a posse do alienante, sob pena de a regra da inoponibilidade por falta de registo não ter, na prática, qualquer eficácia.

6.º – Acórdão de 29/11/2001, publicado na *Col. Jur.*, Ano IX, Tomo III – 2001, p.128:

1 – Havendo uma venda forçada, o promitente-comprador (note-se que se tratava de contrato-promessa com eficácia real, que tinha sido inscrito no registo) *apenas pode aí intervir para exercer o seu direito de aquisição* (mas não foi citado como os titulares de direitos reais), *não sendo admissível o exercício de tal faculdade fora do contexto dessa execução.*

II – Os direitos reais de aquisição, quando exista um processo executivo, caducam se não forem exercidos nos mesmos termos em que são previstos para os direitos de preferência.

III – A prevalência da segunda aquisição sobre a primeira (o registo da compra feita com base no contrato-promessa tinha data anterior ao registo pedido com base no processo judicial), *para efeitos de registo que o art. 5.º do Cód. Reg. Predial visa proteger, tem em vista os casos em que o mesmo vendedor é comum às duas alienações sucessivas que foram entretanto realizadas por aquele* (no caso concreto os senhores juízes consideraram que não se estava perante o conceito de terceiro, <u>porque na venda judicial o transmitente era outro, que não o executado...</u>).

7.º – Acórdão de 4/04/2002, publicado na *Col. Jur.*, Ano X, Tomo I – 2002, p. 154:

I – Na venda executiva gera-se uma aquisição derivada em que o executado é o transmitente.

II – Assim, o anterior adquirente do direito de propriedade não registado e o adquirente em venda executiva de direito de propriedade registado são terceiros para efeito de registo, nos termos do art. 5.º, n.º 4 do CRP.

III – Aquele que adquiriu um direito de propriedade e omitiu o registo do negócio aquisitivo pode invocar a posse do prédio transmitido perante terceiro protegido pelo registo, para efeitos de afastar a prevalência do direito deste.

ANÁLISE DAS DIFERENTES POSIÇÕES ASSUMIDAS

Os acórdãos referidos nos n.ºs 1.º e 3.º não só adoptaram um conceito lato de terceiro, como posicionaram correctamente o "terceiro" que tem direito à protecção registral. Assim, segundo os senhores conselheiros subscritores desses acórdãos, terceiros são aqueles que adquiriram do mesmo transmitente um direito incompatível sobre o mesmo prédio, mas, para os fins em vista, dá-se o devido relevo ao terceiro que registou o seu direito, no confronto com o sujeito do facto jurídico conflitual que desprezou ou negligenciou o registo.

Nas conclusões destes dois acórdãos, a boa fé e a forma da aquisição (negocial ou outra, a título oneroso ou gratuito) não foram consideradas elementos limitativos do conceito de terceiro.

Por sua vez, os acórdãos referidos nos n.ºs 2.º e 4.º adoptaram o conceito restrito de terceiro, segundo o qual "terceiros" são apenas aqueles que tenham adquirido do mesmo transmitente direitos incompatíveis sobre o mesmo prédio. Mas, enquanto nas conclusões do acórdão referido no n.º 2 se torna o conceito ainda mais limitado, exigindo que a aquisição seja *negocial e a título oneroso,* nas conclusões do acórdão referido no n.º 4 (segundo acórdão uniformizador de jurisprudência) elimina-se essa restrição, mas adopta-se como elemento restritivo a exigência *de boa fé.*

No entanto, da parte expositiva do acórdão conclui-se também o seguinte: nos casos de diligência judicial – penhora, arresto ou hipoteca judicial –, não se tendo ainda concretizado a venda do imóvel, não se verifica a existência de um mesmo transmitente comum, pelo que está arredada a possibilidade de considerar como terceiro o credor exequente, sujeito activo dessas diligências.

No acórdão referido no n.º 5, em cumprimento do acórdão uniformizador de jurisprudência n.º 3/99, adoptou-se o conceito restrito de terceiro, mas entendeu-se que, *no caso de venda em processo de execução, existe uma aquisição derivada em que o executado é transmitente.* Estão assim preenchidos os requisitos do conceito de terceiro, pelo que, uma vez registado o facto jurídico de aquisição pelo processo executivo, o mesmo não pode ser impugnado pelo *primeiro adquirente* faltoso, que negligenciou ou desprezou o registo.

No acórdão referido no n.º 6, não se fugiu ao disposto no segundo acórdão uniformizador de jurisprudência, em que se perfilhou o conceito restrito de terceiro, mas entendeu-se que *na venda judicial o transmitente é outro que não o executado.*

Finalmente, no acórdão referido no n.º 7, ao contrário do acórdão anterior, considerou-se que *o executado é transmitente* na venda judicial. De facto, se assim não fosse, em face da tese do S.T.J. defendida no último acórdão unificador o anterior adquirente de direito de propriedade não registado e o adquirente em venda executiva não seriam terceiros, pois não teriam adquirido do mesmo transmitente.

Por outro lado, este acórdão diverge do referido no n.º 5, quanto à possibilidade de o adquirente que não regista o seu direito poder invocar a posse do transmitente perante o terceiro protegido pelo registo.

Assim, verifica-se que num curto período de tempo o Supremo Tribunal de Justiça proferiu uma multiplicidade de acórdãos divergentes, ou omissos, em pontos fundamentais. A casuística nas decisões judiciais, que, por um lado, pode ser um meio de as aproximar da Justiça, enquanto valor absoluto, por outro lado mina a confiança dos cidadãos nas leis que em cada momento regem a sua conduta, instala a insegurança jurídica e a incerteza no comércio imobiliário. E isto é também, indubitavelmente, uma fonte de injustiça.

Paulatina e insidiosamente, *há quem se empenhe em transformar o registo predial numa instituição sem qualquer relevância,* que deixou de cumprir o objectivo para que foi criada: publicitar a situação jurídica dos prédios, tendo em vista a segurança do comércio jurídico imobiliário (art.1.º do C.R. Predial).

A *"diligência* abelhuda, esperta, oportunista, sobretudo a de má fé, intencional, dolosa", que pode verificar-se em alguns casos concretos e que tanto tem influenciado os senhores conselheiros, não é mais grave do que a *negligência* igualmente "esperta, oportunista, sobretudo a de má fé, intencional, dolosa", que tantas vezes existe, com a agravante de nunca vir à colação e, portanto, não impressionar os senhores juízes. Essa negligência irá assumir maiores proporções, face à atitude do S.T.J, e também ao escandaloso aumento da tributação emolumentar, relativamente a actos de valor diminuto, provocado pela aplicação do Regulamento Emolumentar dos Registos e Notariado, aprovado pelo Dec.-Lei n.º 322-A/2001, de 14 de Dezembro.

ARGUMENTOS CONTRA A DOUTRINA DE ALGUNS ACÓRDÃOS E POSSÍVEL SOLUÇÃO PARA O FUTURO

Vamos então analisar alguns dos argumentos contra certas posições tomadas pelo Supremo Tribunal de Justiça.

Como foi amplamente divulgado, o primeiro acórdão do S.T.J., uniformizador de jurisprudência, n.º 15/97, que tinha estabelecido um conceito lato de terceiro, foi revisto pelo segundo acórdão uniformizador de jurisprudência, n.º 3/99, que substituiu esse conceito lato por um conceito restritíssimo de terceiro.

Por sua vez, o legislador do Código do Registo Predial, resolveu integrar o conceito restrito no articulado do C. R. Predial (art. 5.º, n.º 2), mas tal atitude não pode nem vai certamente prevalecer, sob pena de fazer retroceder o sistema, anulando os seus avanços durante algumas décadas.

Não pode prevalecer pelo seguinte:

– Em primeiro lugar, o segundo acórdão uniformizador foi subscrito por um número de votantes idêntico ao número de vencidos somados com aqueles que, por uma ou outra razão, não puderam ou não quiseram subscrevê-lo. Em tal matéria, os senhores conselheiros sempre estiveram divididos em duas posições completamente antagónicas.

– Em segundo lugar, conforme foi demonstrado por alguns dos senhores juízes vencidos, o acórdão n.º 3/99 é *ilegal e inconstitucional*. Além disso, outros insurgiram-se contra o *casuísmo jurídico, a perda da eficácia do registo, o retrocesso que uma tal jurisprudência vinha a produzir numa esfera do mundo dominada pela "globalização"*.([1])

([1]) Consta de uma das declarações de voto de vencido que a alteração de uniformização de jurisprudência havida pelo acórdão n.º 15/97 <u>não tem base legal nem constitucional</u>.

Basearam-se os votantes do acórdão no disposto no art. 732.º-A, n.º 2, do P. Civil, embora forçando uma interpretação do mesmo que nunca passou pela mente do legislador, aspecto este que foi magistralmente tratado por um dos senhores conselheiros vencidos. Segundo o seu ponto de vista, "certo é, pois, que aquele n.º 2 do artigo 732.º-A do CPC/97 não conduz à possibilidade do alargamento da revista à doutrina dos acórdãos de fixação de jurisprudência e, assim, no caso concreto, à do acórdão de fixação de jurisprudência n.º 15/97, de 20 de Maio de 1997".

Diz ainda o mesmo ilustre magistrado que "de outro modo, o que de todo recusamos, teríamos de deixar ficar pelo absurdo, senão pelo ludíbrio, a força impositiva da jurisprudência uniformizada pelo Supremo Tribunal de Justiça consagrada nos artigos 678.º, n.º^{os} 4 e 6, e 754.º, n.º 2, do CPC ao estabelecerem, ou a admissibilidade sempre de recurso de decisão que não acate aquela jurisprudência fixada, ou a contenção, e proibição mesmo, de recurso que possa pôr em causa essa mesma jurisprudência fixada".

E o mesmo continua a sua análise afirmando que "defender a livre modificabilidade da jurisprudência uniformizada pelo STJ é pugnar pela sua absoluta inutilidade, porquanto é sustentar que ela apenas regula o caso concreto apreciado na revista simples".

O mesmo senhor conselheiro, respondendo a alguns argumentos que não convencem, da parte recorrente, no sentido de o acórdão revisto dar azo ao incumprimento do preceito constitucional que atribui aos cidadãos o direito de propriedade privada, facultando que por via registral alguém possa vir a ser esbulhado da mesma, afirma que, pelo contrário, é o segundo acórdão que claramente enferma de inconstitucionalidade. Isto porque <u>"a livre modificabilidade da regulamentação jurisprudencial é que coloca os tribunais no caminho do poder legislativo, na invasão das competências dos artigos 161.º e 198.º da Constituição da República Portuguesa, afinal o que se pretendeu combater com a destruição dos "assentos"</u>.

Numa extensa explanação a que o leitor curioso poderá ter acesso consultando o Diário da República de 10 de Julho de 1999, o ilustre vencido refere princípios constitucionais que considera violados ao alargar-se o dispositivo do n.º 2 do art. 732.º-A do CPC-97, de forma a permitir a alteração do acórdão de uniformização de jurisprudência

De novo o conceito de terceiros para efeitos de registo predial

Em suma, fazendo um apanhado da jurisprudência contida nos vários acórdãos ultimamente proferidos pelo S.T.J., o conceito restritivo de terceiros ficaria com este conteúdo:

São terceiros os que tenham adquirido, por via negocial e a título oneroso, e também de boa fé, direitos incompatíveis advindos do mesmo transmitente. Porém, não são considerados terceiros os credores exequentes, sujeitos activos dos actos que consistam em mera diligência judicial, como, por exemplo, penhora, arresto ou hipoteca judicial.

Recusamo-nos a considerar como determinante do conceito de terceiro a doutrina do último acórdão, segundo o qual, no caso de venda judicial, o transmitente não é o executado, e portanto não se verifica aí a existência de terceiros em sentido estrito. Uma tal doutrina está em completa desarmonia com posições pouco antes defendidas pelo mesmo tribunal, donde se presume que resultou de uma interpretação casuística levada ao exagero.

Que o Supremo Tribunal de Justiça tenha, uma vez, decidido em sentido contrário ao que anteriormente estabelecera como regra unificadora e pacificadora pode suportar-se (sem embargo da inconstitucionalidade

---

n. 15/97: princípios da segurança jurídica, da protecção da confiança dos cidadãos e da separação de poderes (artigos. 2.º, 9.º, alínea *b*), e 111.º).

O acórdão n.º 3/99 foi também duramente criticado por outro ilustre vencido, cujas palavras vamos transcrever na íntegra:

– "Salvo o devido respeito, o projecto (do acórdão) consagra uma tese tendencialmente propiciadora do casuísmo em matéria de tamanha sensibilidade, como é esta do comércio jurídico imobiliário e da iniciativa e prioridade registrais, ficando sem se saber para que serve, na prática, o registo predial e qual a sua eficácia. O que pode surtir consequências devastadoras ao nível do investimento estrangeiro no sector do comércio imobiliário, cujos capitais não deixarão, por certo, de procurar mercados mais" seguros»!...

E representará, sem dúvida, tal tese um drástico retrocesso em matéria de registo e em termos de certeza e segurança do comércio jurídico a ele sujeito.

Temos para nós que as soluções *de jure condendo*, neste domínio, caminharão no sentido do alargamento da eficácia do registo, mormente perante a chamada «globalização» económica em curso, que não no da sua restrição ou limitação fazendo apelo a ancestrais hábitos de oralidade, indocumentação e alergia ao registo no âmbito dos direitos reais.

Isto para não falar da perplexidade que certamente gerará a prolação de dois acórdãos de sentido amplamente contraditório no âmbito da mesma matéria por parte do nosso mais alto tribunal, no curto período de menos de dois anos!...tudo ao sabor de maiorias de natureza conjuntural!..."

dessa decisão), mas não se pode aceitar que passe a fazê-lo por sistema, relativamente a pontos implícitos, mas não expressamente assentes nas conclusões dos acórdãos uniformizadores.

Atentemos, pois, nas restrições efectuadas ao já restritivo conceito de terceiro.

A última restrição contida na definição do conceito, acima delineada, a qual supostamente concilia correntes diversas dentro do S.T.J., que, no seu conjunto e na actual conjuntura, é imposssível saber se ainda têm expressão majoritária, está completamente em desacordo com os ensinamentos dos mais respeitados mestres de Direito, como os Profs. ANTUNES VARELA, HENRIQUE MESQUITA, ADRIANO VAZ SERRA e outros.

Os Profs. ANTUNES VARELA e HENRIQUE MESQUITA definiram assim a sua posição, na Revista de Legislação e Jurisprudência, Ano 127, p. 31:

Terceiros, para efeitos de registo, relativamente a determinada aquisição não registada, são não apenas aqueles que adquiram (e registem) direitos incompatíveis do mesmo transmitente, mediante negócio que com ele celebrem, mas também aqueles que adquiram (e registem) direitos incompatíveis em relação ao mesmo transmitente, sem a cooperação da vontade deste, através de um acto permitido por lei (hipoteca legal ou judicial, arresto, penhora, apreensão de bens para a massa falida ou insolvente, compra em processo executivo, etc.).

Não vamos transcrever os argumentos desses dois eméritos professores, para não tornar este trabalho muito extenso e não prejudicar a leitura do ensaio donde foram extraídos.

Todas as restrições introduzidas no conceito de terceiro têm sido motivadas pelo intuito de eliminar a aquisição pelo registo. Para atingir um tal desiderato, o nosso mais alto tribunal não se tem coibido de alterar arbitrariamente os elementos constitutivos do conceito de terceiro, de molde a resolver cada caso concreto pela forma que lhe parece mais equitativa, em face do processo que lhe chega às mãos.

É certo que existe alguma confusão na jurisprudência e em grande parte da doutrina, quanto aos dois conceitos de terceiro contidos nos arts. 5.º e 17.º, n.º 2, do Código do Registo Predial. Na verdade, no nosso país, alguns estudiosos da matéria, embora não o refiram de forma expressa, parece terem em vista um conceito monista de terceiro. Quanto a nós, sempre temos distinguido o conceito de terceiro, referido no artigo 5.º do C. R. Predial, do conceito de terceiro registral que resulta do

De novo o conceito de terceiros para efeitos de registo predial 165

disposto no artigo 17.°, n.° 2, do mesmo Código. Não vamos, porém, espraiar-nos em grandes considerações teóricas sobre este assunto, porque já nos referimos sobejamente ao mesmo em estudos anteriores.([2])

O conceito do artigo 5.° foi sucessivamente transcrito de anteriores códigos e a sua interpretação nunca suscitou grande polémica. O novo C. Civil de 1967, com a introdução do seu art. 291.°, e o C. R. Predial, também de 1967, com o seu artigo 85.°, que deu origem ao artigo 17.°, n.° 2 do actual Código, é que vieram suscitar alguma perplexidade face a tal matéria. Com efeito, essas disposições pressupõem a figura do terceiro registral, e foram inovadoras no sentido de atribuir ao registo efeitos substantivos, desde que se verifique determinado condicionalismo.

Por isso, desde 1967, aos defensores do conceito *monista e restritivo* de terceiro depara-se logo esta primeira dificuldade: não é possível enquadrar o subadquirente a que alude o artigo 17.°, n.° 2, do C. R. P., no conceito de terceiro em sentido estrito.

Assim, se *A* vende o prédio X a *B* (que não regista) e depois a *C*, que regista a sua aquisição e transmite o mesmo prédio ao subadquirente D (que também regista), *B* e *D* são terceiros registrais, mas não são terceiros em sentido estrito, porque não adquiriram do mesmo transmitente. São, isso sim, terceiros em sentido lato.

Não vamos analisar a polémica que tanta tinta faz correr, sobre se casos como este estão abrangidos pela previsão do art. 17.°, n.° 2. Isto porque o art. 16.° do mesmo C.R.P., ao enumerar as hipóteses de registo nulo, é omisso relativamente aos registos que se baseiam em título ferido de nulidade. Quanto a nós, pronunciamo-nos pela afirmativa, visto que se trata duma lacuna da lei que deve ser integrada na previsão do art. 16.°, conforme consta de outros trabalhos nossos.([3])

Assim, em casos como este (que, em nossa opinião, também se podem considerar subordinados ao artigo 17.°, n.° 2 do C.R.P., pois sendo nulo o acto subjacente ao registo, isso determina a nulidade deste, muito embora não esteja expressamente prevista no art. 16.° do mesmo Código),([4]) em

---

([2]) V., neste mesmo livro, pp. 35 e segs., 88 e segs., 125 e segs., 135 e segs.

([3]) V., neste mesmo livro, pp. 92 e segs.

([4]) V. Código do Registo Predial, anotado por ISABEL PEREIRA MENDES, 12.ª edição, anotação ao art. 16.°, de que transcrevemos o seguinte:

–" É muito importante a delimitação correcta do âmbito das alíneas *a*) e *b*) do artigo 16.°, porque, uma vez assente que se referem a invalidades substantivas, é lícito concluir que o mesmo artigo é manifestamente incompleto na enumeração dos casos de registo

que se verifica o efeito substantivo da inscrição, apesar de a fé pública registral estar inquinada, por ser nulo o registo a favor do segundo adquirente *C*, compreende-se que o legislador tenha exigido os requisitos de boa fé e onerosidade do negócio.

Mas se A vende o prédio X a *B*, que não regista, e depois o mesmo prédio é penhorado e vendido judicialmente a *C*, que regista, *B* e *C* não são terceiros registrais, mas sim terceiros ao abrigo do artigo 5.º. No entanto, no mesmo exemplo, se A tiver a respectiva aquisição inscrita a seu favor, e C estiver de boa fé, e tiver feito o negócio por confiar na presunção emanada do registo de *A*, o mesmo estará numa situação idêntica à do terceiro registral. A única diferença consistirá em que não confiou num registo nulo, mas sim num registo incompleto (errado, em sentido lato), pois não estava registada a aquisição a favor de *B* quando se dirigiu à conservatória competente para conhecer a situação jurídica do prédio.

O 17.º, n. 2, do C. R. Predial veio chamar a atenção para esta verdade: ressalvada a excepção prevista no art. 291.º do C. Civil([5]) (porque esta norma, conjugada com o mesmo art. 17.º, n.º 2, apenas funciona em casos em que não existe registo a favor do transmitente)([6]), a aquisição por via do registo só se justifica quando o adquirente tenha realizado o seu acto aquisitivo confiante na presunção registral (art. 7.º do C. R. P.), isto é, quando se dirigiu previamente à competente conservatória do registo predial e verificou que o prédio se encontrava inscrito a favor do transmitente.

Na verdade, se o prédio ainda se encontrava omisso e o adquirente fez inscrever um direito provindo de acto nulo, ainda que para tal tenha simul-

---

nulo. Não pode deixar de ser considerado como tal um registo lavrado com base em título ferido de nulidade. Assim, uma vez declarada judicialmente a nulidade do título que serviu de base ao registo, entendemos que este deveria também ser considerado nulo, designadamente para efeitos de aplicação do disposto no artigo 17.º deste Código."

([5]) Na verdade, como resulta dos estudos preparatórios do C. Civil de 1967 (Bol. Min., n.º 89, pp. 242 e segs., nomeadamente p. 248), o art. 291.º do C. Civil, nos casos que contempla, não exige que o adquirente tenha feito o contrato confiante na presunção registral. Nos casos de declaração de nulidade ou anulação de negócio jurídico que respeite a bens imóveis, não poderão ser prejudicados os direitos adquiridos sobre os mesmos bens, a título oneroso, por terceiro de boa fé, se tiver registado a sua aquisição e já tiverem decorrido três anos sobre a data do negócio, sem que tenha sido proposta e registada acção tendente à declaração de nulidade ou anulação (v. *ob. cit.* "Estudos Sobre Registo Predial", pp. 91 e segs.).

([6]) V., neste mesmo livro, pp. 91 e segs. e 126 e segs.

taneamente requerido o registo prévio a favor do transmitente (o que hoje já vai sendo raro, por via do disposto nos arts. 9.° e 34.°), certamente que poderá ver elidida a presunção de propriedade a seu favor. E isto, quer a aquisição se tenha realizado a título gratuito ou oneroso, de boa ou de má fé.

É que o disposto no art. 5.° não pode ser desligado do disposto no art. 7.°, que estabelece que o registo constitui mera presunção *juris tantum*, que pode ser elidida através de prova em contrário.

Ora, se no âmbito do n.° 2 do art. 17.°, pode ser reconhecida a propriedade ao subadquirente *D* (no exemplo proposto), apesar de ter adquirido de quem não era o verdadeiro dono, porque não reconhecê-la ao adquirente *C*, da segunda versão do segundo exemplo, desde que se verifiquem os requisitos de boa fé, onerosidade do negócio, registo previamente feito a favor do transmitente e subsequente inscrição a favor do adquirente? O primeiro caso é bastante mais grave, por a fé pública se basear num registo nulo, enquanto que no segundo caso se baseia num registo perfeitamente válido, muito embora ultrapassado por um acto de aquisição que vive à margem do sistema.

Não era preciso existir o artigo 5.° para se chegar a essa conclusão. Mandam as regras de equidade, subjacente a qualquer ordenamento jurídico positivo, que não sejam tratados de modo diferente os casos que se podem considerar abrangidos pelo mesmo espírito legal.

O conceito de terceiro a que se refere o art. 5.° não pode estar na dependência de qualquer limitação. Ao abrigo dessa disposição, terceiro não é apenas aquele que adquiriu do mesmo transmitente comum. Havendo um direito incompatível com o direito registado, mesmo que este não tenha provindo do mesmo transmitente, se o acto subjacente ao registo for nulo, independentemente de se ter realizado a título gratuito ou oneroso, de boa ou de má fé, o mesmo está sujeito a ser impugnado e o respectivo registo cancelado (arts. 7.° e 8.° do C.R.P.).

Isto porque o reconhecimento da aquisição pelo registo não deve ser feito recorrendo a tal conceito, *mas sim ao conceito de terceiro registral, ou afim,* que, por sua própria natureza, não pode ser um conceito restrito. Ou, então, aplicando o artigo 291.° do C. Civil. nos casos em que não existe registo a favor do transmitente, susceptível de basear uma fé pública registral.

É perfeitamente caricato que, desejando comprar um imóvel em Portugal, um cidadão da União Europeia se dirija à respectiva conservatória, verifique que o prédio se encontra inscrito a favor do promitente-vendedor, confie no registo, pois é obrigação deste informar o público, realize o contrato de compra e venda, faça o registo da sua aquisição, e mais tarde o seu direito venha a ser posto em causa...

Os anacrónicos argumentos de que isso é uma mera consequência de o nosso sistema registral ser meramente declarativo e de o registo constituir mera presunção de que o direito existe e pertence ao titular inscrito, nos precisos termos em que o registo o define já não convencem ninguém no século XXI.

De facto, o artigo 408.°, n.° 1, do Código Civil, estabelece que "a constituição ou transferência de direitos reais sobre coisa determinada dá-se por mero efeito do contrato, salvas as excepções previstas na lei". A parte final desta disposição (*salvas as excepções previstas na lei*) legitima as opiniões que entendem que uma dessas excepções se consubstancia na necessidade do registo para que os actos sejam eficazes relativamente a terceiros (art. 5.° do C.R.P.). Outra das excepções consiste na necessidade do registo da hipoteca para que a mesma valha mesmo entre as partes ou seus herdeiros (arts. 687.° do C. Civil e 4.° do C.R.P.).

A verdade é que o nosso sistema é de origem germânica e obedece a princípios que o tornam mais seguro do que os sistemas de mera publicidade-notícia, como são, na sua grande maioria, os sistemas de registo declarativo. O argumento de que na nossa lei não existe, tal como na lei alemã, a distinção entre o negócio causal e o acordo real que é submetido a registo com eficácia constitutiva, é um simples argumento formal, demagógico, destinado a instalar a dúvida, a conservar ou fazer reviver um passado corroído por dentro, um sistema enfermiço que já não satisfaz as necessidades actuais.

Tal como nos outros sistemas de origem germânica, no nosso direito registral vigora o princípio da legalidade (art. 68.° do C.R.P.), mas, ao contrário daqueles onde existe a separação entre os dois negócios (causal e real), aqui, o conservador do registo predial aprecia a validade do próprio negócio causal, o que lhe confere uma acrescida segurança.

Só um cego – e os piores cegos são aqueles que não querem ver – ainda não percebeu que o sistema português carece de dar um passo decisivo, que consiste em *tornar obrigatório o registo de actos titulados por negócio jurídico, para que, tal como acontece com as hipotecas, não produzam efeitos entre as próprias partes ou seus herdeiros, enquanto não forem inscritos no registo.* É claro que esta determinação teria que constar também da lei substantiva.

Que dificuldade existe em dar esse passo decisivo?, se já em 1984 foi dado um passo precursor, que consistiu na introdução da obrigatoriedade

De novo o conceito de terceiros para efeitos de registo predial 169

da legitimação de direitos sobre imóveis, para que possam ser objecto de transmissão ou oneração (v. art. 9.º do C.R.P.)? Assim, por exemplo, se o vendedor de um prédio teve que inscrever previamente a aquisição do mesmo a seu favor, na conservatória respectiva, que dificuldade terá o comprador em, por sua vez, efectuar o registo correspondente à sua compra? *Será tudo quanto existe de mais simples, sem implicar muito trabalho por parte dos funcionários do registo. Apenas uma sucinta inscrição, já que, na maioria dos casos, a descrição do prédio foi actualizada na dependência da inscrição prévia feita a favor do vendedor.*

É bastante falacioso o argumento de que o povo é atrasado e ainda não assimilou as consequências da falta de registo. Actualmente, haverá alguém neste país que desconheça que uma hipoteca não tem valor sem inscrição no registo predial?! Os meios de comunicação social têm também como missão informar os cidadãos dos seus direitos e deveres. E, de resto, se a ignorância da lei não aproveita a ninguém, até mesmo em aspectos que podem brigar com a liberdade dos cidadãos, porque haveria de lhes aproveitar a ignorância duma lei de registo que fosse exaustivamente publicitada?

Se esse passo fosse dado, pelo menos relativamente aos registos efectuados a partir da sua data, *nunca um credor partiria, ao engano, para uma execução que viria a ser embargada por um adquirente faltoso,* nem o registo feito por um adquirente em processo judicial seria contestado por um adquirente anterior que não inscrevera a sua aquisição.

Isto seria o bastante para que perdesse a sua razão de ser a polémica em torno do conceito restrito de terceiros, até porque, como se verifica através dos sucessivos acórdãos do S.T.J., a discussão desse tema normalmente surge quando uma diligência judicial (por exemplo: penhora ou arresto) ou uma venda judicial ficam em confronto com um acto de aquisição anterior não registado.

Há dificuldades que resultam das deficiências das matrizes, da inexistência ou insuficiência do cadastro dos bens, de se admitirem registos com base em escrituras de habilitação de herdeiros ou em escrituras de justificação, que são documentos pouco fiáveis para provar a aquisição dos prédios? Certamente que sim, como tem sido sobejamente referido por nós[7] e por outros, teóricos interessados ou juízes preocupados com a aplicação da lei e a realização da justiça.

---

[7] V. neste mesmo livro, "A primeira Inscrição no Registo Predial Português", pp. 107 e segs.

Há também dificuldades que resultam do peso incomportável dos emolumentos devidos pelos actos de registo de menor valor, por força da aplicação do recente Regulamento Emolumentar dos Registos e Notariado? Certamente que sim. Mas alguém tem que deitar mão à situação actual, que propicia a negligência, a fraude, a incerteza sobre a situação jurídica dos prédios e, a breve trecho, a falência duma instituição que se deseja eficaz e respeitada, por nacionais e estrangeiros, como é o registo predial.

A QUESTÃO DA PREVALÊNCIA
DO REGISTO DE ARRESTO SOBRE ANTERIOR
REGISTO PROVISÓRIO DE AQUISIÇÃO COM BASE
EM CONTRATO-PROMESSA DE COMPRA E VENDA

Fui solicitada para me pronunciar[1] sobre as dúvidas suscitadas, no plano registral, pelo acórdão do S.T.J. de 26 de Junho de 2002, cujo sumário é o seguinte: "O registo do arresto prevalece sobre o registo provisório anterior de aquisição com base em contrato-promessa de compra e venda."

No caso concreto e para efeitos registrais, trata-se de saber o seguinte:

1.º – Se existindo um registo provisório de *aquisição* com base em contrato-promessa de alienação, nos termos do n.º 3 do artigo 47.º do C. R. Predial, deve ser lavrado como definitivo um registo de arresto posterior sobre o mesmo prédio, feito em execução movida contra o promitente-vendedor.

2.º – Se, apesar do disposto no n.º 3 do artigo 6.º do C. R. Predial, a prioridade do acto de aquisição não pode ser determinada pela data da sua inscrição provisória, quando baseada em contrato-promessa sem eficácia real e, consequentemente, com efeitos meramente obrigacionais, mas sim deve contar-se a partir da data da respectiva escritura de compra e venda. Isso resulta, segundo a opinião dos senhores juízes, das disposições conjugadas dos artigos 408.º, n.º 1, 1316.º e 1317.º, alínea a), do C. Civil.

---

[1] Texto destinado a ser apresentado numa conferência sobre aspectos registrais.

Como é sabido, o registo de *aquisição* de um direito, antes de titulado o contrato, nos termos da alínea g) do n.° 1 do artigo 92.° do C. R. Predial, pode ser feito com base nos seguintes documentos:

a) Declaração do proprietário ou titular do direito com reconhecimento presencial, salvo se a assinatura for feita na presença do funcionário da conservatória competente para o registo, caso em que não é preciso o reconhecimento (art. 47.°, n.ºs 1 e 2 do C. R. Predial);

b) Contrato-promessa de alienação sem eficácia real (art. 47.°, n.° 3, do mesmo Código).

É claro que se o contrato-promessa tiver eficácia real dará origem a um registo de espécie diferente, um registo de *promessa de alienação*, que não é provisório por natureza, mas terá, em vez disso, natureza definitiva, se não existirem dúvidas que o impeçam (art. 413.°, n.° 1, do C. Civil e arts. 2.°, n.° 1, alínea f), 95.°, n.° 1, alínea d), e 70.° do C. R. Predial).

Nos casos do registo a que se refere a citada alínea g) do n.° 1 do artigo 92.°, a inscrição provisória tem um carácter prévio e cautelar, ou seja, a mesma determina uma *reserva de lugar*, um acautelamento dos direitos do titular inscrito, ainda antes da realização do respectivo contrato de aquisição. Isto é assim há inúmeras décadas e já o Código do Registo Predial de 1929, aprovado pelo Decreto n.° 17070, de 4 de Maio de 1929, determinava no seu artigo 200.° que o registo provisório de "transmissão por efeito de contracto pode ser feito em vista de declarações escritas e assinadas pelos donos dos prédios a transmitir com a letra e assinatura reconhecidas por notário....."

Catarino Nunes, a fls. 402 do seu Código anotado, esclarece que nessas situações "existe um interesse que a lei protege previamente, providência cautelar (prè-inscrição)".

Mas como se compreenderia essa reserva de lugar se a prioridade do acto não fosse determinada pela data do registo provisório?

O nosso direito registral é, como se sabe, baseado no direito germânico e, fazendo uma análise dos princípios que o caracterizam, o tratadista José Manuel Garcia Garcia, no seu livro intitulado *Derecho Inmobiliario Registral o Hipotecario*, a págs. 395, diz que *la prioridad atiende al Registro y no a la fecha del documento*.

Também Manuel de Oliveira Leal Henriques, no seu livro intitulado "Dos Registos", refere a fls. 59 que "a prè-inscrição, após conversão em registo definitivo, cria a prioridade da inscrição a partir da data do registo provisório". E, citando Oliveira Ascensão, continua dizendo que a função da prè-inscrição é assim "como que uma reserva de lugar, permitindo ao beneficiário estar ao abrigo de quaisquer registos posteriores, uma vez que a sua inscrição, a ser convertida em definitiva, terá uma prioridade que remonta à data do registo provisório".

O princípio da prioridade já vem de muito longe, mas considerando a natureza deste trabalho, dispensamo-nos de "contar" a sua história, pelo seu carácter fastidioso. O mesmo princípio estava contido no artigo 956.° do C. Civil de 1867, o qual também estabelecia, no seu artigo 973.°, que "o registo provisório, quando é convertido em definitivo, conserva a ordem de prioridade que tinha como provisório". Depois de esse princípio ter percorrido todos os códigos posteriores, ficou consignado no artigo 6.° do Código actual, cujo n.° 3 igualmente determina que "o registo convertido em definitivo conserva a prioridade que tinha como provisório".

Isto representa a consagração da norma latina *prior in tempore potior in jure* que Lopes Cardoso, a fls. 26 do seu livro "Registo Predial", tão avançado para a sua época, refere ser lema da instituição de registo.

Nem outra coisa seria admissível, porque, se a prioridade se determinasse pela data do documento, então o Registo Predial perderia inteiramente a sua eficácia como garante da segurança jurídica.

Segundo Oliveira Ascensão, o princípio da prioridade "tem extrema importância para a dogmática do registo" (v. Direitos Reais, 1971, p. 388). Com efeito, assim é. Mas o mesmo princípio não impede que o registo prioritário possa ser impugnado se, na óptica do julgador e das correntes doutrinais e jurisprudenciais vigentes na altura, existirem motivos para tanto. Com efeito, nos termos do artigo 7.°do C. R. Predial, o registo definitivo constitui apenas presunção de que o direito existe e pertence ao titular inscrito, nos precisos termos em que o registo o define.

Posto isto e para responder às perguntas feitas de início, prossigamos na nossa análise, partindo dos dados constantes do citado acórdão do S. T. J.

No caso concreto, consta da decisão do tribunal de primeira instância, emissor da sentença impugnada, que o registo de arresto nestas condições, ou seja, sobre prédio inscrito provisoriamente por natureza a favor de outra pessoa que não o executado, deveria ter sido efectuado como definitivo e não como provisório.

Salvo o devido respeito, existindo um registo provisório, não caduco, a favor de outrem que não o executado, o conservador não podia deixar de ter em conta que esse registo provisório poderia vir, entretanto, a ser convertido e, observando o disposto no n.° 3 do artigo 6.° do C. R. Predial, o registo convertido conservaria a prioridade que tinha como provisório. Se tal conversão acontecesse, o registo de arresto ficaria manifestamente errado, por o prédio não pertencer ao executado.

Na altura em que o registo de arresto foi efectuado – 28/05/98 – a alínea b) do n.° 2 do citado artigo 92.° ainda conservava a redacção antiga, decretando apenas a provisoriedade por natureza das inscrições dependentes dum registo provisório. Ainda não tinha sido feito nessa alínea o acrescentamento da provisoriedade por natureza das inscrições *incompatíveis,* determinado pelo Dec-Lei n.° 533/99, de 11 de Dezembro. Depois das alterações introduzidas por esse Decreto, a alínea b) do n.° 2 do artigo 92.° passou a determinar que sejam efectuadas como provisórias por natureza não só as inscrições dependentes de qualquer registo provisório como as que *com ele sejam incompatíveis.*

Atendendo à redacção da lei na data do arresto, é desculpável que o conservador tivesse recorrido à disposição da alínea a) do n.° 2 do citado artigo 92.° para obviar a um registo definitivo manifestamente duvidoso. Mas, porque a provisoriedade por natureza também era incerta, deveria, a meu ver, tê-lo feito simultaneamente como provisório por dúvidas. Estas referir-se-iam à própria incerteza sobre o regime aplicável.

Com efeito, o registo provisório de aquisição poderia, ou não, vir a ser convertido em definitivo. Na hipótese afirmativa, isso determinaria que a inscrição de arresto passasse a ser provisória ao abrigo da alínea a) do n.° 2 do artigo 92.°. Mas, na hipótese contrária, o prédio ficaria livre para ser arrestado e, portanto, o seu registo deveria ser definitivo. Por isso, estamos em crer que a solução encontrada – provisoriedade apenas ao abrigo da alínea a) do n.° 2 –, não tendo sido a mais correcta, foi a que o conservador julgou menos lesiva para os interesses da parte, porque o registo provisório por dúvidas caducaria no prazo de seis meses. Mas é óbvio que essa solução também suscitava problemas difíceis de resolver.

Actualmente, o registo de arresto nas condições indicadas, ou seja quando exista inscrição provisória de aquisição a favor de outra pessoa que não o executado, não poderá deixar de ser provisório por natureza, nos termos da citada alínea b) do n.º 2 do artigo 92.º, por ser *incompatível* com esse registo provisório.

Esse registo manter-se-á em vigor pelo prazo do registo com o qual colide, salvo se antes caducar por outra razão. Uma vez convertido em definitivo o registo provisório de aquisição, isso determina a caducidade do registo de arresto, por incompatibilidade. Mas se, pelo contrário, o registo de aquisição não for convertido, dar-se-á a conversão oficiosa da inscrição de arresto (art. 92.º, n.º 6).

São estas as normas registrais que o conservador não pode deixar de tomar em consideração, sob pena de faltar gravemente ao cumprimento dos seus deveres profissionais.

É claro que não está vedado ao S. T. J. pronunciar-se sobre a "bondade" das disposições legais, mas, existindo elas, não pode deixar de as observar. E não existem dúvidas nenhumas, salvo o devido respeito, de que o S. T. J. decidiu contra lei expressa. quando ignorou abertamente o disposto no n.º 3 do artigo 6.º do C. R. Predial, que determina que a prioridade duma inscrição se reporta à data do seu registo provisório, e não à data do respectivo título. E também não cremos que não tenha errado, antes pelo contrário, quando deu razão ao tribunal de primeira instância, ao entender que o registo de arresto deveria ter sido efectuado definitivamente, sem atender ao registo provisório de aquisição que impendia sobre o prédio.

Vejamos, porém, se *de jure constituendo* existem algumas razões que motivem o anómalo acórdão do S.T.J.. Em primeiro lugar, não há dúvida nenhuma de que, também no caso de o registo provisório de aquisição, antes de lavrado o contrato, ser feito com base em contrato-promessa de aquisição, quem deve requerer o respectivo registo é o vendedor, o que é uma consequência da eficácia meramente obrigacional de tal contrato. Precisamente por isso, pode dizer-se que o registo provisório com base na alínea g) do n.º 1 do artigo 92.º é sempre feito com base em declaração do vendedor. Portanto, não se compreendia que, em igualdade de condições, fosse privilegiado o registo feito com base na declaração propriamente dita, em detrimento de um registo feito com base em contrato-promessa.

O que determinou a decisão do S.T.J. foi o facto de o registo de aquisição ter sido feito com base num contrato-promessa que tem efeitos meramente obrigacionais. Não se atentou no facto de que, neste caso, *não há um registo de contrato-promessa, ou, aplicando os termos da lei, um registo de promessa de alienação,* nos termos do art. 2.°, n.° 1, alínea f) do C. R. P.. Existe, sim, um registo de natureza diferente, muito embora escudado nesse contrato, ou seja, *um registo de aquisição* (art. 2.°, n.° 1, alínea. a)).

Se o registo de aquisição tivesse sido feito como provisório com base na declaração do vendedor, certamente não era questionada a provisoriedade do registo do arresto, o que deixa a nu a argumentação errada contida no citado acórdão.

No entanto, em teoria e *de jure constituendo,* pode ser controversa alguma parte da regulamentação desta matéria, porque, actualmente, a inscrição provisória referida na citada alínea g) do n.° 1 do artigo 92.°, quando feita com base em contrato-promessa de alienação, é renovável por períodos de seis meses e até um ano após o termo do prazo fixado para a celebração do contrato prometido, com base em documento que comprove o consentimento das partes (n.° 4 do artigo 92.°).

Ora, com esta disposição, procurou-se auferir algumas das vantagens do regime do registo do contrato-promessa com eficácia real, pelo menos relativamente à impossibilidade de prosseguir com uma execução sobre o prédio objecto da promessa. O próprio registo de aquisição baseado num contrato-promessa pode constituir uma manobra astuciosa para travar as consequências de uma eventual penhora ou arresto, até à definição da situação jurídica do prédio, o que só se concretiza com o acto da venda ao promitente-comprador ou com a verificação da caducidade do registo.

Num país onde proliferam as fraudes dos devedores remissos, onde é muito fértil a sua imaginação, por vezes os mesmos lançam mão de todos os meios para não pagarem aos seus credores, ou protelarem o pagamento por longos períodos de tempo. Que melhor forma de o fazer do que registar a favor de outrem uma aquisição provisória baseada num contrato-promessa com um prazo dilatado no tempo?

Já foram inúmeros os casos, desta e doutra natureza, em que o S.T. J. decidiu de forma inteiramente casuística, por vezes contra leis que na situação concreta se apresentavam como geradoras de injustiça. Porém, parece não ser este o caso do acórdão em análise, segundo resulta do seu próprio texto, o que nos causa ainda maior perplexidade...

Não podemos ignorar que os tribunais têm que se sujeitar às leis vigentes, sob pena de inconstitucionalidade (v. art. 203.º da Constituição Política) e que o Registo Predial é uma instituição regida por um conjunto de normas e princípios consagrados na lei que não se compadecem com decisões precipitadas ou casuísticas, ao sabor de factores conjunturais, porque isso compromete os fins de segurança jurídica que se propõe realizar.

HIPOTECA MOBILIÁRIA
E
PENHOR SEM ENTREGA DAS COISAS (*)

(*) Este trabalho foi apresentado no VIII Congresso Internacional de Direito Registral, realizado em Buenos Aires, em 1989. Não foram introduzidas alterações nos textos, mas no final, em rubrica autónoma, são relacionados diplomas mais recentes, com referência às rubricas tratadas.

I

1 – Coisas móveis e imóveis
2 – Penhor e hipoteca
3 – Publicidade
4 – Requisitos comuns ao penhor e à hipoteca. Divergências fundamentais.

COISAS MÓVEIS E IMÓVEIS

1 – A classificação das coisas em móveis e imóveis tem hoje capital importância, não só para o direito privado como ainda para o direito público (processual, fiscal e penal). "A título exemplificativo poderemos referir os seguintes institutos privatísticos em que a distinção foi tomada em consideração pelo legislador: capacidade para alienar, forma dos actos jurídicos, usucapião, penhor, hipoteca, privilégios creditórios, ocupação, arrendamento, enfiteuse, servidões, regimes matrimoniais, etc., etc."[1].

Contudo, no primitivo direito romano, tal distinção foi praticamente ignorada, pois a maioria dos tratadistas entende que ela não coincide com a clássica divisão entre "res mancipi" e "res nec mancipi". Mais tarde, as escolas jurídicas elaboraram e valorizaram esses conceitos, limitando porém, a sua influência ao instituto do usucapião[2].

Só após a queda do império romano do Ocidente e a consequente infiltração, nos povos dominados por Roma, das ideias e da cultura ger-

---

[1] F. A. PIRES DE LIMA, *Boletim do Ministério da Justiça,* n.° 91, 1959, pág 210.

[2] MIGUEL ROYO MARTINEZ, *«La Hipoteca sobre Bienes Muebles»,* 1933, págs. 13 e 14.

mânicas, os conceitos de coisa móvel e imóvel se clarificaram, reflectindo a distinção, tão cara para o direito germânico, entre bens de carácter individual e bens que desempenham uma função social.

Tal dicotomia manteve-se na Idade Média, em que se atribuiu particular relevância à propriedade imobiliária, de carácter vitalício e hereditário, a qual integrava o feudo, base e suporte da organização política e económica.

Não se pense, porém, que a classificação das coisas em móveis e imóveis flui espontaneamente. Apesar de, no século XVIII, se ter começado por considerar como móvel o que podia ser transportado dum lado para o outro [3], essa distinção resulta de uma pura ficção jurídica, sendo frequente, nas modernas legislações, classificar como imóvel aquilo que o mais elementar senso comum considera como coisa móvel, ou vice-versa [4]. Acontece também, por vezes, que a mesma coisa é móvel para certos efeitos e imóvel para os restantes [5].

Por via de regra, não há definições de coisa móvel e imóvel, limitando-se a lei a enumerar aquilo que tem a natureza imóvel e a considerar como móvel tudo o que não esteja compreendido naquela enumeração [6].

Foi esse o critério seguido pelo legislador do Código Civil Português de 1967. O artigo 204.° desse código considera como imóveis os seguintes bens:

a) Os prédios rústicos e urbanos;

b) As águas;

c) As árvores, os arbustos e os frutos naturais, enquanto estiverem ligados ao solo;

d) Os direitos inerentes aos imóveis mencionados nas alíneas anteriores;

e) As partes integrantes dos prédios rústicos e urbanos.

Por sua vez, o artigo 205.° considera como móveis todas as coisas não compreendidas no artigo anterior.

A contribuição do direito germânico para a elaboração de importantes conceitos de direito privado foi também decisiva, com referência à divisão das coisas em corpóreas e incorpóreas [7]. Sob a sua influência,

---

[3] MIGUEL ROYO MARTINEZ, *ob. cit.* pág. 19.

[4] *Hipoteca Mobiliária* – Boletin Oficial Del Estado Madrid, 1969, pág. 17; MIGUEL ROYO MARTINEZ, *ob. cit,* pág. 124,

[5] Gierke: Deustcher Privatecht, Leipzig, 1905 – Vol. 2.°, pág. 12, cit, por MIGUEL ROYO MARTINEZ, *ob. cit.,* pág. 18.

[6] F. A. PIRES DE LIMA, *ob. cit.,* págs 210 e segs.

[7] MIGUEL ROYO MARTINEZ, *ob. cit.,* pág. 16.

Pothier, no século XVIII, ao distinguir as coisas corpóreas das incorpóreas, dividia umas e outras em móveis e imóveis[8].

Estas figuras conceptuais enraizaram-se nos hábitos jurídicos. Por exemplo, na moderna legislação portuguesa são coisas incorpóreas imóveis os direitos inerentes a coisas imóveis (C. Civil, art. 204.°, n.° 1, al. *d*) e coisas incorpóreas móveis as quotas sociais (art. 205.°, n.° 1).

Esta importante dicotomia tem relevância no estudo da hipoteca mobiliária, já que esta pressupõe a natureza móvel, corpórea ou incorpórea, do objecto sobre que recai.

---

[8] R. J. POTHIER: Oeuvres Bruselas, Tarlier 1831, Vol. 5.°, págs. 201 e segs., cit. por MIGUEL ROYO MARTINEZ, *ob. cit.*, pág. 19.

PENHOR E HIPOTECA

2 – Porque o penhor e a hipoteca têm a mesma raiz latina, não é possível estudar um sem o outro. Por outro lado, o tratamento dessas figuras jurídicas exige uma vista de olhos sobre o conceito de obrigação (ou relação obrigacional) que faz parte dum ramo muito importante do direito privado, o chamado direito das obrigações.

Como se sabe, a obrigação é um vínculo jurídico pelo qual alguém (devedor) fica especialmente adstrito para com outrem (credor) a assumir determinado comportamento positivo ou negativo, a que se chama prestação. Exemplifiquemos com um contrato de mútuo em que o credor põe de imediato à disposição do devedor o capital de que este precisa, e o devedor fica, por sua vez, obrigado a restituir-lho futuramente com juros, que constituem uma retribuição em função do valor e do tempo durante o qual se mantém a privação voluntariamente sofrida.

O credor que aceita constituir uma relação jurídica obrigacional deseja que os seus interesses fiquem acautelados através da prestação duma garantia por parte do devedor. Mas esta aspiração de segurança não é apenas dos dias de hoje. Desde que existe propriedade privada e bens excedentes em poder de alguns indivíduos, têm os mesmos sido utilizados por outros com garantias de restituição.

Nos primitivos tempos de Roma o devedor que não cumpria a obrigação tornava-se escravo do seu credor e, no direito germânico, o credor tinha mesmo o direito de matar o devedor faltoso[1]. Com efeito, a garan-

---

[1] MIGUEL ROYO MARTINEZ, *ob. cit.,* págs. 34 e 44.

Em Roma, "a obligatio nascia de um acto solene (stipulatio) celebrado entre duas pessoas determinadas". "Além disso, criava um vínculo de subordinação ou dependência acentuadamente pessoal, sobretudo no período anterior à publicação da célebre Lex Poetelia Papiria de Nexis" (ANTUNES VARELA, *Das Obrigações em Geral,* Vol. II, 1974, pág 250).

tia das obrigações teve expressões diferentes e evoluiu através dos tempos.

Modernamente, nas legislações mais avançadas, já nem sequer é admitida a prisão por dívidas, senão em casos muito excepcionais, mas além da garantia patrimonial que consiste na responsabilidade de todo o património do devedor e inclui a sua preservação de actos lesivos, continuam a existir garantias de carácter pessoal, tal como, na lei portuguesa, a fiança, a subfiança e o mandato de crédito([2]).

Muito cedo se constatou que uma garantia baseada na confiança em pessoa determinada nem sempre é suficiente. Haja em vista que os patrimónios do devedor e do fiador estão sujeitos a deperecimento, podendo mesmo desaparecer por completo. Por isso, idealizou-se uma garantia objectiva, em que bens certos e determinados respondem pelo cumprimento da obrigação.

Em Roma, apareceram assim, sucessivamente no tempo, as figuras jurídicas conhecidas pelos termos latinos de "fiducia" e "pignus". E, nas legislações actuais, existem as garantias especiais das obrigações, de que o penhor e a hipoteca são as mais frequentes e importantes.

Vamos apenas debruçar-nos, ainda que de forma breve, sobre essa figura do direito romano chamada "pignus", por ser aquela que mais intrinsecamente se encontra relacionada com o penhor e a hipoteca([3]).

O "pignus" era uma forma de garantia em que o devedor assegurava o cumprimento da obrigação transmitindo ao credor a posse de uma coisa (e não a sua propriedade, como na "fiducia", imperante numa primeira fase, a que se seguiu aquela a que nos referimos). Mas o credor, a princípio, não tinha ainda um verdadeiro direito real, pois não dispunha de uma acção para fazer valer o seu direito contra terceiros, nem podia vender a coisa se não fosse cumprida a obrigação. Uma vez paga a dívida, o devedor, esse sim, podia reclamar a coisa, através da "actio pignoratitia directa" movida contra o credor ou contra terceiros.

Só numa terceira fase, depois de uma certa evolução, em que imperou o desejo de conciliar os interesses do devedor com os do credor, a qual passou pela introdução de certas figuras jurídicas contratuais, nomeadamente o "pignori obligari"([4]), a garantia se transformou num verdadeiro

---

([2]) Código Civil Português, arts. 601 e segs. e 627.º e segs.

([3]) MIGUEL ROYO MARTINEZ, *ob. cit.,* págs. 34 e segs.

([4]) O "pignori obligari" era um contrato pelo qual se estabelecia que determinados bens do devedor deviam servir ao credor para cobrar o seu crédito, no caso de este não ser

direito real. Nessa fase, os bens objecto do "pignus", que podiam ser móveis ou imóveis, eram entregues, ou não, ao credor, de harmonia com as circunstâncias, mas este dispunha de uma acção para fazer valer os seus direitos contra o devedor ou contra terceiros, a qual se chamava "actio quasi serviana" ou "actio hyphotecaria"[5].

Mais tarde, o credor passou mesmo a ter de direito de, no caso de não ser pago, vender a coisa e satisfazer o seu crédito pelo preço da venda, cabendo ao devedor receber apenas a parte sobrante do preço.

Com o andar dos tempos, porém, começou a reservar-se o vocábulo "pignus" para os casos em que havia entrega da coisa (falava-se então de "pignus" em sentido estrito ou "pignus datum") e o vocábulo "hypotheca" para os outros, em que ela não saía da posse do devedor (falando-se aqui, de "hypotheca" ou "pignus conventum")[6]. Mas, na prática, acontecia que os móveis eram sempre entregues ao credor, enquanto que os imóveis permaneciam na posse do devedor.

Esta situação influenciou vivamente as concepções jurídicas dos povos que absorveram o direito romano, com flutuações de influência germânica a partir da época medieval. Cremos assim justificada a distinção entre penhor e hipoteca, baseada na natureza móvel ou imóvel da coisa dada em garantia, que ainda hoje tem importantes reflexos na maioria das legislações.

Todavia, a doutrina de alguns países tem vindo a pretender reconduzir estes conceitos à sua pureza inicial. Há quem entenda que o que distingue o penhor da hipoteca "é o facto de, naquele, a coisa sair do poder do proprietário, o que se não dá na hipoteca. O carácter mobiliário ou imobiliário dos bens seria irrelevante, e, por conseguinte, deveria aceitar-se que tanto o penhor como a hipoteca tenham por objecto, indiferentemente, bens de qualquer daquelas espécies"[7].

---

satisfeito. Os bens que ficavam sujeitos a esta responsabilidade não necessitavam de ser entregues ao credor (MIGUEL ROYO MARTINEZ, *ob. cit.*, pág. 36).

[5] A "actio quasi serviana" ou "actio hypotecaria" proveio da "actio serviana" criada no decurso do Império de Adriano, que se destinava a facultar ao proprietário de terras arrendadas o direito de perseguir, ainda que em poder de terceiros, os bens afectos pelo arrendatário ao cultivo das terras e dados em garantia para pagamento das rendas (MIGUEL ROYO MARTINEZ, *ob. cit.*, pág. 37).

[6] *Exposition de Motivos y Projecto de Ley General de Hipotecas Inmobiliárias*, pub. pelo Min. da Justiça da Venezuela, Caracas, 1967, pág. 7.

[7] ADRIANO PAES DA SILVA VAZ SERRA, "Boletim do Ministério da Justiça", n.º 62, 1957, pág. 90.

As dificuldades são muitas nesta matéria, visto existirem inúmeros casos de penhor sem entrega de bens ao credor ou a terceiro, reconhecidos pelas várias legislações. Para certa corrente doutrinal, esses casos integram uma figura jurídica autónoma, mas híbrida, situada entre o penhor e a hipoteca[8]. Mas essa tese é contrariada por aqueles que consideram esta situação transitória, por tal figura constituir uma verdadeira hipoteca mobiliária e aguardar apenas a oportunidade de ser convenientemente regulamentada, logo que a evolução cultural e jurídica de cada país o permita.

O que neste momento interessa reter, à guisa de conclusão, é o seguinte:

a) Não deve considerar-se essencial ao conceito de hipoteca a natureza móvel ou imóvel da coisa dada em garantia. De facto, as modernas legislações têm vindo a admitir, progressivamente, a hipoteca de várias espécies de coisas móveis;

b) Têm sido igualmente admitidos inúmeros casos de penhor sem entrega de bens ao credor ou a terceiro, mas há uma certa corrente doutrinal que os considera como hipoteca, apesar da terminologia empregue[9], e existem outras correntes, quiçá mais relevantes, no sentido de transformar em hipoteca mobiliária, ou regulamentar como tal, aqueles casos para os quais seja criado um sistema de publicidade registral que respeite minimamente o princípio da especialidade, o qual exige a correcta identificação dos bens sujeitos a registo.

---

[8] ADRIANO PAES DA SILVA VAZ SERRA, "Boletim do Ministério da Justiça", n.º 58, pág. 44.

[9] RUBINO (Domenico), *Trattato di Diritto Civile e Comerciale,* XIX, l'Ipoteca, págs. 197 e segs.; MIGUEL ROYO MARTINEZ, *ob. cit.,* pág. 130, citando ROSSEL, MENTHA e EGGER.

PUBLICIDADE

3 – O direito germânico teve o mérito de evidenciar a fraca eficácia da garantia real no direito romano, por falta de publicidade adequada, sempre que não existia entrega da coisa ao credor ([1]).

Essa deficiência dava por vezes origem a que o direito de certo credor fosse preterido pelo direito de outro que se encontrava em posição superior numa escala de prioridades inteiramente desconhecida.

Para se compreender a função da publicidade é preciso não esquecer o conceito germânico de obrigação, formado por dois elementos, a SCHULD e a HAFTUNG, ou seja, a obrigação propriamente dita que, por si só, não é vinculativa e a responsabilidade que lhe confere a sua plena eficácia, pois é através dela que o credor tem o poder de forçar o devedor a cumprir ([2]).

É importante conhecer a evolução da responsabilidade que, a princípio, foi apenas pessoal (por exemplo: o devedor tornava-se escravo do credor), ou patrimonial (respondia pela dívida todo o património do devedor ou de terceiro), mas depois se transformou em responsabilidade real, quando bens certos e determinados, sobre que o credor detinha um poder de facto (gewere), respondiam pelo cumprimento da obrigação. Como é óbvio, tal responsabilidade não funcionaria se não existisse, entre o credor e esses bens, uma relação exterior, com repercussão jurídica, que se impusesse a todos os indivíduos.

Com efeito, o direito real de garantia, oponível "erga omnes", supõe, para sua plena eficácia, a colocação num plano superior, num palco observável por todos os cidadãos, espectadores forçados que não podem alegar ignorância em relação ao conteúdo do mesmo.

([1]) *Exposition de Motivos Y Proyecto de Ley General de Hipotecas Inmobiliarias*, cit., pág. 7.

([2]) MIGUEL ROYO MARTINEZ, *ob. cit.*, pág. 43.

Essa faculdade de observar externamente a relação que existe entre o credor e a coisa pode mesmo tornar-se indispensável para a sua própria existência, ou apenas condicionar a sua eficácia em relação a terceiros.

No penhor com entrega de bens, a relação com a coisa é evidenciável através da posse. Apesar das opiniões contrárias, esta constitui uma forma importante de publicidade, pois dá a conhecer a terceiros que o dono da coisa empenhada não tem sobre ela poder de disposição [3]. Mas sempre que a coisa não seja entregue ao credor ou a terceiro (penhor sem despojamento ou hipoteca) verifica-se a necessidade de adoptar formas diferentes de publicidade.

A este nível, actualmente só existem duas:

a) A que resulta do emprego de sinais exteriores apostos nas coisas, perfeitamente visíveis e, tanto quanto possível, de carácter indelével [4];

b) A que consiste na sujeição desses actos a registo público [5].

A primeira forma de publicidade não dá, obviamente, garantias de segurança e, sendo possível utilizá-la, servirá mais para indicação do proprietário dos bens do que para assinalar os direitos reais de garantia que os oneram. Atente-se na dificuldade que terceiros encontrariam para observar os sinais apostos nas coisas, contra a vontade dos seus proprietários.

Resta-nos, pois, a segunda forma de publicidade. Segundo alguns historiadores, as suas raízes remontam ao direito germânico.

Foi o "Livro da Cidade", já existente em alguns centros urbanos em datas muito recuadas (séculos XII ou XIII), que deu origem ao Registo Público [6]. Era nesse livro que, a partir do século XIV, se efectuava a inscrição da garantia real mobiliária sem despojamento das coisas.

---

[3] *Hipoteca Mobiliária* – "Boletin Oficial Del Estado Madrid", cit., pág. 33; Chironi, Coviello e Barassi, cit. por ADRIANO PAES DA SILVA VAZ SERRA, "Boletim do Ministério da Justiça", n.° 58, pág. 103.

[4] MIGUEL ROYO MARTINEZ, *ob. cit.,* pág. 86.

[5] *Registo Predial, Comercial, da Propriedade Automóvel,* etc..

[6] MIGUEL ROYO MARTINEZ, *ob. cit.,* pág. 48.

Esta teoria é contestável, nomeadamente no que se refere à publicidade de imóveis.

Segundo o jurista brasileiro, RICARDO HENRY MARQUES DIP, "O direito medievo apresenta sistemas publicitários muito próximos dos registos modernos. Se já a *investidura* da época do feudalismo francês passou, a partir do século XIII, a ser objecto de registo nas chancelarias das cartas feudais, o surgimento do *nantissement,* ao norte da França e da

Com efeito, actualmente, as legislações exigem a inscrição da hipoteca, mobiliária ou imobiliária, num registo público, de características especiais, para fins de direito privado, e algumas criaram também um registo paralelo para certas modalidades de penhor sem entrega de bens.

A publicidade registral da garantia é necessária para a tornar conhecida e produzir efeitos contra terceiros, mas é também, efectiva ou tendencialmente, consubstancial ao próprio conceito, na medida em que, sem o registo, ela não completou o seu processo de formação ou simplesmente não produz quaisquer efeitos entre as próprias partes intervenientes.

Bélgica, e da *appropriance*, na Bretanha, mostra mais assinaladamente a perseverança do carácter publicitário em relação à constituição e modificação de direitos reais imobiliários, a ponto de serem os sistemas a que Coviello remonte a filiação dos registros modernos" ("A constituinte e o Registro de Imóveis", págs. 9 e segs. e, nomeadamente, pág. 15).

REQUISITOS COMUNS AO PENHOR E À HIPOTECA
DIVERGÊNCIAS FUNDAMENTAIS

4 – Após esta breve introdução estamos aptos a compreender e a evidenciar os requisitos comuns ao penhor e à hipoteca e as suas diferenças fundamentais. Vejamos primeiro qual a definição de hipoteca, por ROCA SASTRE, um dos mais abalizados cultores da matéria. Hipoteca, para esse autor, é um "direito real"[1] de vinculação e realização de valor em função de garantia do cumprimento duma obrigação pecuniária, de carácter acessório e indivisível, de constituição registral, que recai directamente sobre bens imóveis alheios, alienáveis e que permanecem na posse do proprietário"[2]. Desmontando esta definição, individualizamos os seguintes requisitos:

a) Direito pelo qual a coisa fica vinculada à satisfação da dívida, mediante a sua venda forçada (o que limita, como é óbvio, o poder de disposição do proprietário);

b) Carácter pecuniário da obrigação;

c) Acessoriedade da hipoteca;

d) Indivisibilidade da hipoteca;

f) Alienabilidade (ou melhor ainda, susceptibilidade de execução forçada) dos bens dados em garantia;

g) Incidência sobre bens imóveis (V., porém, comentário);

h) Permanência dos bens na posse do proprietário;

i) Publicidade registral ou essencialidade do registo [3].

---

[1] Há teorias que negam à hipoteca o carácter de direito real (V. *Exposicion de Motivos y Projecto de Ley General de Hipotecas Inmobiliárias,* cit., págs. 9 e segs.).

[2] "Instituciones de Derecho Hipotecario", Tomo III, 1942 págs. 6 e 7.

[3] ADRIANO PAES DA SILVA VAZ SERRA, "Boletim do Ministério da Justiça", n.º 62, cit., págs. 56 e 57.

Vejamos, pois, os requisitos que são comuns ao penhor e à hipoteca e os que respeitam exclusivamente a esta:

1.º Tanto o penhor como a hipoteca conferem ao credor o direito de se satisfazer, até ao montante da dívida, pelo valor de certas coisas pertencentes ao devedor ou a terceiro, com preferência sobre os outros credores. Isto pressupõe o recurso a determinados meios judiciais ou mesmo extrajudiciais[4], destinados a fazer valer esse direito (jus persequendi – direito de sequela; e jus praelationis – direito de preferência). Tal como acontece em relação ao penhor, mesmo quanto à hipoteca há legislações que admitem a venda extrajudicial do bem hipotecado (a actio hypothecaria romana também era um meio extrajudicial), mas a legislação portuguesa só prevê a venda extrajudicial da coisa empenhada.

2.º O carácter pecuniário da obrigação é um requisito que respeita exclusivamente à hipoteca. O crédito pignoratício não tem que ser necessariamente pecuniário, podendo ter por objecto outra qualquer prestação. É apenas indispensável que se transforme em pecuniário para o efeito da realização do penhor. Na hipoteca, o crédito garantido tem sempre natureza pecuniária[5].

3.º Tanto o penhor como a hipoteca pressupõem uma obrigação a que servem de acessório. Nos países de raiz latina, ao contrário do que sucede, por exemplo, no direito alemão, nem mesmo a hipoteca pode ter uma vida própria, independente da obrigação a que serve de segurança. A existência de qualquer um desses dois direitos está condicionada pela existência da relação jurídica obrigacional. Quando esta cessa, cessa igualmente a garantia. No direito alemão existem modalidades de hipoteca, tais como a "dívida fundiária" e a "dívida de renda", que são independentes de um crédito a que sirvam de segurança, mas não vamos caracterizá-las, dado o pouco interesse que a sua introdução em países latinos tem suscitado[6].

---

[4] *Boletim do Ministério da Justiça,* n.º 62, cit. pág. 39; *Hipoteca Mobiliária –* "Boletin Oficial Del Estado Madrid", 1969, cit. págs. 94 e segs.; Art. 675.º do Cod. Civil Português.

[5] *Boletim do Ministério da Justiça,* n.º 58, cit., págs. 83 e 84; e n.º 62, cit., pág. 59.

[6] *Boletim do Ministério da Justiça,* n.º 62, cit., págs. 40 e segs; *Exposicion de Motivos Y Projecto de Ley General de Hipotecas Inmobiliarias,* cit., pág. 15.

Hipoteca mobiliária e penhor sem entrega das coisas

4.º A indivisibilidade é característica comum ao penhor e à hipoteca. Isto significa que permanecem intactos, ainda que o crédito assegurado ou os bens onerados sofram alguma modificação. Assim, mesmo que o crédito seja parcialmente satisfeito, aqueles direitos permanecem, na íntegra, sobre toda a coisa empenhada ou hipotecada. Por outro lado, se esta for dividida, cada parcela continuará onerada e responderá pela totalidade da dívida.

O princípio da indivisibilidade significa ainda que, se a garantia recair sobre vários bens, cada um deles fica adstrito à satisfação integral do crédito. Mas este aspecto tem vindo a ser contestado em certos países, cujas legislações estabelecem a obrigatoriedade ou a mera possibilidade de determinação prévia da parte de responsabilidade que compete a cada bem onerado, extinguindo-se parcialmente a garantia sobre esses bens, à medida que o devedor for satisfazendo a quota parte da dívida de cada qual.

Este procedimento baseia-se em que o princípio da indivisibilidade não deve colidir com o princípio da especialidade, a que adiante faremos referência [7].

5.º Quanto à hipoteca, o princípio da especialidade significa que os bens hipotecados devem ser perfeitamente individualizados (física, económica e fiscalmente), devendo igualmente ser determinado o crédito que garantem e a causa da obrigação. Quanto ao penhor, os bens sobre que recai nem sempre são susceptíveis da identificação relativamente perfeita que é necessária para o registo da hipoteca. Haja em vista o penhor de instrumentos de trabalho do devedor, como gados e outros elementos agrícolas, de colheitas futuras e, bem assim, o penhor de universalidades que as legislações têm vindo a admitir [8].

No entanto, a lei espanhola de 16-12-1954, sobre "hipoteca mobiliária y prenda sin desplazamiento de posesion", admitiu a hipoteca do estabelecimento mercantil, mediante uma certa especificação dos elementos que o constituem (Cap. II do Tít. II), o que é bem sintomático da incaracterização que reina no espaço livre que medeia entre o penhor e a hipoteca mobiliária.

---

[7] *Boletim do Ministério da Justiça*, n.º 58, cit., pág. 56 e segs. e n.º 62, cit., pág. 74; *Exposicion de Motivos Y Projecto de Ley General de Hipotecas Inmobiliarias*, cit., pág. 17 e 22 e segs.; Art. 696.º do C. C. Português.

[8] *Boletim do Ministério da Justiça*, n.º 58, cit., págs. 51 e segs. e 75 e segs.

6.º Tanto os bens penhorados como os hipotecados devem ser susceptíveis de alienação, o que bem se compreende, atendendo ao facto de que o credor tem o direito de ser pago através da respectiva venda. Há, porém, certas legislações que vão ainda mais longe, estabelecendo expressamente que os bens dados em garantia têm que ser susceptíveis de execução forçada. De facto, há razões de ordem moral que não permitem a execução forçada de certos bens alienáveis (por exemplo, campas e jazigos) [9].

7.º Ao contrário do que, como vimos, sucedia no direito romano, nas modernas legislações há a tendência para considerar que o penhor recai exclusivamente sobre coisas móveis, enquanto que a hipoteca, muito embora incida preferencialmente sobre as coisas imóveis, também pode ter por objecto coisas móveis, desde que concorram determinados requisitos que as equiparem às coisas imobiliárias. A definição de ROCA SASTRE deve ser interpretada tendo em vista o caso concreto da lei espanhola, vigente na altura, pois o próprio autor considerava que "este carácter esencialmente inmobiliário de la hipoteca, es insostenible cientificamente" [10].

8.º Segundo a moderna ciência jurídica, a diferença fundamental entre penhor e hipoteca consiste em que, ao contrário do que se passa com esta, naquele há entrega de bens ao credor ou a um terceiro, mediador possessório (o que supõe o despojamento material por parte do devedor), sendo suficiente, porém, a entrega de um título de tradição (por exemplo, títulos de crédito representativos de mercadorias). Esta característica fundamental do penhor tem vindo a ser desvirtuada, através do reconhecimento de determinadas modalidades em que não existe entrega de bens ao credor ou a um terceiro [11].

---

[9] *Exposicion de Motivos Y Projecto de Ley General de Hipotecas Inmobiliárias,* cit., pág. 19; Art. 822.º, n.º 1, al c), Código do Processo Civil Português.

[10] *Instituciones de Derecho Hipotecario,* Tomo III, 1942, pág. 30.

[11] Há quem defenda a tese de que, no penhor, o credor adquire sempre a posse da coisa empenhada, ainda que esta não saia da esfera do empenhador, através do "constituto possessório". Outros, porém, entendem que não satisfaz a finalidade da entrega, como requisito do penhor, o mero "constituto possessório", ou seja, a mera detenção dos bens pelo próprio empenhador ou por outrem (mediador possessório ou fiel depositário) – V. *Boletim do Ministério da Justiça,* n.º 58, cit., pág. 46, citando GALVÃO TELLES, in "La Prenda sin Desplazamiento en el Derecho Portuguê*s*"; *Boletim do Min. da Justiça,* n.º 62, cit., págs. 86 e 87.

Hipoteca mobiliária e penhor sem entrega das coisas

9.º Enquanto a publicidade do penhor é garantida através da posse do bem empenhado (publicidade possessória) ou outra mera publicidade de facto, a da hipoteca exige o recurso à inscrição em livros ou fichas próprias, existentes em repartições encarregadas dos registos públicos (publicidade registral)[12]. Segundo as modernas concepções de hipoteca, influenciadas, como vimos, pelo direito germânico, a publicidade através do registo é consubstancial ao próprio conceito, mas essa publicidade supõe a correcta identificação dos bens dados em garantia.

Depois deste resumo de características comuns e privativas das duas espécies de garantia que estamos a analisar, mais fácil se torna a compreensão daquela zona intermédia, entre o penhor e a hipoteca imobiliária, a qual suscita sempre dificuldades.

Na verdade, são em número cada vez mais elevado os casos de penhor sem despojamento dos bens, admitidos pelas várias legislações. Como já foi referido, uma pequena parte da doutrina sobre esta matéria entende que o penhor sem entrega é uma figura jurídica híbrida, situada entre o penhor e a hipoteca. Outros opinam que essas modalidades de penhor constituem uma verdadeira hipoteca, sendo irrelevante a terminologia empregue para caracterizar a garantia.

O penhor sem entrega de bens ao credor ou a um terceiro tem por fim obviar aos inconvenientes de privar o devedor da posse de coisas móveis de grande valor, destinadas a fins agrícolas ou industriais. Essa privação seria nociva para a economia nacional de cada povo, por paralisar elementos de trabalho e de produção, e até para o próprio credor, por diminuir a capacidade económica do devedor e a possibilidade de este cumprir as suas obrigações[13].

Não podendo tais bens ser objecto de penhor manual, dados os inconvenientes acima apontados, são também de difícil identificação registral (por exemplo: gados, colheitas futuras, produtos de explorações agrícolas ou pecuárias, frutos agrícolas, certas máquinas, etc.).

Sendo essencial ao conceito de garantia real a existência de uma forma de publicidade que permita o conhecimento "erga omnes", é preciso encontrar para esses bens um sucedâneo de publicidade possessória, muito

---

[12] Rubino (Domenico), *Trattato Di Diritto Civil e Comerciale,* XIX, "l'Ipoteca", págs. 192 e 196 e segs.

[13] *Hipoteca Mobiliária* – "Boletin Oficial Del Estado Madrid", 1969, cit., pág. 14.

embora não tenha as verdadeiras características do registo hipotecário, pois este é de base real, ou seja, assenta na correcta identificação dos bens.

As legislações dos vários países têm vindo a encontrar as soluções adequadas para estes casos. Algumas instituíram um registo paralelo efectuado nas mesmas repartições por onde se processa o registo hipotecário. Tal registo, muito embora feito por inscrição, não exige a descrição prévia e autónoma dos bens penhorados, com obediência a requisitos fixos, mas apenas a sua determinação pelas particularidades que, segundo a sua natureza, sirvam para identificá-los. Em bom rigor, não assenta na identificação dos bens (princípio da especialidade), mas sim na identificação do contrato constitutivo do penhor. Foi o que aconteceu em Espanha, com a lei de 16-12-1954, sobre "hipoteca mobiliária y prenda sin desplazamiento de posesion" (BOE n.º 352, de 18-12-1954) ([14]).

Relativamente a alguns dos casos de penhor sem despojamento dos bens, vigentes nas actuais legislações, é natural que o grau de desenvolvimento dos países e das suas instituições registrais venha a permitir a sua futura inclusão no "numerus clausus" das hipotecas mobiliárias. Com efeito, sendo possível a descrição de muitos bens móveis por forma idêntica à que ocorre com a propriedade imobiliária, teoricamente nada impedirá a sua sujeição a registo com observância dos respectivos princípios, nomeadamente o da especialidade.

Quanto a outros desses casos de penhor que incidem sobre bens de difícil identificação, é natural que ainda continuem por muito tempo a constituir objecto de soluções paralelas, como essa a que nos referimos e é a mais acertada, pois a natureza intrínseca da garantia real não se satisfaz com o mero estabelecimento de sanções criminais, seguro e responsabilidade civil, para quando o devedor, tendo sido nomeado fiel depositário, faz desaparecer ou diminuir substancialmente o valor da coisa empenhada.

([14]) *Hipoteca Mobiliária* – "Boletin Oficial Del Estado Madrid", 1969, cit., págs. 75, 78.

II

1 – Breve referência histórica a casos remotos de hipoteca mobiliária e Penhor sem entrega das coisas
2 – Hipoteca mobiliária e Penhor sem entrega na legislação espanhola
3 – Penhor sem entrega na legislação portuguesa
4 – Hipoteca mobiliária na legislação portuguesa (navios, automóveis e aeronaves)
5 – Breve comentário crítico
6 – Conclusão

BREVE REFERÊNCIA HISTÓRICA A CASOS REMOTOS DE HIPOTECA MOBILIÁRIA E PENHOR SEM ENTREGA DAS COISAS

1 – Como já foi referido, as legislações têm vindo a adoptar, progressivamente, o penhor sem entrega e a hipoteca mobiliária, sobre certas categorias de bens móveis.

Desde o século XIX que se admite a hipoteca sobre navios, mas, durante muito tempo, houve a convicção de que os mesmos, uma vez submetidos a publicidade, adquiriam a natureza imobiliária [1].

Data também do primeiro quartel do século XX a hipoteca mobiliária sobre aviões, seguindo-se, com pequeno intervalo de tempo, a hipoteca sobre automóveis, muito embora, inicialmente, em certos países e relativa-

---

[1] Sobre toda esta matéria, V. MIGUEL ROYO MARTINEZ, *ob. cit.,* págs. 89 e segs.

mente a esta última, não se lhe tenha chamado hipoteca mas sim privilégio.

Não se pode igualmente deixar de referir a hipoteca sobre títulos nominativos da dívida pública, que foi admitida, em certos países, desde muito cedo, por se lhes atribuir o carácter imobiliário, se bem que a respectiva regulamentação tivesse algumas características comuns à hipoteca de imóveis, mas outras totalmente diferentes [2].

Com referência a certa categoria de bens destinados ao cultivo das terras, ou aos frutos produzidos pelas mesmas, desde o século XIX que se admite uma garantia sem despojamento, muito embora não haja unanimidade entre os tratadistas quanto à verdadeira natureza da mesma. Alguns classificam-na como privilégio, mas outros optam pela classificação de penhor ou hipoteca mobiliária, havendo também quem pretenda tratar-se duma garantia com natureza mista.

Com efeito, em França, já no século XIX existia uma garantia sobre produtos agrícolas, mas só no final desse século e começo do século XX se consolidou o "warrant agricole", que consistia numa garantia sobre produtos agrícolas depositados, titulada por um documento chamado "warrant", o qual era um verdadeiro título à ordem.

A natureza desta garantia foi muito discutida, pois houve quem entendesse que era um penhor sem entrega, mas em tudo semelhante à hipoteca.

Também no começo do século XX se admitiu em Espanha, por Real Decreto-Ley de 22-9-1917, um penhor sem entrega sobre árvores, frutos pendentes, colheitas, máquinas, instrumentos de lavoura, gados e todos os demais elementos da indústria agrícola ou pecuária.

Por outro lado, em Itália, por lei de 5-7-1928, promulgada depois de longo período de discussão, estabeleceu-se um privilégio especial sobre frutos pendentes a colher no ano agrícola, sobre frutos que se encontrassem nos prédios rústicos do devedor e proviessem dos mesmos, e sobre tudo que servisse para cultivar ou abastecer os prédios.

Por sua vez o Código Civil Suíço admitiu a garantia real sem despojamento sobre gados, a favor de determinadas entidades e sob certas condições que incluem um registo público, sendo opinião predominante nesse país estar-se em presença de verdadeira hipoteca mobiliária.

---

[2] MIGUEL ROYO MARTINEZ, *ob. cit.,* pág. 119, citando em Itália a Ley de 10-7-1861, completada pelo Regulamento aprovado pelo Decreto de 8-10-1870.

A semelhança do "warrant agricole", foi criado em França, por lei de 17-3-1915, o "warrant hotelier" consistente numa garantia real sem despojamento sobre o mobiliário comercial do hotel, o material e os utensílios destinados à indústria hoteleira.

Igualmente em França, em fins do século passado e começo deste, admitiu-se outro tipo de garantia sem entrega de bens sobre o património comercial, o chamado "nantissement des fonds de commerce", com características que prenunciam a actual hipoteca mobiliária sobre o estabelecimento mercantil, já admitida nalguns países.

HIPOTECA MOBILIÁRIA E PENHOR SEM ENTREGA NA LEGISLAÇÃO ESPANHOLA

2 – Mais recentemente, em Espanha, pela lei de 16-12-1954, sobre "hipoteca mobiliária y prenda sin desplaziamento de posesion" (BOE n.º 352, de 18-12-1954), foi estabelecida a hipoteca mobiliária sobre uma gama variada de bens.

Essa lei regula conjuntamente a hipoteca mobiliária e o penhor sem entrega, e admite a hipoteca sobre estabelecimentos mercantis, automóveis e outros veículos a motor, carruagens de caminho de ferro e eléctricos de propriedade particular, aeronaves, maquinaria industrial, propriedade intelectual e industrial (título II, Cap. 1, arts. 12.º e segs.).

Por outro lado, a mesma lei estabelece que os titulares legítimos de explorações agrícolas, florestais e pecuárias podem constituir penhor sem despojamento sobre os seguintes bens ([1]):

1.º – Frutos pendentes, colheitas esperadas dentro do ano agrícola em que se celebra o contrato;

2.º – Frutos separados ou produtos das ditas explorações, mediante depósito em armazém ou outro local a indicar;

3.º – Animais com as suas crias e produtos;

4.º – Máquinas e alfaias agrícolas das referidas explorações.

Ainda que não façam parte das referidas explorações, em Espanha também se pode constituir penhor sem despojamento sobre:

1.º – Máquinas e outros bens identificados por características pró

([1]) V. em data anterior, a lei de 17-5-1940 (penhor industrial) e o Dec. de 29-11-1935 (penhor azeiteiro).

prias, como marca e número de fábrica, modelo e outras análogas, que não reunam requisitos para serem objecto de hipoteca mobiliária;

2.º – Mercadorias e matérias primas armazenadas.

Podem ainda penhorar-se, em Espanha, nas mesmas condições, e no todo ou em parte, as colecções de objectos de valor artístico ou histórico, como quadros, esculturas, porcelanas e livros, ou os mesmos objectos, ainda que não façam parte de colecções (Título III, arts. 52.º, 53.º e 54.º).

PENHOR SEM ENTREGA NA LEGISLAÇÃO PORTUGUESA

3 – Há cerca de vinte anos, na nossa legislação também era já longa a lista de casos de penhor sem despojamento de bens. Os distintos civilistas, PIRES DE LIMA e ANTUNES VARELA, citaram-nos no seu Código Civil Anotado([1]), com referência ao artigo 668.°. Alguns desses casos de penhor já desapareceram, por terem sido revogadas, expressa ou tacitamente, as disposições que se lhes referiam (por exemplo: a independência das ex-colónias deu origem à revogação tácita de algumas leis), mas de entre os casos mais importantes que actualmente existem podemos citar:

a) *Penhor mercantil,* regulado pelo Código Comercial Português (arts. 397.° e segs.), em que a entrega de bens pode ser simbólica, efectuando-se pelos meios indicados no § único do Artigo 398.°. Dentro desta modalidade destacamos o chamado penhor de "warrants", o qual se efectua pelo endosso da cautela de penhor (warrant) dos géneros e mercadorias depositadas nos armazéns gerais agrícolas ou industriais (art. 398.°, § único, n.° 3, citado; Dec. n.° 206, de 7 de Novembro de 1913; e Dec. n.° 783, de 21 de Agosto de 1914, modificado pelo Dec. n.° 974, de 26 de Outubro de 1914)([2]);

([1]) O C. Civil Português foi aprovado pelo Dec.-Lei n.° 47.344, de 25-11-1966, tendo entrado em vigor em 1-6-1967, com excepção do disposto nos arts. 1841.° a 1850.°.

([2]) Teor do § único do Art. 398.° do C. Comercial:

A entrega do penhor mercantil pode ser simbólica, a qual se efectuará:

1 ° – Por declarações ou verbas nos livros de quaisquer estações públicas onde se acharem as cousas empenhadas;

2.° – Pela tradição da guia de tranporte ou do conhecimento da carga dos objectos transportados;

3.° – Pelo endosso da cautela de penhor dos géneros e mercadorias depositadas nos armazéns gerais.

b) Penhor bancário, efectuado para garantia de créditos de estabelecimentos bancários, nos termos dos Decretos-Leis n.ºs 29 833, de 17-8-1939, e 32 032 de 25-5-1942;

c) Penhor a favor das Caixas de Crédito Agrícola Mútuo, para garantia de empréstimos destinados à compra de veículos, máquinas, alfaias, outro equipamento ou gado (n.° 2 do art. 40.° do Dec. Lei n.° 231/82, de 17 de Junho, alterado pelo Dec.-Lei n.° 316/85, de 2 de Agosto; e ainda os atrás citados Decs.-Leis n.ºs 29833 e 32032);

d) Penhor a favor da Caixa Geral de Depósitos (Dec.-Lei n.° 693/70, de 31 de Dezembro, art. 9.°, n.ºs 1 e 2; e Dec. n.° 694/70, da mesma data, arts. 57.°, n.° 1, e 58.°, n.ºs 1 e 2);

e) Penhor do conteúdo patrimonial dos direitos de autor (art. 46.°, n.° 1, do Código dos Direitos de Autor, aprovado pelo Dec.-Lei n.° 63/85, de 14 de Março, com as alterações da Lei n.° 45/85, de 17 de Setembro);

f) Penhor sobre móveis e utensílios dos estabelecimentos hoteleiros (Dec.-Lei n.° 42 825, de 29/1/1960);

g) Penhor de quotas de sociedade por quotas, de partes sociais de sociedade em nome colectivo, das partes sociais de sócios comanditados de sociedades em comandita simples e de acções de sociedades anónimas (arts. 23, n.° 3, 182.°, n.ºs 2 e 3; 228.°, n.° 1; 337.°, n.° 2; e 340, n.ºs 1 e 3 do Código das Sociedades Comerciais, aprovado pelo Dec,-Lei n.° 262/86, de 2 de Setembro);

h) Penhor do estabelecimento mercantil individual de responsabilidade limitada (art. 21.°, n.° 1, do Dec.-Lei n.° 248/86, de 25 de Agosto);

i) Penhor de créditos (arts. 680.° e 681.° do Código Civil).
Dentro do penhor de direitos que incidam sobre coisas móveis e sejam susceptíveis de transmissão, para além do já mencionado penhor do conteúdo patrimonial dos direitos de autor, destacamos o penhor de créditos, pela sua afinidade com esta matéria.
Os direitos de crédito que incidam sobre coisas móveis são também coisas incorpóreas móveis (art. 205.°, n.° 1 do C. Ci-

vil) (³). No entanto, a lei portuguesa distingue entre o penhor de direitos e o penhor de coisas (arts. 669.° e segs. e 679.° e segs. do C.C.).

Não há na nossa legislação normas gerais relativas à publicidade do penhor sem despojamento de bens, pelo que a salvaguarda dos direitos do credor se faz muitas vezes à custa de disposições que impõem ao devedor, além da respectiva responsabilidade civil, a responsabilidade criminal pela alienação, modificação, destruição ou descaminho do objecto do penhor (V. o art. 3.° do Dec.-Lei n.° 42825 e o § 1.° do Art. 1.° do Dec--Lei n.° 29833).

Contudo, a nossa lei instituiu um registo para as seguintes espécies de penhor atrás mencionadas:

1.° Penhor do conteúdo patrimonial do direito de Autor.
Está sujeito a registo pelo art. 215.°, n.° 1, *a*) da Lei n.° 45/85, de 7 de Setembro, o qual é efectuado na Direcção dos Serviços do Direito de Autor, da Direcção Geral dos Espectáculos e do Direito de Autor.

2.° Penhor de quotas de sociedades por quotas, de partes sociais de sociedades em nome colectivo, de partes sociais de sócios comanditados de sociedades em comandita simples.
Está sujeito a registo pelo art. 3.°, alíneas *e*) e *f*) do Código do Registo Comercial, aprovado pelo Dec.-Lei n.° 403/86, de 3 de Dezembro, o qual é feito na conservatória do registo comercial em cuja área estiver situada a sede estatutária da sociedade (art. 25.°, n.° 1, do citado Código).

3.° Penhor de acções registadas de sociedades anónimas.
Há dois regimes diferentes com referência às acções de sociedades anónimas, nominativas ou ao portador: o regime de registo e o regime de depósito. Se vigorar o regime de registo, os ónus ou encargos sobre as acções são registados por averbamento no respectivo livro existente na sociedade e, em certas circunstâncias, no caso das acções ao portador, também no duplicado da respectiva declaração de transmissão arquivado em cartório notarial (art. 340.°, n.ᵒˢ 1 e 3, com referência ao art. 337.°, n.ᵒˢ 1, 2 e 3 do Código das Sociedades Comerciais).

(³) ADRIANO PAES DA SILVA VAZ SERRA, *Boletim do Ministério da Justiça,* n.° 59, pág. 244, onde se cita o art. 2.075 do Código Francês.

4.º *Penhor de estabelecimento mercantil individual de respon-sabilidade limitada.*

Está sujeito a registo pelo art. 8.º, al. *d*) do Código do Registo Comercial, sendo tal registo efectuado na conservatória do registo comercial em cuja área estiver situado o estabelecimento (V. art. 24.º, n.º 1 do citado código).

5.º *Penhor de créditos hipotecários ou garantidos por consignação de rendimentos.*

Está sujeito a registo pelo art. 2, n.º 1, al. *o*) do Código do Registo Predial, aprovado pelo Dec.-Lei n.º 224/ 84, de 6 de Julho. Este registo é efectuado nas conservatórias do registo predial em cuja área estiverem situados os bens hipotecados ou onerados com a consignação de rendimentos.

HIPOTECA MOBILIÁRIA NA LEGISLAÇÃO PORTUGUESA

4 – Feita esta breve referência histórica e a menção de vários casos de penhor sem entrega admitidos na legislação portuguesa, resta-nos individualizar as espécies de bens que a mesma legislação sujeita a hipoteca mobiliária.

A) NAVIOS (OU EMBARCAÇÕES, segundo a terminologia do Regulamento Geral das Capitanias).

O Código Comercial Português, aprovado por Carta de Lei de 28/6/1888, considera os navios como bens móveis, para todos os efeitos jurídicos (art. 485), mas logo no art. 585.º estabelece uma restrição, determinando que as hipotecas sobre navios se regem pelas disposições aplicáveis às hipotecas de prédios.

O mesmo Código dedica toda a secção I do capítulo VIII (Tit. I do Liv. III) aos privilégios creditórios e a secção II do mesmo capítulo à hipoteca sobre navios. Mas, como Portugal aderiu às Convenções de Bruxelas, de 10-4-1926, aprovada por Carta de 12-12-1931 (Diário do Governo de 2-6-1932), e de 10-5-1952, aprovada pelo Dec.-Lei n.º 41 007, de 16-2-1957, há que observar as respectivas disposições, nomeadamente quanto aos restantes privilégios creditórios que têm preferência sobre a hipoteca e quanto à publicidade registral das garantias, para serem consideradas válidas e respeitadas em todos os países contratantes.

Com efeito, os navios estão sujeitos a uma dupla publicidade:

1.º – Publicidade obrigatoriamente imposta pelo Estado, para os seus fins específicos (V. Regulamento Geral das Capitanias, aprovado pelo Dec.--Lei n.º 265/72, de 31 de Julho, que substituiu o Regulamento de 1-12-1892).

2.º – Publicidade para efeitos de direito privado, destinada à defesa de direitos de terceiro, em tudo semelhante à publicidade imobiliária (art. 2.º, alíneas *c*) e *d*) do Dec.-Lei n.º 42 644, de 14/11/1959, e art. 6.º do Dec.--Lei n.º 42 645, da mesma data, que substituiu o Regulamento do Registo

Comercial de 15/11/1888, e o art. 102.°, n.° 3, do citado Regulamento Geral das Capitanias). Esta segunda forma de publicidade é também de carácter obrigatório no que respeita à matrícula, pois os navios que lhe estão sujeitos não podem navegar antes de a mesma se ter efectuado (art. 10.° do Dec.-Lei n.° 42 644), e não pode ter lugar sem a prova de se ter realizado a primeira.

Todas as embarcações nacionais, com excepção das pertencentes à Armada, estão sujeitas à publicidade referida na alínea *a*), que consiste num registo de propriedade a efectuar, com a referência às embarcações mercantes (de comércio, de pesca, rebocadores e auxiliares) nas capitanias dos portos ou delegações marítimas; e, relativamente às embarcações de recreio, nos organismos indicados na legislação especial em vigor, fixada por portaria do ministro da Marinha (arts. 1.°; 5.°, n.° 1; 10.°, n.° 1, alínea *e*); 11.°, alínea *c*); 19.°, n.° 1; 72.° e 73.°, n.° 1, do Dec.-Lei n.° 265/72).

As embarcações mercantes, e só essas (art. 72.°, n.° 3, do Dec.-Lei n.° 265/72 e art. 2.°, alínea *c*), do Dec.-Lei n.° 42 644), além da primeira forma de publicidade, estão também sujeitas à publicidade referida na alínea *b*), que consiste num registo que abrange a matrícula, a inscrição dos factos jurídicos enunciados na lei, de harmonia com o princípio do "numeras clausus", e os averbamentos correlativos, a realizar nas conservatórias do registo comercial em cuja área estiver situada a capitania ou delegação marítima respectiva.

Mas como a lei admite, ainda que com carácter provisório, o registo do contrato de construção e da hipoteca sobre navios em construção ou a construir, a competência, nesses casos, é transferida para a conservatória em cuja área estiver situado o competente estaleiro, ou, se este se encontrar situado no estrangeiro, para a conservatória de Lisboa (Art. 587.° do C. Comercial; arts. 4.°, alíneas *c*) e *d*), 6.° e 68.°, alínea *l*), do Regulamento do Registo Comercial aprovado pelo Dec-Lei n.° 43645, de 14-11-1959).

De harmonia com o princípio da especialidade que rege a instituição registral, é feita uma matrícula para cada navio, a qual se destina à sua identificação e constitui o suporte técnico, a base em que assentam as inscrições dos factos jurídicos sujeitos a registo. Entre estes estão incluídos os factos constitutivos, modificativos ou extintivos da hipoteca, bem como os de cessão de hipoteca ou do grau de prioridade da respectiva inscrição (art. 4.°, alínea *d*), do Dec.-Lei n.° 42.644).

A enumeração dos factos sujeitos a registo consta do referido artigo 4.° do Dec.-Lei n.° 42 644 que, conjuntamente com Regulamento aprovado pelo Dec.-Lei n.° 42 645, ainda regula a matéria respeitante a registo de navios, até à publicação de nova legislação sobre a mesma, apesar de esses decretos terem sido revogados pelo Dec.-Lei n.° 403/86, de 3 de Dezembro, que aprovou o actual Código do Registo Comercial.

B) AERONAVES ([1])

Em relação às aeronaves não se pode estabelecer com nitidez a destrinça entre registo destinado à protecção de interesses de direito privado e registo tendente à realização de fins de interesse público.

Todas as aeronaves devem ser matriculadas "no registo aeronáutico nacional", dando origem à emissão dum certificado de matrícula (arts. 47.° e 48.° do Decreto n.° 20 062, de 25-10-1930). Sempre que uma aeronave seja hipotecada deverá o facto ser comunicado à Secretaria Técnica do Conselho Nacional do Ar, que o registará no "registo aeronáutico nacional" (art. 205.° do referido Decreto).

Segundo o art. 21.° do Dec.-Lei n.° 36 319, de 2-6-1947, o Conselho Nacional do Ar é um órgão permanente de consulta que funciona junto da Presidência do Conselho, cujo serviço de expediente é assegurado pela Direcção-Geral da Aviação Civil (art. 22.°, § 2.°, desse Decreto).

Portugal aderiu à Convenção relativa ao Reconhecimento Internacional de Direitos sobre Aeronaves, concluído em Genebra, em 19 de Junho de 1948, e publicado no D.R. de 4-9-1985. De harmonia com essa Convenção, os Estados contraentes comprometem-se a reconhecer as hipotecas, mortgages e direitos similares sobre uma aeronave, criados convencionalmente para pagamento de uma dívida, desde que constituídos de acordo com a lei do Estado contratante em que a aeronave estava matriculada ao tempo do contrato, e devidamente inscritos no Registo Público desse Estado (art. 1.° da Convenção) ([2]).

([1]) O termo "aeronave" designa qualquer aparelho que possa estar ou navegar no ar, considerando-se como tal os balões cativos ou livres, papagaios, dirigíveis, aviões, hidroaviões (art. 1.° do Decreto n.° 20 062).

([2]) V. ainda sobre aeronaves: – Convenção sobre Aviação Civil Internacional (Chicago 1944).

Dec.-Lei n.° 36 158, de 17-2-1947.
Dec.-Lei n.° 40 200, de 24-6-1955.
Dec.-Lei n.° 40 201, de 24-6-1955.
Dec.-Lei n.° 44 257, de 31-3-1962.
Dec.-Lei n.° 44 920, de 10-3-1963.
Dec.-Lei n.° 221/71, de 26-5-1971.
Decreto do Governo n.° 33/85, de 4 de Setembro.

C) AUTOMÓVEIS

Para efeitos desta rubrica só têm interesse os veículos de tracção mecânica destinados a transitar pelos seus próprios meios na via pública, classificados pela Direcção-Geral de Transportes Terrestres como automóveis ligeiros, automóveis pesados e motociclos, que tenham matrícula atribuída pelas direcções de viação, exceptuando os ciclomotores (art. 27.º do Código da Estrada e art. 2.º, n.º 1 do Dec.-Lei n.º 54/75, de 12 de Fevereiro, alterado pelos Decs.-Leis n.ºs 242/ 82, de 22 de Junho, 461/82, de 26 de Novembro, 54/85, de 4 de Março e 403/88, de 9 de Novembro).

Os veículos automóveis de que nos ocupamos também estão sujeitos a uma dupla publicidade.

1.º – Publicidade estatal, que consiste numa matrícula donde constem as características que permitam identificá-los. Esta matrícula é feita nas direcções de viação, sendo passado por cada veículo matriculado um certificado de matrícula (livrete), nos termos do art. 44.º do Código da Estrada.

2.º – Publicidade registral, destinada à protecção dos direitos de terceiros e à individualização dos proprietários dos veículos (Art. 1.º do Dec.-Lei n.º 54/75)

Esta segunda forma de publicidade, para fins de direito privado e ainda de direito público, efectua-se nas conservatórias do registo de automóveis situadas nas cidades que sirvam de sede às direcções dos serviços de viação (art. 8.º, n.º 1 do Dec.-Lei n.º 519-F2/79, de 29 de Dezembro). Actualmente, em Portugal continental há conservatórias de registo de automóveis nas cidades de Lisboa, Porto, Coimbra e Évora; e, em Portugal insular, na cidade do Funchal (arquipélago da Madeira) e nas cidades de Ponta Delgada, Angra do Heroísmo e Horta (arquipélago dos Açores).

Os factos sujeitos a registo sobre veículos automóveis constam da enumeração contida no n.º 1 do art. 5.º do Dec-Lei n.º 54/75, salientando-se, de entre eles, o direito de propriedade e de usufruto. Mas a alínea *c*) desse artigo sujeita também a registo a hipoteca, a modificação e cessão dela, bem como a cessão do grau de prioridade do respectivo registo.

Os veículos automóveis não podem ser objecto de penhor, mas podem constituir objecto de hipoteca legal, judicial ou voluntária, sendo-lhes aplicáveis as disposições relativas às hipotecas de imóveis que não forem contrariadas por disposições especiais (arts. 4.º e 8.º do citado Decreto).

Em Portugal, o registo de automóveis, que se encontra submetido a tratamento informático em algumas conservatórias, tem uma certa originalidade e assenta em três elementos fundamentais, de que depende a sua consumação.

a) Os requerimentos para os actos de registo, com dados muito completos relativamente à identificação dos veículos e dos sujeitos activos e passivos dos factos a registar, bem como desses factos e dos seus elementos essenciais;

b) A nota de apresentação, que permite o cumprimento do princípio da prioridade registral, feita num livro intitulado "Livro de Apresentações e Registos", ou num talonário de apresentações, no caso de os registos estarem submetidos a tratamento informático;

c) O registo propriamente dito, extremamente simplificado, que se lavra mediante o lançamento no local adequado do "Livro de Apresentações e Registos", dos vocábulos "Registado" ou "Registada" e da rubrica do conservador; ou, no caso de existir tratamento informático, mediante a sua gravação em suporte magnético, ou a menção de "Registado" ou "Registada" no talão de apresentação, com rubrica do conservador ou do ajudante competente, se o registo respeitar a factos ou direitos excluídos da automatização (arts. 1.º, 11.º, 35.º e 45.º do Regulamento aprovado pelo Decreto-Lei n.º 55/75, de 12 de Fevereiro, com as alterações do Decreto Regulamentar n.º 36/82, de 22 de Junho).

Esta simplificação de processos teve em vista dar uma resposta mais célere ao aumento da procura dos serviços de registo de automóveis, sem quebra das indispensáveis garantias de certeza e segurança. Com efeito, o trabalho material de execução dos registos está reduzido a breves anotações, sendo o seu conteúdo directamente estabelecido pelos títulos que lhes servem de base "e cujo arquivo é estruturado por forma a permitir a sua valorização como elementos integrantes dos próprios registos" [3].

---

[3] Relatório do Decreto-Lei n.º 54/75.

BREVE COMENTÁRIO CRÍTICO

5 – A dispersão por vários diplomas da legislação sobre hipoteca mobiliária e penhor sem despojamento dos bens suscita dificuldades a qualquer jurista que queira fazer um levantamento completo dessa matéria.

Não podemos deixar de encarecer as vantagens de um diploma único, tal como acontece em Espanha com a Lei de 16-12-1954.

De outro modo, há sérias probabilidades de lapsos e omissões, nomeadamente quanto à revogação ou mofificação das respectivas disposições legais. No nosso país o risco é ainda maior, porque o tratamento informático de dados nos centros de consulta de legislação, doutrina ou jurisprudência ainda se encontra em fase incipiente.

Isto origina uma certa animosidade contra algumas modalidades dessas garantias que, assim, raramente têm aplicação prática. E, por outro lado, a falta de unicidade da regulamentação determina disparidades de tratamento que nem sempre se justificam e repetições que se evitariam se tudo constasse do mesmo diploma.

5.1 – Apesar dessas deficiências – e talvez um pouco por causa delas – existe na legislação portuguesa uma salutar tendência para regulamentar os vários casos de penhor sem entrega e hipoteca mobiliária de harmonia com as exigências do comércio jurídico, sem quebra da necessária certeza e segurança do mesmo.

Seria muito proveitoso mencionar especificadamente a regulamentação criada em Espanha para estes casos, mas a extensão deste trabalho não o permite. Só para exemplificar vejamos o que resulta do confronto da lei espanhola de 16-12-1954 com as disposições da lei portuguesa, no que se refere a dois requisitos que, entre outros, aquela lei considera comuns a todos os casos de hipoteca mobiliária e penhor sem despojamento de bens.

212 Isabel Pereira Mendes

Esses dois requisitos são os seguintes:

1.º – Constituição das garantias por escritura pública (art. 3.º).

2.º – Impossibilidade de se constituir hipoteca mobiliária e penhor sem despojamento sobre bens que já estejam hipotecados, empenhados ou penhorados, ou cujo preço de aquisição não se ache integralmente satisfeito, excepto no caso de se constituir hipoteca ou penhor para garantia do preço convencionado (art. 2.º).

Relativamente ao requisito do número 1, a lei portuguesa não adopta um critério único quanto à forma do documento que titula o penhor ou a hipoteca. Há casos de hipoteca constituída por documento particular. Por exemplo: a hipoteca sobre automóveis (art. 4.º, n.º 3 do Dec.-Lei n.º 54/75). Nesse caso, a precaridade dos direitos que se constituem sobre esses bens determina que se concedam facilidades, prevalecendo a fluidez sobre a certeza e segurança do comércio jurídico.

Há, por outro lado, casos de penhor para cuja constituição se exige escritura pública. É o que sucede com o estabelecimento mercantil individual de responsabilidade limitada (arts. 21.º, n.º 2 e 16 do Dec.-Lei n.º 248/86), cuja relevância no plano económico e social impõe que se rodeiem de todas as cautelas as operações jurídicas susceptíveis de o afectar. Com efeito, "a necessidade de formas solenes, tornando mais embaraçosa e mais lenta a prática do acto, leva os interessados a melhor reflectirem sobre a sua conveniência" ([2]).

Quanto ao requisito do número 2, podemos ilustrar o que se passa na legislação portuguesa com vários exemplos. Assim, o n.º 1 do art. 18.º do Dec.-Lei n.º 54/75 prevê a venda do veículo automóvel hipotecado pelo processo de execução, *quando haja lugar a concurso de credores*. Por sua vez o art. 592.º do Código Comercial admite o *concurso de várias hipotecas* sobre o mesmo navio, no caso de execução.

Relativamente ao penhor, também não há na nossa legislação normas gerais que proíbam o dono do objecto empenhado de o alienar ou onerar. Pelo contrário, o Art. 678.º do Código Civil até o permite, por remissão para o Art. 695.º. Contudo, em certos casos, são aplicáveis as penas de furto ao dono da coisa empenhada, se a empenhar novamente sem que no

---

([2]) Relatório do Decreto-Lei n.º 32.032, de 22-5-1942.

Hipoteca mobiliária e penhor sem entrega das coisas 213

novo contrato se mencione de modo expresso a existência do penhor ou penhores anteriores (§ 1 do art. 1.° do Decreto n.° 29 833). Este regime, aplicável ao penhor bancário, justifica-se pela necessidade de prevenir conflitos de interesses que ponham em jogo instituições que gozam de credibilidade junto do público.

No entanto, dum modo geral, não se coarcta a possibilidade de obtenção de crédito com constituição de garantia real sobre bens móveis ou imóveis, se bem que isso possa, eventualmente, em caso de execução, agravar a complexidade processual e a conflituosidade das relações entre vários credores.

Quanto à constituição de hipoteca ou penhor sobre bens penhorados, também não há nada que o proíba, mas essas garantias serão ineficazes em relação ao exequente e ao adquirente dos bens na execução em que foi efectuada a penhora (art. 819.° do C. Civil).

5.2 – Em nosso entender, o principal defeito da lei portuguesa nesta matéria consiste no "marasmo" a que tem votado a hipoteca mobiliária. Em outros países já se admite há longo tempo essa figura jurídica sobre muitas espécies de bens e, no nosso, continuamos apenas com a hipoteca sobre navios, aeronaves e automóveis.

Nem mesmo sobre o estabelecimento individual de responsabilidade limitada o legislador se aventurou a dar mais um passo, permitindo a constituição de hipoteca, em vez do penhor. Com efeito, previa-se que o estabelecimento mercantil individual de responsabilidade limitada viesse a ter uma grande importância prática, pois se aproxima da sociedade unipessoal admitida em alguns países, constituindo um instituto pelo qual se limita a responsabilidade do comerciante pelas dívidas contraídas no exercício do seu comércio. Tal limitação realiza-se através da afectação ao estabelecimento de uma parte do património do comerciante, cujo valor representará o seu capital inicial (art. 1.°, n.° 2 do Dec.-Lei n.° 248/86).

Independentemente da polémica gerada acerca da natureza jurídica do estabelecimento comercial que uns consideram como um ente jurídico unitário (universalidade) e outros como património autónomo (base física da empresa) [3], o penhor do estabelecimento individual de responsabilidade limitada suscita alguns problemas na lei portuguesa.

---

[3] V. relatório do Decreto-Lei n.° 248/86; *Hipoteca Mobiliária* – "Boletin Oficial Del Estado Madrid", cit., pág. 23.

O primeiro desses problemas respeita ao conteúdo do penhor, já que, como qualquer estabelecimento comercial, aquele estabelecimento pode abranger "coisas corpóreas, móveis e imóveis – dinheiro, títulos de crédito, mercadorias, máquinas, mobiliário, prédios – e incorpóreas ou imateriais: patentes de invenção, modelos e desenhos industriais, marcas, o nome ou insígnia do estabelecimento, a própria firma, os próprios direitos ou relações jurídicas como instrumentos do exercício do comércio". Por outro lado, "esses bens podem não pertencer em propriedade ao titular do mesmo estabelecimento: o que importa é que ele os possa utilizar (e tenha, nessa medida a sua disponibilidade) para os fins da empresa" ([4]).

O segundo problema, relacionado com o primeiro, respeita à possibilidade de incidência do penhor sobre bens imobiliários, atento o disposto no art. 666.°, n.° 1 do C. Civil, já que o Dec.-Lei n.° 248/86 não distingue entre bens móveis e imóveis para o efeito da sua afectação ao estabelecimento individual de responsabilidade limitada.

Quanto ao primeiro problema, muito embora sem esquecer a feição especial da figura jurídica de que nos ocupamos, é de suma importância evidenciar o que se passa na legislação espanhola com a hipoteca do estabelecimento comercial.

Segundo o artigo 19.° da lei de 16-12-1954, para que possam ser hipotecados, os estabelecimentos mercantis devem estar instalados em local de negócio de que o titular seja dono ou arrendatário, com faculdade de trespassar.

Nos artigos 20.° e segs. fixa-se o conteúdo da hipoteca, que compreenderá o direito ao arrendamento sobre o local, se o hipotecante o tiver. Se, em vez disso, este for dono do local, em caso de execução o adjudicatário adquirirá, de pleno direito, a qualidade de arrendatário (art. 28.°). Do mesmo modo, a hipoteca compreenderá as instalações fixas e permanentes, sempre que pertençam ao titular do estabelecimento.

A hipoteca também compreende o nome comercial, o título de estabelecimento, as marcas distintivas e demais direitos de propriedade industrial e intelectual, as máquinas, o mobiliário, os utensílios e demais instrumentos de produção e de trabalho, sempre que se verifiquem os seguintes requisitos:

a) Que estes bens sejam propriedade do titular;

([4]) FERRER CORREIA, *Lições de Direito Comercial*, 1965, l.° vol., pág. 218.

b) Que o seu preço de aquisição esteja pago;

c) Que se achem destinados, de modo permanente, a satisfazer as necessidades da exploração mercantil e industrial (art. 21.°).

A hipoteca poderá ainda estender-se, mediante convenção, às mercadorias e matérias primas destinadas à exploração do estabelecimento, quando concorram os dois primeiros requisitos atrás mencionados com referência às outras categorias de bens (art. 22.°).

Estão excluídas da hipoteca do estabelecimento elementos imateriais, tais como a *organização e a clientela,* pois são de muito difícil ou impossível sujeição às respectivas normas [5].

Por seu turno, a lei portuguesa não contém nenhuma disposição que possa servir de base à determinação do conteúdo do penhor sobre o estabelecimento individual de responsabilidade limitada, pelo que isso constituirá uma delicada tarefa da jurisprudência e da doutrina especializada.

Quanto ao segundo problema, para alguns tratadistas a hipoteca (e, por maioria de razão, o penhor) sobre o estabelecimento é independente daquela que se pode constituir sobre o imóvel onde funciona. Rubino entende que, no caso do estabelecimento comercial, não será possível que se constitua uma só garantia real, se dele fizerem parte bens imóveis, os quais apenas podem ser objecto de hipoteca. Sobre os elementos mobiliários pode constituir-se penhor, mediante uma única declaração de vontade. Cita, no entanto, no sentido da possibilidade de uma única garantia real sobre a totalidade dos bens, NAVARRINI, ROTONDI, PALAZZO, CASTELLI AVOLIO, BIGIAVI [6].

Em Espanha, onde, como sabemos, se admite a hipoteca sobre o estabelecimento mercantil, considera-se que a mesma é independente daquela que se pode constituir sobre o imóvel de que o titular seja proprietário [7].

Como já foi anteriormente exposto, no direito romano o penhor, tal como a hipoteca, tanto podia incidir sobre bens móveis como imóveis. Portanto, não seria erro jurídico a sujeição de bens imóveis compreendidos no património autónomo do estabelecimento ao penhor estabelecido no art. 21.°, n.° 1, do Dec.-lei n.° 248/86. Não se pode porém ignorar o

---

[5] *Hipoteca Mobiliária* – "Boletin Oficial Del Estado Madrid", cit., pág. 27.
[6] "Boletim do Ministério da Justiça" n.° 58, cit., pág. 78.
[7] *Hipoteca Mobiliária* – "Boletin Oficial Del Estado Madrid", cit., pág. 24.

conteúdo do art. 666.º do C. Civil Português que limita às coisas móveis a incidência do penhor.

A feição especial do estabelecimento individual de responsabilidade limitada, com o seu património autónomo de que pode fazer parte o próprio prédio onde se acha instalado, autorizaria uma regulamentação mais ousada, um regresso às origens, às fontes do direito romano, a despeito das adaptações no plano registral que seriam necessárias para se constituir uma única garantia que abrangesse a totalidade dos bens[8]. Mas essa garantia não deveria ser o penhor, mas sim a hipoteca, por esta representar um estádio mais avançado no tratamento desta matéria.

5.3 – Tal como aconteceu com o estabelecimento mercantil individual de responsabilidade limitada, o legislador português também não teve a ousadia, ou não encontrou condições propícias, para converter em hipoteca o penhor do conteúdo patrimonial do direito de autor.

Abstraindo dessas condições, poderia tê-lo feito, à semelhança do legislador espanhol (art. 12.º, n.º 5 da Ley de Hipoteca Mobiliária y Prenda sin Desplazamiento de Posesion). Uma vez estabelecidos os requisitos da descrição dos direitos de Propriedade Intelectual e Propriedade Industrial[9], considera-se garantido o cumprimento do princípio da especialidade, vigente nos modernos sistemas de direito registral, e assim abstractamente eliminados os obstáculos à admissão dessa forma de garantia.

Também seria conveniente que o legislador português estudasse a possibilidade de criar a hipoteca mobiliária sobre maquinaria industrial, que hoje só pode ser hipotecada em conjunto com o imóvel onde se ache instalada, mediante a sua inventariação no título constitutivo da hipoteca imobiliária (art. 691.º, n.º 2 do C. Civil). Como é óbvio, tal facto limita gravemente a obtenção de crédito cuja quantia não justifique a oneração de bens de avultado valor.

Poder-se-á objectar que o penhor bancário supre, em larga medida, essa deficiência, mas são de ponderar as características do meio social português onde o penhor nunca teve grande importância prática[10].

---

[8] A propósito de um caso paralelo – Penhor do direito do co-herdeiro – V. ADRIANO PAES DA SILVA VAZ SERRA, *Boletim do Ministério da Justiça,* n.º 59, 1956, pág. 250.

[9] V. Art. 16.º, n.ºs 7 e 8 do *Reglamento de Ia Ley de Hipoteca Mobiliária y Prenda sin Desplazamiento de Posesion,* de 17.6.1955.

[10] ANTUNES VARELA, *ob. cit.,* anotação ao art. 666.º.

CONCLUSÃO

6 – Sendo a hipoteca mobiliária um instituto de tamanha elasticidade que pode estender-se a uma gama muito variada e ainda imprevisível de bens de natureza móvel, constitui um campo fecundo para todo o jurista que aposte na investigação científica.

Todavia, a imaginação humana tem os limites que lhe são impostos pelas dificuldades do meio em que se desenvolve. Se o meio for rico de sugestões, a criatividade desabrocha e deslumbra; se o meio for pobre, a criatividade estiola e morre.

Este estudo ressente-se das dificuldades que encontrámos para obter fontes adequadas de informação, num país onde a hipoteca mobiliária tem uma aceitação muito restrita, onde não existe conveniente tratamento informático de dados com referência a legislação, doutrina e jurisprudência, e onde as bibliotecas jurídicas são escassas em bibliografia das duas últimas décadas.

No entanto, apesar de todas essas limitações, foi com devoção e prazer que realizámos este trabalho e é com simplicidade que o apresentamos no VIII Congresso Internacional de Direito Registral, muito embora correndo o risco de o ver submergir numa torrente de obras mais criativas e mais bem fundamentadas.

RELAÇÃO DE DIPLOMAS POSTERIORES AOS INDICADOS NAS RUBRICAS *«PENHOR SEM ENTREGA NA LEGISLAÇÃO PORTUGUESA»* E *«HIPOTECA MOBILIÁRIA NA LEGISLAÇÃO PORTUGUESA»*

Penhor bancário: Dec.-Lei n.° 45953, de 5/4/1969, art. 65°, n.ᵒˢ 1 e 2

Penhor do conteúdo patrimonial dos direitos de autor: o Dec.--Lei n.° 63/85 foi também alterado pelo Dec.-Lei n.° 334/97, de 27 de Novembro, e pela Lei n.° 141/91, de 3 de Setembro.

Penhor de quotas, de partes sociais e de acções: o Código das Sociedades Comerciais foi alterado pelos Decretos-Leis n.ᵒˢ 184/87, de 21 de Abril, 280/87, de 8 de Julho, 149/91, de 2 de Julho, 225/92, de 21 de Outubro, 36/2000, de 14 de Março, e 162/2002, de 11 de Julho. O Código do Registo Comercial foi alterado pelos Decretos-Leis n.ᵒˢ 7/88, de 15 de Janeiro, 349/89, de 13 de Outubro, 238/91, de 2 de Julho, 20/93, de 12 de Fevereiro, 267/93, de 31 de Julho, 216/94, de 30 de Julho, 328/95, de 9 de Dezembro, 257/96, de 31 de Dezembro, 368/98, de 23 de Novembro, 172/99, de 20 de Maio, 216/94, de 20 de Agosto, 198/99, de 8 de Junho, 375-A/99, de 20 de Setembro, 410/99, de 15 de Outubro, 533/99, de 11 de Dezembro, 273/2001, de 13 de Outubro, e 323/2001, de 17 de Dezembro (v. também Declarações de Rectificação n.ᵒˢ 144/94, de 30 de Setembro, e 5-A/97, de 28 de Fevereiro).

Penhor do estabelecimento individual de responsabilidade limitada: o Dec.-Lei n.° 248/86 foi alterado pelo Dec.-Lei n.° 36/2000, de 14 de Março.

Questões da prevalência de registo de arresto sobre o registo... 219

Hipoteca mobiliária sobre navios: o Dec.-Lei n.° 42644, que se mantém no que respeita às disposições referentes ao registo de navios, havia sido alterado pelo Dec.-Lei n.° 290/84, de 27 de Agosto. O Regulamento Geral das Capitanias foi alterado pela Lei n.° 35/86, de 4 de Setembro e pelos Decretos-Leis n.os 150/88, de 28 de Abril, 162/88, de 14 de Maio, 284/88, de 12 de Agosto, 55/89, de 22 de Fevereiro, 249/90, de 1 de Agosto, 237/94, de 19 de Setembro, 26/95, de 8 de Fevereiro, 190/98, 191/98 e 195/98, de 10 de Julho, 287/98, de 17 de Setembro, e 208/2000, de 2 de Setembro.

Hipoteca mobiliária sobre automóveis: o Dec.-Lei n.° 55/75 foi alterado pelo Decreto Regulamentar n.° 36/82, de 22 de Junho, pelo Decreto n.° 130/82, de 27 de Novembro, e pelos Decretos-Leis n.os 226/84, de 6 de Julho, e 323/2001, de 17 de Dezembro. O Dec.-Lei n.° 54/75 foi alterado pelos Decretos-Leis n.os 242/82, de 22 de Junho, 461/82, de 26 de Novembro, 217/83, de 25 de Maio, 54/85 de 4 de Março, e 403/88, de 9 de Novembro. V. também, quanto a este, o Dec.-Lei n.° 182/2002, de 20 de Agosto.

Hipoteca de aeronaves: além dos diplomas já atrás indicados, v. também Decretos-Leis n.os 774/77, 156/79, 19/82, 66/92, 169/88, 213/88, 234/89, 138/99, Portarias n.os 129/79, 161/80, 302/84, 313/84, 371/92, Regulamento (CEE) n.° 2408/92 e Resolução n.° 11, de 2001-A.

ÍNDICE DE AUTORES

ALMEIDA (Carlos Ferreira de), "Publicidade e Teoria dos Registos".
ALMEIDA (Emídio Ernesto Ferreira de), "Verbetes Auxiliares de Registo Predial".
ALMEIDA (José Carlos Moitinho de) "Direito Comunitário, a Ordem Jurídica Comunitária, as Liberdades Fundamentais na C.E.E.".
AMARAL (Diogo Freitas do), "Enciclopédia Polis", vol. 2.°.
ASCENSÃO (Oliveira), "Efeitos Substantivos do Registo Predial na Ordem Jurídica Portuguesa"; "Direitos Reais", 1971; "Direito Civil – Reais".
AZPEITIA (Navarro), cit., MEDEL.

CARDOSO (Artur Lopes), "Registo Predial".
CARLUCCI (Aida Kemelmejer de), "La función del Registrador y la Seguridad Jurídica".
CARVALHO (Orlando), "Bol. da Faculdade de Direito", vol. LXX – 1994
CHORÃO (Bigotte), "Enciclopédia Polis", vol. 6.°.
CORDEIRO (Menezes), "Evolução Juscientífica e Direitos Reais"; "Direitos Reais – sumários".
CORRAL (Alfonso de Cossio y) "Lecciones de Derecho Hipotecario".
CORREIA (Ferrer), "Lições de Direito Comercial", 1965, 1.° vol.
CORTE-REAL (Miguel), Jornal "O Público" — "Justiça e Cidadania" (29/07/99).
COSTA (Campos), "Rev. de Legislação e Jurisprudência", ano 124.°.
COVIELLO, "Della Trascrizione".

DIP (Ricardo Henry Marques), "A Constituinte e o Registro de Imóveis".
DURAN (Luís Ribó) "Dícionário de Derecho".

ERPEN (Décio António), "Registo Torrens".
ESPANÉS (Luis Moisset de), "Informática, Seguridad y Responsabilidad del Registrador".

FALBO (Miguel), "La Seguridad Jurídica en la Constitución de los Derechos Reales".
FERREIRA (Dias) "Código Civil Português – Anotado.

GARCIA (Humberto), "La Función del Registrador y la Seguridad Jurídica": 74.
GARCIA (José Manuel Garcia y) "Legislación Hipotecaria y del Registro Mercantil" e "Derecho Inmobiliario o Hipotecario", Tomo I: 36, 40, 158, 159, 168, 175.
GIANTURCO "Studi e richerche sulla transcrizione e sul diritto ipotecario": 17, 26.
GOYTISOLO (Juan Vallet de), "La Seguridad Juridica en los Negocios Dispositivos de Bienes Inmuebles": 65, 86, 116.

222   Isabel Pereira Mendes

GULLON (António), "Sistema de Derecho Civil".

HENRIQUE (Manuel de Oliveira Leal), "Dos Registos", fls. 59.

JUNIOR (Ferrara), "L'ipoteca".

LIMA (F. A. Pires), "Boletim do Ministério da Justiça", n.º 91, 1959.

MARQUES (J. Dias), "Noções Elementares de Direito Civil", 1973.
MARTINEZ (Miguel Royo), "La Hipoteca sobre Bienes Muebles", 1993.
MARTINS (Herlander), "Código Civil Anotado" 6.º.
MEDEL (Jesus Lopez), "Sentido Social de las Instituciones Inmobiliario – Registrales de la Propriedad en Austria".
MENDES (Isabel Pereira), "Código do Registo Predial Anotado".
MESQUITA (Henrique), "Rev. de Legislação e Jurisprudência", anos 126.º e 127.º.
MONCADA (L. Cabral de), "Enciclopédia Luso-Brasileira de Cultura", vol. 6.º.

NETO (Abílio) "Código Civil Anotado" 6.º.
Nunes (Catarino) "Código de Registo Predial Anotado".

ORTIZ (José María Chico y), "Proyecciones de la Seguridad Jurídica".

PEDRÓN (António Pau), "Elementos de Derecho Hipotecario".
PAGE (Leon), "La Reforme de la Publicité Foncière".
PEREZ (Pascual Marin), "Introducción al derecho registral".
PICAZO (Luis Diez), "Sistema de Derecho Civil".
PINTO (Mota), "Direitos Reais".
PITTA (Pedro), "Anotações e Comentários ao último Código do Registo Predial".
POTHIER (R. J.), "Oeuvres Bruselas, Talier 1831, Vol. 5.º.
PUGLIATTI, "La Trascrizione".

RADBRUCH, cit. in "Enclicopédia Polis".
ROMERO (Casso), "Derecho hipotecario".
RUBINO (Domenico), "Trattato Di Diritto Civil e Comercial", XIX, l'Ipoteca.
RUEDA (Rafael Chinchilla), "El catastro e el registro".

SASTRE (Roca), "Instituciones de Derecho Hipotecario".
SERRA (Adriano Paes da Silva Serra), "Boletim do Ministério da Justiça".
SING (José Victor), "Incidencia del Derecho Registral en la Seguridad Jurídica".
SOUTO (Azevedo), "Registo Predial".

TELLES (Galvão), "La Prenda sin Desplazamiento en el Derecho Português"; Boletim do Min. da Justiça, n.º 62, cit..

VAZ SERRA (Adriano).
VARELA (Antunes) "Rev. Leg. e Jur.", n.º 118.
VISCARRET (Margarita), "La Seguridad Jurídica en la Constitución de Derechos Reales".

ÍNDICE GERAL

A PUBLICIDADE REGISTRAL IMOBILIÁRIA COMO FACTOR DE SEGURANÇA JURÍDICA

I
ANTECEDENTES HISTÓRICOS
DO REGISTO PREDIAL

1. Publicidade negocial, publicidade edital e publicidade registral.......................... 9
2. Características fundamentais da publicidade registral. Confronto com os outros tipos de publicidade 11
3. Sistemas de registo e suas origens 16
4. Adaptações do sistema germânico em alguns países 25

II
A PROTECÇÃO REGISTRAL IMOBILIÁRIA
E A SEGURANÇA JURÍDICA
NO DIREITO PATRIMONIAL PRIVADO

1. Segurança Jurídica 43
2. Pressupostos essenciais para o fortalecimento da Segurança Jurídica Registral.. 49
3. Conclusão 56

A PROTECÇÃO REGISTRAL IMOBILIÁRIA E A SEGURANÇA JURÍDICA NO DIREITO PATRIMONIAL PRIVADO

1. Objecto do Registo Predial 59
2. Direito Registral, como instrumento ao serviço do Direito Patrimonial Privado.. 61
3. Segurança estática e segurança dinâmica – Registo Predial como garante dos dois tipos de segurança 63

II

1. História verídica... 69

224 Isabel Pereira Mendes

2. Argumentos a favor e contra o princípio da fé pública registral 70
3. Aquisição tabular e usucapião. Princípio da publicidade como inerente ao conceito de direito real 75
4. Direito Registral como reflexo da problemática dos ramos de Direitos Reais e Direito das Obrigações. Sua missão protectora dos negócios de carácter imobiliário e contribuição para a reforma e avanço dos Direitos Reais 77

REPERCUSSÃO NO REGISTO DAS ACÇÕES DOS PRINCÍPIOS DE DIREITO REGISTRAL E DA FUNÇÃO QUALIFICADORA DOS CONSERVADORES DO REGISTO PREDIAL

1. O caso concreto 80
2. Considerações preliminares 83
3. Características do sistema registral português 86
4. O princípio da fé pública registral e o conceito de terceiros 88
5. Solução do caso concreto 94

A PRIMEIRA INSCRIÇÃO NO REGISTO PREDIAL PORTUGUÊS

1. Vicissitudes históricas 101
2. Meios de suprimento de títulos 107
3. Preversões do sistema 111
4. Conclusões 112

O POLÉMICO CONCEITO DE TERCEIRO NO REGISTO PREDIAL

.... 115

AINDA O POLÉMICO CONCEITO DE TERCEIRO NO REGISTO PREDIAL

.... 131

REGRESSO DO REGISTO PREDIAL AO ANACRÓNICO CONCEITO RESTRITO DE TERCEIROS

.... 139

DE NOVO O CONCEITO DE TERCEIRO
PARA EFEITOS DE REGISTO PREDIAL

.... 157

A QUESTÃO DA PREVALÊNCIA DO REGISTO DE ARRESTO
SOBRE ANTERIOR REGISTO PROVISÓRIO DE AQUISIÇÃO
COM BASE EM CONTRATO-PROMESSA DE COMPRA E VENDA

.... 171

HIPOTECA MOBILIÁRIA E PENHOR
SEM ENTREGA DAS COISAS

.... 179

I

1. Coisas móveis e Imóveis.. 181
2. Penhor e Hipoteca 184
3. Publicidade.. 188
4. Requisitos comuns ao penhor e à hipoteca. Divergências fundamentais............ 191

II

1. Breve referência histórica a casos remotos de hipoteca mobiliária e Penhor sem entrega das coisas 197
2. Hipoteca mobiliária e Penhor sem entrega na legislação espanhola................... 200
3. Penhor sem entrega na legislação portuguesa 202
4. Hipoteca mobiliária na legislação portuguesa (navios, automóveis e aeronaves)... 206
5. Breve comentário crítico.. 211
6. Conclusão.. 217

Relação de Diplomas posteriores.. 218

ÍNDICE DE AUTORES 221

ÍNDICE GERAL.. 223